KB178665

포스트 코로나

우리는 무엇을 준비할 것인가

포스트 코로나 우리는 무엇을 준비할 것인가

초판 1쇄 발행 2020년 5월 15일
초판 9쇄 발행 2020년 10월 28일

지은이 임승규, 장두석, 양석재, 조관자, 김재헌, 유필립, 박남기

펴낸이 조기흠
편집이사 이홍 / **책임편집** 박종훈 / **기획편집** 이수동, 최진 / **기획** 김현석
마케팅 정재훈, 박태규, 김선영, 홍태형, 배태욱 / **디자인** 리처드파커 이미지웍스 / **제작** 박성우, 김정우

펴낸곳 한빛비즈(주) / **주소** 서울시 서대문구 연희로2길 62 4층
전화 02-325-5506 / **팩스** 02-326-1566
등록 2008년 1월 14일 제 25100-2017-000062호
ISBN 979-11-5784-419-7 03320

이 책에 대한 의견이나 오탈자 및 잘못된 내용에 대한 수정 정보는 한빛비즈의 홈페이지나
이메일(hanbitbiz@hanbit.co.kr)로 알려주십시오. 잘못된 책은 구입하신 서점에서 교환해드립니다.
책값은 뒤표지에 표시되어 있습니다.

⌂ hanbitbiz.com facebook.com/hanbitbiz post.naver.com/hanbit_biz
youtube.com/한빛비즈 instagram.com/hanbitbiz

지금 하지 않으면 할 수 없는 일이 있습니다.
책으로 펴내고 싶은 아이디어나 원고를 메일(hanbitbiz@hanbit.co.kr)로 보내주세요.
한빛비즈는 여러분의 소중한 경험과 지식을 기다리고 있습니다.

포스트 코로나

POST COVID-19

우리는 무엇을 준비할 것인가

임승규 (로이터 통신) | 장두석 (울산대 경제학과) | 양석재 (UAMCO) | 조관자 (서울대 일본연구소)

김재헌 (순천향대 서울병원) | 유필립 (국제정세 연구원) | 박남기 (한국교육행정학회)

"한국형 2020 팬데믹 솔루션"

HB 한빛비즈
Hanbit Biz, Inc.

머리말

"모든 인간을 먹여 살릴 수 있을 것인가? 빈곤을 퇴치할 수 있을 것인가? 모두에게 일자리가 주어질 것인가? 어떤 지역으로 부가 집중될 것인가? 과학이 인간의 생활양식, 인간과 고통, 인간과 죽음의 관계, 교육, 오락을 변화시킬 수 있을 것인가? 어떤 기업이 살아남을 것인가? 사람들은 어떤 야망과 어떤 모험에 인생을 걸 것인가? 전쟁과 환경 재난이 인간을 위협할 것인가? 자유와 연대, 이동과 정착 사이의 대립을 어떻게 조절해 나갈 것인가? 종교인과 정치인의 위상은 어떻게 될 것인가? 어떠한 관습이 용인될 것인가? 서양문명이 여전히 지배적인 문명일 것인가? 미국은 지정학적 패권을 유지할 것인가? … 시장과 민주주의 외에 다른 체제가 존재할 것인가? 아직도 혁명이 가능한가? 무엇보다 우리는 함께 살아갈 수 있을 것인가?

자크 아탈리가 1998년에 발간한 《21세기 사전》이라는 책에서 다가올 새천년을 두고 던진 질문들이다.

21세기가 열린 지 20여 년이 흐른 지금, 우리가 같은 질문에 봉착해 있다는 사실이 아이러니 같다. 물론 2020년과 1998년의 세계 사이에는 큰 차이가 있다. 1980년대 사이버펑크 영화의 전설 〈블레이드러너〉를 떠올려 보면 이야기가 간단해질 듯싶다. 이 영화는 주인공 릭 데커드(해리슨 포드 분)가 하늘을 나는 경찰차를 타고 로스앤젤레스의 밤하늘을 가로지르는 장면으로 시작했다. 이후 무수히 많은 SF장르 영화에서 변주된 이 장면은 많은 사람들이 미래를 이미지로 떠올릴 때 하늘을 나는 자동차를 연상하게 되는 시발점이 되기도 했다. 그리고 2020년, 차량공유업체 우버 사는 하늘을 나는 택시를 시험 운행한다고 한다. 우리는 이미 미래의 밤하늘을 가로지르고 있지 않은가? 미취학 학생들조차 들고 다니는 '손 안의 컴퓨터'는 어떨까? 수십 억의 인구가 모바일 기기로 연결돼 광범위한 정보와 지식에 제한 없이 접근할 수 있게 됨에 따라 이제는 아이들을 위해 책장 한 켠을 동아대백과사전으로 가득 채우지 않아도 문제없는 시대가 됐다.

하지만 뭔가 허전하다. 그동안 엄청난 기술 진보가 있었던 것 같은데 실제로 느껴지는 변화는 신형 스마트폰의 카메라 스펙 개선 소식 정도일 때도 많다. 인공지능과 로봇, 빅데이터와 클라우딩 서비스, 3D 프린팅과 퀀텀 컴퓨팅, 생명공학 부문에서 진행되는 혁명적 변화가 일하는 방식부터 소비 행태, 교육, 정치 시스템까지 근본적으로 바꿀 것이라고 하는데 막상 우리가 영위하는 삶은 우리 부모 세대의 그것과 크게 달라지지 않은 것처럼 보이는 것이다. 미국과 서방 선진국 중심의 국제질서는 여전한 듯 보이고 시장경제에 기반한 자유민주주의는 여전히 대안 없는 유일한 선택지 같다.

그리고 신종 코로나바이러스감염증(코로나19)이 화마(火魔)처럼 세계를 덮었다. 처음에 코로나19 뉴스를 접한 사람들의 반응은 '주식시장이 언제 반등할 것이냐'에 상당 부분 맞춰졌던 게 사실인 것 같다. '생명과학의 눈부신 성취에 힘입어 인간은 이미 전염병과의 싸움에서 승기를 잡은 지 오래다. 그렇다면 이제 고민할 건 과거 전염병 사례를 감안해 바이러스 공포감이 정점을 찍는 시점을 계산하는 일, 글로벌 경제가 언제 바닥을 찍고 상승세로 돌아설 것인지 찍기만 하면 된다'는 시각이었다.

하지만 중국 외 지역의 확진자, 사망자가 빠르게 늘면서 상황이 급변했다. 이동금지 명령이 떨어진 미국을 포함해 유럽 주요국의 경제가 멈춰 섰고 세계 경제는 대공황 이래 최대 불황을 눈앞에 두고 있다.

지금 이 시점에 '코로나19 이후'를 염두에 둔 질문은 어떤 의미를 가질까? 어쩌면 아무런 의미도 없을지 모른다. 새로운 세기의 전환이 아탈리의 질문에 아무런 대답도 해주지 못한 것과 마찬가지다.

하지만 코로나19는 우리 삶의 가장 기본적인 조건 가운데 하나인 공간에 대한 개념을 이미 바꿔 놓고 있다는 점에서 주목할 필요가 있다. 학교라는 공간에서 우리는 학생이 되고, 직장이라는 공간에서 우리는 회사원이 된다. 내가 발을 디디고 있는, 그 자체의 고유한 규칙과 리듬을 통해 작동하는 이 공간을 자기의 정체성으로 인식해 온 것이다. 코로나19로 학교에 나가지 않는 학생, 직장에 출근하지 않는 직장인들이 인터넷을 통해 연결된 네트워크 속에서 공부를 하고 업무를 처리한다면 이들이 스스로를 자각하는 방식부터 달라지게 된다.

코로나19가 촉매제가 돼 기업들이 노동공간에 대한 구속에서 해방되는 시스템이라면 어떨까? 직주근접 논리가 흔들리며 부동산 가격 계산 공식이 달라지는 것은 기본이고 수많은 노동자가 책상도, 노동권도, 고용 안정도 없이 초경쟁에 직면하는 사회가 도래하는 것은 아닐까?

코로나19가 초래한 위기를 극복한다는 명분하에 사회 전반의 기술 혁신 수용도가 극적으로 제고될 수 있다는 점도 간과해선 안 되는 부분이다. 온 사회가 이미 우리 곁에 대기하고 있던 신기술을 압축적으로 학습하는 과정에서 법적, 문화적 규범부터 교육과 경영, 행정, 정치 등 모든 분야에 연쇄적인 변화가 나타날 가능성이 있다는 것이다.

변화에 대한 사람들의 본질적인 거부감 덕에 유지돼 왔던 20세기 사회의 문법이 순식간에 흐트러질 수 있는 만큼 코로나19는 우리가 그동안 너무도 당연시 여겨 왔던 삶의 양태를 근본적으로 바꾸는 '티핑포인트(tipping point)'가 될 수 있다.

세계질서는 어떨까? 우리가 익히 알던 국제질서의 기반이 그대로 유지될 것이라 믿기는 쉽지 않다. 코로나19 확산 과정에서 드러난 서구 국가들의 무기력증은 우리가 너무나 당연히 받아들여왔던 '서구 선진국' 내러티브를 제고하게 만들었다. 위기를 극복하는 과정에서 '연대'가 새로운 화두로 떠오를 가능성도 있지만, 서구 선진국의 퇴조로 글로벌 거버넌스에 난 거대한 공백을 자국중심주의로 채워 갈 가능성도 배제할 순 없다.

가뜩이나 무역분쟁으로 살얼음 위에 있었던 미국과 중국 관계가 근본부터 재고될 가능성도 있다. 양국의 기술, 경제패권 경쟁이 도널드 트럼프 대통령의 재선과 무관하게 더욱 노골적으로 펼쳐질 것이라는 점은 의심의 여지가 없어 보인다.

가장 심각하게 물음표가 달린 건 우리가 익히 알던 자유시장 경제체제다. 2008년 글로벌 금융위기 이후 소득 증가 없는 소비사회, 기업이윤 증가 없는 증시랠리가 오직 중앙은행이 풀어 놓은 돈의 힘으로 지탱돼 온 건 부인하기 어렵다. 가계와 기업의 부채를 통해 미국이 소비 수준을 끌어올리면 다른 국가들은 수출을 통해 자국경기를 지탱하는 세계적 공조체계도 힘겹게 명맥을 유지해 왔다.

코로나19 이후, 기업은 이윤이 줄고 가계는 수입이 줄어드는 상황에서 이제 다시 중앙은행과 각국 정부가 풀어놓을 빚에 의지할 수밖에 없게 됐다. 모두가 모두의 곳간 사정에 의구심을 갖는 상황에서 이 '빚의 제국'이 과연 존속 가능할까에 대한 고민도 커질 수밖에 없다. 누군가 '임금님 귀는 당나귀 귀'라고 외치는 순간이 언제 닥칠지 예상할 수 없어 더욱 답답해지는 시점이다.

지금은 그동안 우리가 너무나 잘 안다고 생각했던 모든 것을 다시 살피고 기존의 모든 정보와 가설을 다시 평가하는 혁명의 순간이다. 보통 이 과정은 낡은 체계를 지키려는 이들의 격렬한 저항과 새로운 체계의 주도권을 쥐려는 이들의 공격이 맞물리며 혼돈으로 치닫는다. 하나의 패러다임을 기각하겠다는 결정과 다른 패러다임을 수용하겠다는 결정은 언제나 동시에 일어날 수밖에 없기 때문이다.

그렇게 우리 눈앞에 모습을 드러내는 미래는 모두에게 자비롭지 않을지 모른다. 아탈리가 21세기를 전망하며 기술한 것처럼 코로나 19 이후의 미래 역시 '찬란하고, 환희에 차 있으며, 야만스럽고, 행복하고, 기상천외하며, 기괴하고, 도저히 살 수 없고, 인간을 해방시키며, 끔찍하고, 종교적이면서도 종교 중립적인 사회'일지 모른다.

마이크 타이슨의 말처럼 누구나 얼굴을 크게 한 대 강타당하기 전까지는 그래도 계획이란 걸 가지고 있다. 그리고 어쩌면 지금 많은 이들이 얼굴을 크게 강타당한 상황일 수 있다. 그렇다고 끝난 건 아니다. 아무리 철두철미하게 세워 놓은 계획도 전혀 예상치 못한 주먹 한 방에 무너질 수 있다. 중요한 건 이 한 방으로 '나비처럼 날아서 벌처럼 쏘자'는 애초의 계획이 일그러졌음을 인정하는 일이다. 달라진 상황을 인정하고 기존 전략을 유연하게 수정하는 일이다. 무엇보다 이 변화의 깊이와 속도에 압도되지 않는 일이다. 그리고 사회, 정치, 문화 모든 부문에서 나타나는 변화의 조짐들에 눈감지 않는 것, 다양한 이해관계자들이 교류와 협력을 통해 더 나은 세계를 만들어 낼 수 있도록 공론장을 만드는 것이 지금 우리가 해야 할 일인 듯싶다.

임승규, 장두석, 양석재, 조관자, 김재헌, 유필립, 박남기

| 부동산 |

코로나 위에 서 있는 부동산, 지금이 변곡점인가?

| 사회 |

사회적 거리두기 이후, 우리 사회는 어떻게 변하나?

| 교육 |
온라인 교육의 가능성과 한계는?

국제경제

코로나19, 글로벌 금융시장
혼란의 원인인가?

POST COVID-19

들어가며

누구도 상황이 이렇게 흘러갈 줄 몰랐을 것이다. 글로벌 금융시장에서도 그야말로 '호러쇼(horror show)'가 펼쳐졌다. 코로나19 사태로 미국과 유럽 등 주요국 경제가 사실상 마비되면서 기업수익 악화 우려가 커진 것이 시발점이다. 이 과정에서 글로벌 주식과 고위험 회사채 시장으로부터의 자금 이탈 징후가 뚜렷해졌다.

경기가 불투명해지다 보니 기업들은 일단 현금 확보에 나섰다. 나중에 언제 돈이 필요할지 모르니 일단 은행에서 받을 수 있는 한도만큼 현금을 인출하는 기업들이 늘어나기 시작했다. 채권 발행을 통해 시장에서도 끌어모을 수 있는 만큼 자금을 확보했다. 지난

3월에 미국 회사채 시장에서 투자등급 회사채 발행 규모가 10년래 가장 큰 규모(2,605억 달러)까지 늘어난 이유이다.

회사채 물량은 쏟아지는데 사려는 사람은 줄어들다 보니 금리가 천정부지로 치솟는다. 신용등급이 나쁜 회사뿐 아니라 우량 회사채 발행도 점점 어려워진다. 기업들이 경영을 위해 자금을 마련할 경로 하나가 갑작스럽게 막혀 버린 것이다. 물론 자금 조달 수단이 채권 발행만 있는 것은 아니다. 주식을 더 찍어 투자자에게 자금을 조달하는 고전적인 수법이 있다.

하지만 놀라지 마시라. 지난 10여 년간 미국 주식시장의 최대 매수자는 바로 기업들이었다. 아무리 많은 사람이 비관론을 떠들어도 미국 주식시장이 오뚝이처럼 반등하며 사상 최장 기간 호황을 이어 온 배경에는 기업들의 자사주 사랑이 있었다. 시장에 돈이 넘쳐 나니 기업들이 회사채를 발행해 돈을 조달하고, 그 돈으로 자기 회사 주식을 매입해 주가를 끌어올렸다. 지난 2018년에만 미국 기업들의 바이백(buy-back, 자사주 매입) 규모는 1조 달러에 육박해 사상 최고치를 기록했다.

이제 기업들이 회사채 시장에서 돈을 끌어모아 자사 주식의 가격을 끌어올릴 수단이 막히니 감춰졌던 문제가 드러난다. 바이백 없이 현재 주가를 떠받칠 주체가 마땅치 않게 된 것이다. 회사채 시장의 경색이 주식시장의 패닉으로 연결되는 순간이다. 물론 주가 하락만 문제는 아니다. 자금줄이 막힌 기업의 경우 무슨 돈으로 장사를 할 것인가가 더 큰 당면 과제이다. 코로나19 때문에 경제가 멈춰 서니 재무 구조가 취약한 기업들부터 비상이 걸릴 수밖에 없다. 당장 만기가 돌아온 빚을 차환해야 하는데 돈이 모자란다. 기업 자금 악화 우려가 커지는데 은행 문턱은 더 높아진다.

여기서 미국 연방준비제도(연준)가 등판한다. 연준이 나서지 않으면 다 죽는다며 모두가 소리치니 급하게 등장한 연준이 한 번 바주카포를 쏴본다. 기준금리를 제로 수준까지 인하하고 은행에 자금을 풀어 본다. 하지만 소용이 없다. 시장은 또 한 번 무너진다.

국제유가가 폭락하며 불이 난 집에 기름을 끼얹었다. 가뜩이나 코로나19 때문에 원유 수요가 급감할 것으로 전망되는 상황에서 2020년 3월 6일에는 사우디아라비아와 러시아의 감산 합의가 무산됐다는 소식이 전해졌다. 추가 감산 합의는커녕 오히려 증산 경쟁이 본격화되면서 유가 하락세는 걷잡을 수 없이 가팔라졌다. 유가가 20달러 수준까지 떨어지자 손익 분기점이 30~40달러 수준인 셰일 기업들이 당장 큰 타격을 받았다. 미국의 셰일 기업들은 이미 2014년부터 부채 규모를 키워 왔다. 한때 100달러 수준이던 유가가 이때부터 빠르게 하락하기 시작한 영향이다. 이미 부채가 감당할 수 없을 만큼 커졌는데 코로나19 사태가 터졌다. 앞으로 4

년간 돌아올 채무 만기가 2,000억 달러(약 248조 6,000억 원)에 달할 것으로 예상되는 셰일 기업뿐 아니라 자금을 대출해 준 많은 은행들도 숨이 턱 막히는 상황이 됐다. 이른바 '돈맥'이 꽉 막혀 버린 것이다. 신용등급이 낮은 회사채 시장이 급격히 무너진 배경이다.

결국 모든 것이 너무 빨리 진행된 게 문제였다. 주식, 채권 가리지 않고 동반 가격 하락이 나타나는 시점에 투자자금을 운용하는 사람들에게 선택의 여지는 없었다. 하루가 다르게 자산가격이 급락하는 과정에서 과도하게 레버리지(leverage)를 일으켜 투자했던 사람들은 거래를 청산해야 했고, 너무 많은 손실을 입은 사람들은 손절을 해야 했고, 고객의 환매 요청에 직면한 사람들은 보유하고 있던 금융자산 중 현금화가 가장 빨리 이뤄질 수 있는 자산부터 매도해야 했다. 추락하는 자산가격은 날개가 없었다.

사람들은 모든 것이 코로나19 사태 때문이라고 한다. 코로나19의 확산세가 진정되면 모든 것이 빠르게 '정상'으로 돌아올 것이라고 믿는 사람들도 적지 않다. 언제나 그랬던 것처럼 중앙은행들이 마법의 은 탄환(silver bullet)을 장전해 이 괴물을 한 방에 쓰러트릴 것이라는 기대감도 여전하다. 그럼 어느샌가 다시 주가는 고공행진을 할 것이고, 세상은 어느덧 아무 일도 없던 것처럼 돌아가리라는 것이다.

하지만 중앙은행 연합군이 경제의 상흔을 말끔히 치유할 수 있을 것이라는 생각은 환상이다. 어쩌면 처음부터 마법의 은 탄환은 없었을지 모른다. 2008년 글로벌 금융위기 이후 거대한 버블을 끊임없이 되살리는 중앙은행들의 부두(Voodoo) 주술이 이미 우리 옆에 다가와 있던 신용 위험을 감추고 있었다고 보는 것이 합리적이다.

자, 우리는 어떻게 여기까지 왔는가?

1. 웰컴 투 오자크

시장의 인질이 된 중앙은행

오자크(OZARK)는 넷플릭스의 오리지널 드라마이다. 이 드라마의 주인공 마티 버드는 멕시코 마약 카르텔의 불법 자금을 세탁해 주는 시카고의 재무 컨설턴트이다. 거대 카르텔 조직을 위해 일하면서 큰 돈을 벌게 됐지만, 800만 달러를 빼돌린 동업자 때문에 '처형' 위기에 처한다. 마티는 이미 처리된 동료의 시체를 앞에 두고 선택의 기로에 선다. 모든 것을 포기하고 동료와 함께 시신 가방에 담기든지 어떻게든 자신이 조직에 필요하다는 것을 어필해 살아남든지 둘 중 하나이다. 그는 오자크라는 휴양지를 구명 카드로 꺼내 들었다. 그는 잘 알려지지 않은 오자크 지역을 활용하면 훨씬 효율적으로 대규모 돈세탁을 할 수 있다고 카르텔 중간 보스를 설득해 결국 목숨을 유예 받는 데 성공한다.

마티 같은 재무 컨설턴트가 하는 일은 카르텔이 마약 거래를 통해 번 거액의 돈에 '문제 없음' 꼬리표를 달아 주는 것이다. 불법 거래를 통해 벌어들인 돈을 보스의 은행 계좌로 바로 송금하면 당국의 감시망에 포착될 위험이 있기 때문에 마티 같은 전문가들이 금융 기법을 활용한다. 순서는 이렇다. 먼저 유령회사를 만들고 투자처를 물색한다. 호텔이든 카지노든 교회든 상관없다. 마약 거래를 통해 주체하기 어려울 정도로 쌓인 현금을 합법적으로 운영되는 법인의 정상적인 자금흐름에 얹을 수만 있으면 되는 것이다.

이제 합법적으로 지분투자를 해서 투자처를 매입했다면 매출을 부풀리는 식으로 재무제표를 만드는 것이 두 번째 단계이다. 입이 떡 벌어질 만큼 거액을 제시해 허름한 여름 휴양지를 인수한 후 단기간에 인상적인 매출 신장을 보인 것처럼 재무제표를 만드는 식이다. 이렇게 현금흐름만 증명할 수 있으면 카르텔의 자금도 '검은 돈' 꼬리표가 사라진 채 정상적인 은행 결제 시스템에 올라탈 수 있다. 그리고 그 은행 결제 시스템을 이용해 미국에서 마약 판매를 통해 벌어들인 돈을 파나마에 개설돼 있는 보스의 계좌로 안전하게 보내는 것이 마티의 역할이다.

이제 카르텔 자금 800만 달러를 빠짐없이 세탁할 수 있느냐에 마티의 생사가 달렸다. 카르텔에 목숨을 담보로 잡힌 것은 그 자신만이 아니다. 자기가 살려다 보니 아내와 아이들도 이 생지옥으로 끌고 와 버렸다. 그의 돈세탁이 한 번 삐끗하면 카르텔의 킬러가 그들을 쥐도 새도 모르게 벼랑 끝으로 밀어 버릴 것이다. 단순히 똑똑한 것만으로는 이 위기의 순간을 벗어날 수 없다. 가뜩이나 오자크는 마티가 생각했던 것 이상으로 지역경제가 낙후돼 있었다. 돈세탁의 얼굴마담을 할 만한 업체를 찾는 것조차 쉽지 않은 상황이다. 도저히 앞이 보이지 않는다. 하지만 그 자신도 깨닫지 못했던 대범함과 추진력이 빛을 발하는 것은 이 순간이다. 누구도 생각지 못한 획기적인 아이디어를 치밀한 계산대 위에 올려놓으니 일이 진행되기 시작한다. 결코 달성할 수 없을 것만 같던 800만 달러 세탁을 달성한다.

2008년 글로벌 금융위기의 도화선이 된 것은 부동산 과열이었다. 지금 들어도 생소한 용어인 '서브프라임 모기지'가 위기의 발단이었다. 그동안 신용을 끌어다 쓰면서 흥청망청 살았는데 막상 버블이 꺼지니 모두가 암담했던 시절이었다. 직장이 있는 사람들은 돈이 들어오는 대로 빚을 갚아야 하니 예전에 즐겼던 여가생활은 꿈도 못 꾸게 되었다. 경기불황으로 직장마저 잃은 사람들은 당장 전기세를 낼 돈도 없다. 묻지도 따지지도 않고 대출에 열을 올렸던 은행들은 치솟는 부도율을 견디지 못하고 파산을 신청해 정부의 긴급지원에만 목을 매는 처지가 되었다.

결국 정부가 국민 세금으로 은행의 부실대출을 보증하고 빚을 떠안는 방식으로 파국을 막았다. 이것이 2008년 이후 이른바 서방 선진국이라는 곳에서 일어난 일이다. 민간 부문의 부채를 정부가 떠안으면서 서방 선진국 전체적으로 공공 부채가 3분의 1 이상 늘어났다. 하지만 이것으로 끝난 것이 아니다. 수많은 개인과 금융기관들이 부동산 투자에 실패해서 모두 허리띠 조이기에 들어가니 누군가는 돈을 써야 했다. 누군가 돈이 돌게 해야 했다. 돈이 돌지 못하고 막히면 다 죽는 시기였다. 빚잔치를 벌였던 시장은 이제 중앙은행의 숨통을 쥐고 묻는다. '어떻게 할래?' 선택의 여지는 없다. 이제 다시 합법적으로 시장에 돈이 돌게 해야 모두가 산다. 살아남기 위해 모두가 모두의 인질이 되어 버린 상황이다.

결국 중앙은행이 윤전기를 돌려 돈을 찍어 내는 식으로 현금을 조달했다. 관건은 이 돈이 흐르게 하는 것이다. 정상적인 금융 중개기관을 통해 이 돈이 어디로든 흘러가도록 해야 한다. 중앙은행이 이 돈을 금융시장의 정상적인 자금 흐름에 얹는 것이 관건이었다. 중앙은행이 정부 발행 국채를 매수하는 양적완화 정책이 여기서 등장한다. 중앙은행이 국채를 거의 무제한에 가까운 돈으로 매입하니 국채의 가격이 올라간다. 국채 가격이 올라가면 민간 투자자들은 상대적으로 가격이 비싸진 국채 시장을 떠나 주식, 부동산 같은 다른 자산을 매입하기 시작한다. 채권부터 시작해 주식, 부동산 가격이 차례로 올라간다. 중앙은행이 풀어 놓은 현금 덕에 허름한 여름 휴양지도 단기간에 인상적인 매출 신장을 이뤄 낸 리조트처럼 보일 정도이다. 이제 투자자들에게는 주식도 채권도 부동산 투자도 모두 매력적인 기회로 보이기 시작한다. 자산가격이 올라가니 그동안 소비와 투자에 소극적이었던 경제 주체들도 조금씩 지갑을 열기 시작한다. 이렇게 자산가격 상승의 선순환 고리가 돌기 시작한 것이다. 그렇게 전대미문의 위기를 극복한 듯 보였다.

카페인에 취한 기업들

하지만 해피엔딩은 없다. 마티와 아내 웬디, 미성년자인 두 자녀들까지 공범이 돼 벌인 800만 달러의 세탁이 마무리됐지만, 카르텔이 이들을 순순히 놓아줄 리 없다. 카르텔은 이제 5,000만 달러를 오자크로 보낸다. 다시 선택의 순간이다. 5,000만 달러를 세탁할 것인가, 죽을 것인가의 문제다. 하지만 실상 퇴로는 없다. 지금까지 달려온 이 길로 쭉 가는 수밖에 없다.

돈세탁의 규모를 키우기 위해 마티 부부가 선택한 것은 카지노이다. 지역 정치인들에게 손을 뻗쳐가며 기어코 카지노 사업권을 따낸다. 하지만 잠깐의 방심도 허용되지 않는다. 수사망을 좁혀 오는 연방

수사국(FBI)의 방해는 눈엣가시이다. 그렇다고 돈세탁이 늦어진다는 변명이 통할 상대가 아니다. 카르텔이 그들 가족의 충성심을 의심하기 시작하면 끝이다.

카지노 개장 이후에도 돈세탁 속도가 기대만큼 빨라지지 않자 드디어 카르텔이 마티를 멕시코로 소환한다. 카르텔 보스의 성채 지하감옥에 갇힌 마티! 보스가 원하는 답을 내놓기까지 마티는 풀려날 수 없다. 마티의 가치를 시험해 보려는 보스가 묻고 또 묻는다. "네가 원하는 게 뭐야?" 악에 받친 마티는 답한다. "한 번이라도 고마워 하는 건 어때?" 보스가 원했던 답이 아니다. 보스가 원하는 대답이 나올 때까지 그가 다시 세상 빛을 볼 일은 없다. 그는 다시 지하감옥으로 돌려 보내진다.

2008년 글로벌 금융위기는 거대한 버블이 붕괴한 사건이었다. 버블 붕괴는 육신을 가진 개인들의 무수한 고통을 동반한다. 삶의 기반인 집과 직장을 잃는 고통이다. 2008년 당시 중앙은행들은 이 고통의 총량을 줄이기 위해 선택을 한다. 자본주의 시스템의 생존을 조건으로 천문학적인 돈을 풀었다. 누구의 탐욕 때문에 이 상황이 벌어졌는지는 중요하지 않았다. 일단 살아남는 것이 지상과제였고 가까스로 경제를 구해 냈다. 아니, 구해 낸 것처럼 보였다.

하지만 아무리 주가가 오르고 금리가 떨어져도 실물경제는 그만큼 살아나지 못했다. 차갑지도 뜨겁지도 않은 성장세가 이어지다 보니 금융시스템 붕괴라는 특수한 상황에서 도입한 정책들도 쉽게 되돌리지 못했다. 이런 상황에서 주가가 다시 하락이라도 할 것 같으면 난리가 났다. 실물경제도 어려운데 주가마저 떨어지면 어떻게 하느냐고 압박이 들어온다. 금융시장이 실물경제의 관자놀이에 총구를 들이댄 채 중앙은행의 선택을 재촉한다. 시장이 무엇을 상상하든 그 이상을 퍼주는 중앙은행장들이 찬사를 받았다. 시장의 변덕에 조금이라도 미적지근하게 대응하다 불안을 초래한 중앙은행에는 '무능', '무기력'이라는 꼬리표가 순식간에 따라붙었다.

끝없는 버블의 재생산, 그것만이 중앙은행의 살 길이었다. 시장이 중앙은행의 의지를 의심하기 시작하면 끝이기 때문이다. 이 게임의 승자는 가장 영악하게 게임의 룰을 이용하는 사람이다. 이 게임에는 '옥석 가리기'가 존재하지 않는다. 더 좋은 패는 없다. 더 많이 가진 사람이 유리하고, 더 큰 판돈을 거는 사람이 유리하다. 이런 룰이 존재할 수 있는 이유는 게임을 진행할 하우스(도박장)가 승부 자체를 위해 존재하기 때문이다. 하우스는 고객이 돈을 잃고 포커판을 떠나는 것을 두려워한 나머지 판돈을 끝없이 대준다. 너무 많은 사람들이 너무 많은 돈을 걸다가 큰 손실을 보고 좌절할 때마다 '긴급 자금을 대출해 줄 테니 이길 때까지 베팅해 보라'며 매니저가 나타나는 식이다.

영악한 사람들이라면 이런 게임에 참여하지 않을 이유가 없다. 하우스를 통해 싼 값에 최대한 많은 돈을 조달해 그 분이 오실 때 까지 걸고 또 걸면 된다. 주식시장이라면 더 많은 돈을 빌릴수록 더 많은 돈을 벌게 되는 구조이다. 대마불사(Too Big To Fail)는 이 게임의 치트키다. 조지 소로스(George Soros)가 말한 '시장의 재귀성'이 극명하게 작용하는 지점이다. 시장 참여자들이 어떤 관점을 갖느냐가 시장에서 벌어지는 실제 사건의 진행 방향에 영향을 주고, 또 그 사건들의 진행 방향 때문에 다시 시장 참여자들의 행태가 영향을 받는 무한의 '피드백 루프(feedback loop)'가 작용하기 시작한 것이다.

게임의 룰이 이렇게 정해지다 보니 성실하게 일해서 월급 타가는 사람들이 힘을 낼 리 없다. 다른 테이블에서 일단 질러 놓고 보는 도박꾼들이 결국 '한 방'을 터트렸다며 샴페인을 따고 있는데 두 팔 걷어붙이고 테이블에 앉지 않는 게 오히려 힘든 상황이다. 결국 객장의 모든 손님들이 한 방 베팅에 인생을 건다. 너무 많이 잃어서 아이 기저귀 사줄 형편이 안 되는 사람도 도박장을 떠나지 못한다. 버티고 있으면 하우스에서 판돈을 더 대주리라는 것을 알기 때문이다.

이게 지난 10여 년 간 실물경제에서 일어난 일이다. 많은 기업들이 이지 머니(easy money)를 이용해 금융 야바위에 골몰하고 있는 사이 성실하게 자금을 조달해 공장을 짓고 직원들 복리후생과 기술개발에 힘쓴 전통적 제조 산업들은 활력을 잃는다. 경영 실패로 한계에 처한 기업들도 저금리 자금조달에 힘입어 좀비처럼 살아남는다. 플랫폼을 기반으로 한 일부 혁신기업이 엄청난 이익을 올리지만 다수의 기업들은 대규모 부채를 떠안은 채 경제의 활력을 끝없이 갉아먹는 시스템이다.

미국의 셰일 기업들은 부채로 쌓아 올린 이 시스템의 구조적 취약성을 그대로 보여 주는 사례이다. 막대한 투자와 고도의 기술개발을 통해 셰일로부터 원유와 가스 추출에 성공한 미국은 2017년에는 러시아와 사우디아라비아를 제치고 최대 산유국이자 원유 수출국이 됐다. 하지만 셰일 기업들은 2014년부터 2016년까지 3년간 이어진 석유수출국기구(OPEC)와의 시장점유율 경쟁을 버텨 내야 했다. 원유 생산 비용이 셰일 원유의 3분의 1에 불과했던 사우디아라비아의 견제를 이들은 어떻게 돌파한 걸까? 정답은 막대한 부채이다. 국제유가가 40달러대까지 급락했던 2015년도에 투기등급 셰일 기업들의 부채 비율은 200% 이상으로 급증했다. 재무안정성, 채권상환능력이 크게 저하되면서 위기에 처한 셰일 기업들을 구한 것은 결국 빚이었다는 말이다.

물론 부채로 중무장해 사선을 넘어온 기업이 셰일 기업만은 아니다. 중앙은행들이 풀어 놓고 회수하지 않은 유동성 덕에 모두가 빚잔치를 벌이고도 살아남을 수 있었다. 워낙 많은 돈이 풀려 있다 보니 웬만해서는 경쟁에서 도태되지 않고 살아남을 수 있었다는 이야기이다. 이 과정에서 실로 이해되지 않는 일들이 벌어진다. 〈파이낸셜타임스〉의 라나 포루하가 한 칼럼[1]에서 소개한 일화이다. 지난해 9월 스타벅스의 패트릭 그리스머 최고재무책임자(CFO)가 한 리테일 콘퍼런스에 참석했다. 그는 이 콘퍼런스에서 스타벅스의 2020년 순익증가율이 10%에 못 미칠 것이라고 밝혔다. 트럼프 대통령이 2017년에 35%에 달하던 법인세율을 21%로 낮춘 덕에 몇 년간 실적이 좋았는데 2020년에는 이 효과가 희석될 수밖에 없기 때문이라고 그는 설명했다. 순익증가율이 갑작스럽게 떨어진다는 것은 기업에는 위험신호이다. 그런데 스타벅스 CFO의 해법이 재미있다. 당초 2020년에 실시할 예정이었던 바이백을 2019년에 당겨서 하겠다는 것이다. 주식 바이백을 실적악화의 해법으로 제시한 것이다. 바이백이 기업문제의 해결책으로 떠오른 것은 비단 스타벅스만의 문제는 아니다.

지난 1982년에만 해도 S&P 500 기업은 이익의 2%만을 자사주매입에 썼다. 2018년 말에 이 비율은 59%로 늘어났다. 2008년 이후 10년 넘게 지속된 초완화정책 덕택에 기업들은 그 어느 때보다 쉽게 자금을 조달할 수 있게 됐지만, 그렇게 모은 돈을 생산성 향상에 투자하기보다는 바이백에 사용한 것이다. 바이백을 통해 시

---

1 Rana Foroohar(2019. 9. 8) 'Corporate America is over-caffeinated', Financial Times

국제경제_코로나19, 글로벌 금융시장 혼란의 원인인가?

장에서 유통되는 주식의 숫자가 줄어들수록 주당순이익은 늘고, 주주들은 기뻐할 것이다. 주주들이 환호성을 올리며 주가를 올리면 결국 경영자도 웃는다는 계산이다. 모두가 '윈윈'할 수 있는 확실한 '바이백의 길'이 있는데 굳이 공장을 짓고 노동조합과 싸우며 불확실한 미래에 투자할 필요가 없는 것이다. 미국 증시가 10년 이상 이어진 사상 최장 기간 강세장을 이어오는 과정에서 반복된 패턴이다.

금융시장 참가자들의 투자 행태도 게임의 룰에 발맞춰 더 대담해졌다. 이는 금융시장의 체력을 기저에서부터 갉아먹는 요인이 됐다. 지난해 국내 사모 헤지펀드 1위 라임자산운용의 환매 연기 사태는 그 단면을 보여 주는 하나의 사례이다. 라임자산운용 사태는 탐욕에 눈 먼 일부 금융인의 일탈이 빚은 에피소드로만 치부할 문제가 아니었다. 그것은 코로나19 사태 이전부터 헤지펀드 전반의 유동성 문제가 얼마나 쉽게 발화할 수 있는지를 보여 준 사건일 뿐이었다. 그동안 헤지펀드들은 투자자들이 언제든 원하기만 하면 그들의 투자금을 회수할 수 있다고 선전해 왔다. 하지만 지난 몇 년간 대규모 환매에 직면한 헤지펀드들이 고객에게 제대로 돈을 돌려준 사례가 있었는지 의심스럽다.

헤지펀드들이 고객에게 선전하는 것과 달리 펀드의 유동성이 환상에 불과해 보이는 이유이다. 그리고 상황이 이렇게 된 데는 분명히 구조적인 문제가 있다. 2008년 글로벌 금융위기 이후 저금리 기조가 장기화되면서 헤지펀드들이 고객에게 약속한 수익률을 확보하기가 점점 어려워진 것이 가장 큰 요인이다. 2011년 이후 헤지펀드의 수익률이 미국 S&P 지수 상승률에 크게 못 미친 것은 이미 알려진 사실이다. 헤지펀드 운용자들 입장에서는 고객에게 약속한 수익률을 확보하기 위해 선택을 하지 않을 수 없었다. 레버리지를 크게 일으키거나 조달, 운용 자산의 '만기 미스매칭'[2]을 키우는 식이다. 이것이 가능한 건 빌려주는 사람도, 빌리는 사람도 나중에 문제가 될 것을 크게 걱정하지 않게 됐기 때문이다. 문제가 생기면 정부가 나서서, 중앙은행이 나서서 해결해 줄 것이라는 믿음이 이런 자산운용 방식을 키운 것이다.

결국 코로나19 사태가 터진 후 무슨 일이 벌어졌나? 멀리 가지 말고 국내시장만 보자. 라임자산운용을 욕할 것이 아니다. 다수의 증권사들이 순식간에 유동성 위기에 처한 것은 우연이 아니었다. 코로나19 사태 이후 나타난 글로벌 금융시장 혼란의 상당 부분은 코로나19 때문에 일어난 것이 아니다. 이미 기저질환이 시장 깊숙이 파고들어 있었는데 변변한 치료조차 제대로 받지 못한 채 살다가 막상 코로나19에 감염되자마자 발작에 빠진 것이다.

---

2 펀드 운용자가 단기로 자금을 조달해 만기가 긴 자산에 투자해 조달금리-운용수익률 간 차익에 해당하는 이익을 얻는 전략을 만기 미스매칭 투자라 한다.

네버엔딩 스토리

마티의 가족은 여전히 끊임없는 불안에 시달린다. 연방정부 요원은 끊임없이 돈세탁 사업에 어깃장을 놓으며 회유하려 하고, 카르텔은 매의 눈으로 그들을 감시하고 있다. 탈출구는 보이지 않는다.

지친 웬디가 말한다. "어쩌다 여기까지 왔지? 목숨을 부지하려고 싸우다 보면 그 전에 했던 것들이 모두 정말 부질없이 느껴져. 내가 지금 뭘 하는 거지?" 마티는 오히려 담담하다. 울고 불며 신세를 한탄할 수도, 운명을 저주하며 욕을 퍼부을 수도 있지만 결국 그에게 선택지는 하나뿐인 것을 알기 때문이다. 이제 어떻게 해야 하느냐는 웬디의 질문에 대한 그의 대답은 그래서 애처로울 정도로 스산하다. "멕시코 마약 카르텔 돈을 세탁해야겠지."

이제 그들의 다음 미션은 FBI 요원을 포섭해 더 안전하게 돈세탁을 하는 것이다.

2020년의 경기 위축은 2008년 글로벌 금융위기 당시의 그것과 비교할 때 더 크고 더 파괴적일 수밖에 없다. 이제 통계 지표를 인용할 때 '2008년 글로벌 금융위기 이후' 최대치라든가, 최소치라든가 하는 표현은 '코로나19 사태 이후'로 대체될 것이다.

유가가 급락하면서 이전부터 부채로 버텨 오던 수많은 셰일 기업들이 당장은 시한폭탄이다. 하지만 에너지 기업들의 부도 가능성 확대만 문제는 아니다. 코로나19 확산으로 경제 내부의 유효 수요가 현저히 부족해지면서 향후 기업 수익이 악화되리라는 것이 불 보듯 뻔하기 때문이다. 당장 소재나 산업재, 소비재, 금융 업종 등이 경기침체의 직격탄을 맞을 가능성이 크다. 그동안 수많은 기업들이 생산성 개선보다는 판돈을 키우는 데만 골몰했던 것을 감안하면 불안감은 커질 수밖에 없다.

상황이 이렇게 흘러가니 다시 한 번 연준이 등판했다. 이제 연준은 국채를 넘어 투자등급 회사채뿐만 아니라 투기등급 채권까지 매입할 방침을 세웠다. 연준법에 저촉될 소지가 있어 2008년 글로벌 금융위기 때도 시행하지 않았던 정책이다. 이 같은 연준의 입장이 확인되자 시장의 투매는 그쳤다. 연준만이 아니다. 코로나19의 당사자라 할 수 있는 중국부터 한국, 일본, 호주, 뉴질랜드, 유로존까지 금융기관, 기업들의 유동성 위기 해결을 위해 다시 한 번 중앙은행들이 소환되고 있다.

이번에도 중앙은행들이 미친 듯이 질주하지만 나아갈 방향을 모르기에 제자리를 빙글빙글 돈다. 근본적인 질문은 2008년과 달라지지 않았다. 왜 이들은 경제주체들의 나쁜 행동을 끊임없이 보상하는가? 아이가 처음에 우유를 엎질렀을 때 '우쭈쭈' 해주니 이제는 할아버지 수염을 뽑겠다고 달려든다. 부모는 아이를 혼내기는커녕 용돈을 줘어 주며 연신 진땀을 흘리는 형국이다.

〈뉴욕타임스〉칼럼니스트 팀 우[3]에 따르면 코로나19로 정부의 구제금융을 받는 보잉 등 항공사들이 지난 8년 간 주식 바이백에만 써 온 돈이 450억 달러이다. 역시 정부의 구제금융을 받는 호텔 체인 힐튼의 경우에는 코로나19 확산 우려가 커지고 있던 2020년 3월 3일에만 20억 달러의 자사주를 주식시장에서 매입했다. 이들이 이번 위기를 모면한 후에 어디에 중점을 두고 미래 전략을 세울지 뻔한 일이다. 모두 중앙은행이 이들의 전주가 될 것이라는 믿음이 있기 때문에 가능한 일들이다.

미친 듯이 달리고 있는 것 같은데 문득 주위를 둘러보니 다시 출발점에 서 있는 상황 같다. 부조리에 빠진 중앙은행들은 이전에 살기 위해 펼쳤던 정책들을 다시 꺼내 들고, 부조리한 세계는 돈이 돈을 낳는 윤전기를 돌려야만 굴러간다. 마치 카프카의 소설《성》속 주인공처럼 '정상화'라는 성을 향해 끝없이 나아갈 뿐 달라지는 것은 아무것도 없다. 어느 순간부터는 '정상'의 기준이 무엇인지조차 혼란스러울 정도이다. 비정상이 정상이 되고, 정상의 기억은 가물가물해지는 '뉴노멀(new normal)'의 시대이다.

---

3 Tim Wu and Yaryna Serkez(2020. 3. 27), 'These Companies Enriched Themselves. Now They're Getting a Bailout', The New York Times).

2. 달러 패권의 균열

물론 모든 시장에는 비대칭이 존재한다. 거품을 포착하기는 쉽지만 꺼트리기는 어려운 것도 사실이다. 다만 지난 몇 년간 이 부채로 쌓아올린 성이 무너질 것이라는 예언도 크게 늘었다. 이 체제의 근간을 이루고 있는 것이 달러 패권이다. 연준이 아무리 달러를 찍어 내도 달러 가치가 요지부동이라면 이건 사실상 '프리패스(free pass)'와 가깝다. 산이 문제가 되면 산을 사면 되고, 강이 문제가 되면 강을 사면 되기 때문이다.

이번 코로나19 사태의 해법 역시 달러 패권에 기초하고 있다. 어떤 이들은 치료제 또는 백신이 '게임 체인저(game changer)'가 될 것으로 보고, 어떤 이들은 유가가 분수령이 될 것으로 본다. 치료제나 백신이 나오거나 유가가 반등하면 금융시장의 혼란은 사라지고 언제 그랬냐는 듯 글로벌 경기는 V자로 반등하리라는 기대감이다.

물론 코로나19의 확산 흐름도 언젠가 정점을 칠 것이다. 어느 나라든 확진자 수도 사망자 수도 줄어들 것이다. 하지만 그것이 끝은 아니다. 코로나19 이후의 사회, 경제체제는 이전과 확연히 달라질 가능성이 크다. 온라인 거래와 활동이 폭발적으로 늘며 기존 비즈니스의 기반을 뒤흔들 것이라는 사실을 의심하는 사람은 없다. 어쩌면 향후 10년 동안 이뤄져야 할 혁명적 변화가 코로나19라는 촉진제를 통해 2~3년 안에 압축돼 이뤄질 가능성도 배제하기 어렵다. 이 과정에서 승자도 패자도 생겨날 것이다. 하지만 당장 글로벌 경제가 대공황 이후 최악의 경기침체로 접어드는 시점에 진행될 변화는 더 큰 고통을 수반할 수밖에 없다.

코로나19 사태가 빠른 시간 안에 기업들이 지난 수년간 쌓아 왔던 이익을 대차대조표에서 깔끔히 지워 버릴 가능성도 크다. 이 과정에서 수많은 기업들이 도태되는 것은 당연한 수순이다. 이미 다수의 기업들이 사상 최고 수준의 부채부담을 안고 있는 상황에서 대규모 실적 충격이 나타날 경우 경제의 근간이 흔들릴 가능성이 크다. 구조조정과 인력삭감이 기술혁명과 맞물리며 대규모 실업으로 이어지리라는 것을 부인하기 어렵다. 개인 가처분소득 감소와 함께 소비침체가 가속화되며 경기 회복을 더 어렵게 할 것이다.

정부 입장에서는 실업수당 지급액뿐 아니라 긴급 구제금융을 제공해야 할 기업 숫자도 늘어날 수밖에 없다. 당장 지출이 늘어날 텐데 정부가 지출을 늘리려면 돈이 필요하다. 국채를 찍거나 세금을 더 걷어야 한다. 하지만 경기가 좋지 않으니 세금은 더 줄지 않으면 다행이다. 국민들에게 도저히 세금 더 걷겠다는 이야기는 하지 못한다. 그렇다면 결국은 국채 발행을 늘리는 수밖에 없다. 국채 발행도 간단한 것은 아니다. 발행량은 늘어나는데 민간 부문은 투자 여력이 없다. 다시 중앙은행이 사줘야 한다.

모든 중앙은행이 이렇게 돈을 풀 수 있는 것은 아니다. 과거에 이런 식으로 돈을 풀었던 국가들은 모두 초인플레이션에 무릎을 꿇었다. 하지만 미국은 다르다. 달러가 있기 때문이다. 아무리 돈을 찍어대도 가치가 떨어지지 않는 '절대반지'급 통화가 바로 달러이다. 돌이켜보면 2008년 글로벌 금융위기 때만큼 '달러 시대의 종언'이라는 표현이 와 닿았던 적은 없었다. 미국식 금융자본주의에 대한 불신이 절정에 달하면서 국제 기축통화[4]로서 달러가 구축해 온 유일무이한 지위에도 균열이 갈 것이라는 전망이 지배적이었다. 하지만 글로벌 금융위기 이후 10년 이상 지난 현재, 코로나19 사태로 전

---

4 무역을 할 때 교역대금의 결제에 사용되는 통화로 달러, 유로, 파운드, 엔, 스위스프랑 등이 주로 사용된다. 최근 중국이 국제교역에서 위안화 활용 비율을 늘리기 위해 노력하고 있지만 아직 성과는 미미한 수준이다.

세계 금융시장이 요동치고 있는 지금까지도 달러의 지위는 견고해 보인다. 미국이 스스로 초래한 중국과의 무역갈등이 악화되거나 아르헨티나 등 신흥국의 금융위기 가능성이 회자될 때도 글로벌 투자자들은 달러 자산을 담는 데 열을 올린다.

제2차 세계대전 이후 10년 주기로 한 번씩 '달러의 몰락'이 회자됐지만, 결과는 우리가 아는 그대로이다. 미국이 아무리 자살골을 넣어도 달러의 지위가 이처럼 요지부동인 이유는 뭘까? 국제통화기금(IMF) 중국사무소장을 지낸 에스와르 프라사드 미국 코넬대학교 교수는 지난 2015년 발표한 《달러 트랩(The Dollar Trap)》이라는 저서에서 '달러가 아니면 대안이 없기 때문'이라고 명쾌하게 설명한다. 글로벌 금융위기 이후 안전자산에 대한 수요는 늘었지만, 달러만큼의 안정성을 담보하는 자산은 찾을 수가 없었다는 것이다. 미국 정부가 과도한 인플레이션을 일으켜 외국인들이 가진 미국 국채의 가치를 떨어트리지 않으리라는 투자자들의 믿음이 달러에 대한 수요로 이어진다고 그는 주장하고 있다. 글로벌 금융위기 이후 위안화와 유로화가 보여 준 취약성도 안전자산으로서 달러의 지위를 강화하는 쪽으로 작용했다. 글로벌 금융시장에서는 모든 것이 상대적이기 때문이다. 미국은 믿고 달러 자산을 더 담는 것은 아닌 것 같다는 생각이 들어도 달러 자산이 아니면 달리 투자할 것이 없는 곤란함을 그는 '트랩(함정)'이라고 봤다. 글로벌 시장의 모든 투자자가 이러한 달러 트랩에 빠졌다는 것이다.

이 달러 트랩 덕분에 미국은 코로나19 사태의 해법으로 다시 한 번 천문학적인 규모의 재정지출을 모색할 수 있다. 미국의 GDP 대비 재정적자는 지난 제2차 세계대전 당시 30.1%(1943년)로 정점에 도달한 바 있다. 만약 코로나19 사태로 인한 충격이 제2차 세계대전 당시와 비슷하다고 보면 올해 미국 정부가 최대 6조 달러 이상의 재정적자를 용인할 수도 있다는 이야기다(미국의 2019년 재정적자는 1조 달러 수준이다). 연준이 이렇게 발행하는 국채의 대부분을 매수한다고 해보자. 이미 2010년부터 양적완화를 통해 매년 7,000억 달러 규모의 국채(만기 10년 이상)를 매입해 온 연준의 GDP 대비 자산규모는 최대 50% 수준까지 늘어난다. 상황이 더 좋지 않아지면 연준이 조금 더 인심을 쓰면 된다. 상황이 그보다 더 좋지 않아지면 연준이 크게 인심을 쓰면 된다. 마치 어렸을 적 오락실에서 즐겼던 '아케이드 머신'을 집 안에 들여놓은 후 동전을 집어넣으며 게임하는 식이다. 이 게임이 동전 때문에 멈추는 일은 없을 것이다. 아케이드 머신에 집어넣는 그 동전은 사실상 내 지갑으로 다시 들어오기 때문이다.

하지만 달러 가치 폭락의 임계점은 정말 없는 것일까? 제2차 세계대전 이후 20년간 이어졌던 브레튼우즈(Bretton Woods) 체제[5] 역시

---

5 1944년 국제통화기금(IMF) 창립 이후 구축된 국제 통화 체제. 미국의 달러화를 기축통화로 하는 금환본위제도를 말한다.

달러 가치 폭락과 함께 붕괴했다. 미국 기업들이 독일, 일본 등 후발 지역 기업들과의 경쟁에서 열세를 보인 데다 베트남 전쟁 참전에 따른 대규모 재정적자 확대가 달러 가치에 타격을 입힌 영향이다. 다만 브레튼우즈 체제 붕괴에도 자본주의 시스템이 유지될 수 있었던 것은 여전히 견조했던 미국의 정치, 군사적 우위 때문이었을 것이다. 미국은 압도적인 군사력을 바탕으로 서유럽을 NATO라는 우산 아래 둘 수 있었고, 수 많은 나라들과는 일대일 동맹을 맺어 영향력을 유지할 수 있었다. 브레튼우즈 체제 이후에도 달러가 국제결제의 기본통화로 유지될 수 있었던 이유이다.

물론 그동안 '달러 불패' 신화를 만들었던 전제는 그대로이다. 달러가 아니면 대안이 없다는 사실이다. 글로벌 시장이 불안해지면 불안해질수록 안전자산에 대한 수요는 늘어날 텐데, 달러만큼의 안정성을 담보하는 자산은 찾을 수 없는 상황이다. 가장 큰 것은 달러 패권의 몰락이 자칫 자본주의 시스템에 대한 사망선고가 될 수 있다는 공포감일 것이다. 그렇다 해도 미국 정부가 과도한 인플레이션을 일으켜 외국인들이 가진 미국 국채의 가치를 떨어트리지 않으리라는 투자자들의 믿음이 훼손되기 시작한다면 이 거대한 시스템의 균열은 불가피하다. 문제는 속도일 뿐이다.

3. 코로나19 이후 최상의 시나리오

연준은 4월 10일 최대 2조 3,000억 달러 규모의 유동성을 투입해 일부 투기등급 회사채(정크본드)까지 매입하겠다고 발표했다. 산과 강에 이어 이제 바다까지 사겠다는 것이다. 연준의 정크본드 매입 결정은 결국 셰일 기업들을 살리겠다는 의지의 표현이다. 연준의 지원이 없으면 셰일 기업들의 도산은 이미 시간문제였기 때문이다. 셰일 기업뿐 아니라 사실상 미국 내 모든 기업들의 생명 줄을 연준이 쥐고 가겠다는 것이다. 이건 비단 연준만의 이야기는 아니다. 유럽중앙은행(ECB)이나 일본은행(BOJ)이나 사정은 매한가지이다. ECB의 GDP 대비 자산보유 비중은 40%, BOJ는

110%에 달한다. 유로존과 일본 경제는 이미 ECB와 BOJ 없이 움직일 수 없는 수준이다. 물론 윤전기의 잉크가 마르지 않는 한 연준의 돈이 끊기는 일은 없다. ECB나 BOJ도 마찬가지일 것이다.

바이러스라는 외부 충격과 그에 따른 경제주체들의 활동 중단을 이번 경제위기의 근원으로 본다면 코로나19 확산세가 진정되고 치료제가 개발될 경우 하루 아침에 상황이 반전될 수도 있다. 대내외 주식시장을 중심으로 확산되고 있는 낙관론은 이를 반영한다. 특히 2008년 글로벌 금융위기 때 수 개월이 걸렸던 제로금리, 신용공급, 양적완화 결정이 불과 수 주 사이에 전광석화처럼 이뤄졌다. 2008년 글로벌 금융위기 때보다 적극적인 재정확대와 통화완화가 시장을 지지하고 있다.

코로나19 이후의 경제회복은 더디게 진행되겠지만, 자산가격만큼은 이전 그 어느 때보다 폭발적으로 반등하는 것 아니냐는 기대감이 커진 이유이다. 이미 주식시장이 최악을 반영했던 만큼 이제는 그동안 뿌려진 정책효과에 힘입어 강해질 일만 남은 것 아니냐는 것이다. 경제가 너무 어려우니까 중앙은행들이 큰 인심 쓴다며 칼을 뽑아 들면 투자자들은 '잘 먹을게요' 하며 환호하는 것이 지난 10년의 패턴이다. 심판의 날이 도래했다고 목청껏 외쳤던 이들은 '거짓 선지자'라는 불명에 타이틀을 안은 채 다시 한 번 비상하는 주가를 지켜봐야 할 수도 있다.

역사도 투자자들의 낙관론에 힘을 보태는 듯하다. 역사를 통틀어 바이러스의 끝판왕으로 불리는 스페인 독감의 경우 처음 발생한 1918년부터 1920년까지 2년 동안 전 세계에서 5,000만 명의 목숨을 앗아 간 '독한 놈'이었지만 세계 경제는 스페인 독감이 잦아들자마자 빠른 속도로 안정을 찾았다. 스페인 독감은 계절감기처럼 잊혀졌고 대호황으로 이어진 1920년대만 사람들의 뇌리에 남아있다. 상황이 이렇게 풀리면 대마불사라는 기존의 게임의 룰은 유지되고 달러 패권에는 생채기조차 나지 않을 수 있다. 코로나19는 결코 '블랙스완'[6]이 될 수 없을 것이다.

하지만 모든 것이 '정상'을 회복한 듯한 이 세계는 결코 이전과 같지 않을 것이다. 코로나19 사태의 장기화와 그에 따른 기업실적 악화, 대규모 재정 투입이라는 이 사이클의 출구가 잘 보이지 않기 때문이다. 수요 위축이 장기화됐을 때 가장 우려스러운 시나리오는 디플레이션이다. 물가 하락이 자기실현적(self-fulfilling) 기대 경로를 통해 상품 및 서비스 전반에 지속되는 상황 말이다. 경기도 안 좋아질 텐데 물가가 낮은 게 왜 문제냐고 묻는다면 대답은 이렇다. 전통적 경제학에서 물가는 경제 내부의 저축과 투자가 균형을 이루고 있는지 아니면 과열 또는 부족한지를 보여 주는 가늠자였다. 물가가 오르면 그 경제의 총생산이 잠재 생산을 상회한다는 의

---

6 극단적으로 예외적이어서 절대 일어날 것 같지 않은 사건.

국제경제_코로나19, 글로벌 금융시장 혼란의 원인인가?

미가 되고, 하락하면 그 반대의 해석이 가능하다. 낮은 물가가 장기간 지속되는 것은 경제의 총수요보다 적은 수준의 투자가 이뤄지고 있다는 의미로 보면 된다.

2008년 글로벌 금융위기 이후 저물가는 거의 모든 나라에서 공통적으로 나타나고 있다. 어떤 의미에서는 더 많은 돈을 풀어 더 많은 투자가 이뤄지도록 해야 하는 것 아니냐는 주장도 나올 수 있는 상황이다. 하지만 수많은 나라들이 마이너스 금리를 도입하고 천문학적 규모의 돈을 쏟아 부었는데도 물가는 올라가지 않았다. 일부 학자들은 저물가의 원인을 완화적 통화정책 자체에서 찾기도 한다. 금리를 내려 사람들로 하여금 더 많은 대출을 받게 하려는 중앙은행의 통화정책이 단기적으로는 경기를 부양하는 효과를 내지만 장기적으로는 오히려 사람들의 지갑을 닫게 만든다는 것이다. 빚이 늘어날수록 경제주체들은 소비를 늘리는 데 대해 더 조심스러울 수밖에 없는 만큼 오히려 저축을 늘려 불확실성에 대비하려 한다는 것이다.[7] 2008년 글로벌 금융위기 이후 마이너스 금리와 양적완화가 도입된 후 '빚 내서 소비하라'는 것이 중앙은행의 모토가 됐음에도 글로벌 경제의 총수요가 뜨뜻미지근한 것은 이 때문이라는 것이다.

물론 아마존 유통혁명으로 대표되는 온라인 거래 확대, 세계화

7　Indebted demand, NBER Working Paper, 4 2020.

등 저물가를 설명할 요인은 여러 가지이다. 문제는 코로나19 사태 이후 저물가를 심화시키는 '포스'가 더 강화되리라는 점이다. 기업들이 물건은 계속 만들어 낼 텐데 그 물건을 사줄 소비자의 여력이 줄어들 것이라는 사실을 감안하면 쉽게 예상할 수 있는 변화이다.

당장 수익 악화에 직면한 기업들이 자동화 기술 도입을 서두르면서 소득 감소가 사회 전반의 최대 이슈가 될 것이다. 우버와 같은 공유차량 업체가 민간 택시들이 점유하고 있던 운송체제에 진입해 점유율을 키우고 압도하기까지 나타났던 무수히 많은 전진과 후퇴의 시간을 생각해 보자. 코로나19 사태는 이 적응의 시간을 고도로 압축시킬 것이다. 코로나19는 '위기 극복'이라는 슬로건 아래 기업들이 자동화 기술을 도입하는 데 면죄부를 발행할 것이다. 그 결과 역사적으로 글로벌 고용의 막대한 몫을 담당했던 공장 설비와 물류 등 단순 노동부터 구조조정의 칼바람을 맞을 것이다. 대면접촉을 하지 않는 트렌드에 편승해 원격진료, 비대면 오피스, 온라인 교육이 빠르게 성장하면 관련 전문인력 수요 역시 이전보다 훨씬 줄어들 것으로 보는 것이 합리적이다.

긱 경제(gig economy)[8]가 확산될 가능성 역시 커 보인다. 디지털 플랫폼이 발달하면서 점점 더 많은 사람들이 택시나 배달, 고양이 산책시키기처럼 단기 계약직이 필요한 곳에 빠르게 연결될 수 있

---

8 특별히 목적한 일을 위해 초단기 계약으로 인력을 섭외해 경제활동을 하는 것.

국제경제_코로나19, 글로벌 금융시장 혼란의 원인인가?

었다. 플랫폼 비즈니스와 긱 경제 간 결합의 성공 사례가 늘면서 새로운 노동 형태로서 긱 경제 확산은 불가피하다는 전망도 빠르게 늘었다. 하지만 하버드 대학의 로렌스 카츠와 앨런 크루거 교수는 기술발전에 따라 독립적인 임시 계약직 비중이 증가할 것으로 봤던 그들의 초기 연구[9] 결과를 수정해 지난해 발표했다. 그들에 따르면 긱 경제는 기술발전에 따른 필연적 노동 형태 변화가 아니라 시장 여건 변화에 따른 구직자들의 합리적 선택일 뿐이었다. 미국의 고용시장 상황이 나빴던 2015년부터 고용시장이 개선된 2017년까지 기간을 조사해 봤더니 안정적인 직장을 찾을 수 없는 사람들에게 선택의 여지가 없을 때 단기 계약이 급증하는 경향을 보였다는 것이다. 지난 몇 년간 미국 경제가 개선되면서 상대적으로 단기 계약직 고용 형태가 줄어들었지만, 이제 코로나19 사태 이후로는 상황이 또 달라질 수 있음을 보여 주는 주장이다.

노동자들이 아직 남아 있는 정치적 역량을 동원해 신기술의 공습에 대항해 보기도 전에 뉴노멀이 코로나19를 타고 삶에 침투해 전통적 노동의 방식을 순식간에 과거의 유물로 만들어 버릴 수 있다. 1997년 IMF 사태 이전까지 생소했던 계약직, 파견근로라는 노동 형태가 위기 극복이라는 미명 아래 국내 노동시장의 근간을 뒤

---

9 Katz LF, Krueger AB. 'The Rise and Nature of Alternative Work Arrangements in the United States, 1995-2015', Citation.

흔들었던 것처럼 말이다.

그동안 물가를 낮춰 온 요인은 그대로 남아 있는데, 대규모 실업에 따른 총수요 충격까지 더해질 경우 자칫 다수의 국가들이 동시다발적인 디플레이션에 빠질 가능성을 배제할 수 없다. 디플레이션에 빠진 사회의 분위기는 어떨까? 일본을 보면 어느 정도 힌트를 얻을 수 있지 않을까 싶다. 일본의 청년들에게는 인플레이션이라는 용어가 어색하다. 그들에게는 태어날 때부터 저물가가 삶의 한 부분이었기 때문이다.

소비자는 오늘보다 내일 더 싸게 살 수 있을지 모르는데 굳이 오늘 물건을 살 필요가 없으니 소비를 미루고, 기업은 앞으로 생산품 가격이 상승할지 예상하기 어려운 상황에서 투자를 늦춘다. 오늘보다 내일, 이번 달보다 다음달, 올해보다 내년에 월급이 올라갈 것이라는 기대감도 크지 않다. 사회 전반에 만연한 무력감이 디플레이션의 가장 큰 비용이 아닐까 싶다. 지나치게 낮은 물가가 일반인들의 기대심리에 고착됐을 때 이를 되돌리기 위한 비용은 적지 않다. 혹시라도 현재 일본 사회를 뒤덮고 있는 그 거대한 무기력감을 전 세계 모든 도시에서 관측하는 날이 오지 않을까?

4. 금수저, 흙수저 갈릴 글로벌 경제

주요 선진국의 코로나19 해법은 마치 현대통화이론(MMT, Modern Monetary Theory)이 현실에 적용되는 과정으로도 볼 수 있다. 현대통화이론이란, 결국 과도한 인플레이션만 없으면 정부 지출에는 한계가 있을 수 없다는 주장이다. 정부가 무한대로 지출을 늘려도 중앙은행이 발권력을 동원해 그 지출에 필요한 유동성을 공급해 주면 되기 때문이다. 코로나19 사태 극복을 위해 천문학적인 비용이 필요한 상황에도 MMT 논리대로라면 재원 마련이 어렵지 않다.

하지만 MMT는 결국 기축통화를 사용하는 선진국들의 '그들만의 리그'일 뿐이라는 지적도 설득력이 있다. MMT를 현실에 적용하기 위해서는 화폐 가치가 보존될 것이라는 신뢰가 담보돼야 한다는 한계 때문이다. 애당초 그런 신뢰가 확립되지 않는 나라가 무제한적인 통화량과 공공부채 확대를 통해 경기부양을 시도하면 짐바브웨, 베네수엘라 같은 초인플레이션으로 귀결될 뿐이라는 것이다.

주요 선진국들은 학습효과를 통해 자신감을 얻은 듯하다. 2008년 글로벌 금융위기 이후 10년간 돈을 풀었는데도 인플레이션 문제가 부각된 적은 없었기 때문이다. '우리가 아무리 많은 돈을 풀어도 초인플레이션은 찾아오지 않을 거야'라는 확신 덕에 코로나19 사태 초기 주요국 중앙은행들은 놀랍도록 선제적인 정책을 펼 수 있었을 것이다. 반면 기축통화라는 금수저를 물고 태어나지 못한 다른 국가들은 여전히 국가채무비율이나 경상수지 흑자, 외환보유액 등을 적정 수준으로 관리하면서 자본유출입에 신경써야 한다. 국가채무비율이 나빠지거나 경상수지 적자폭이 커지거나 외환보유액이 부족해지면 언제 외국자본이 빠져나가며 외환위기로 직행할지 알 수 없기 때문이다.

특히 코로나19 사태는 저소득 국가들의 구조적 취약성을 극명히 드러낼 가능성이 있다. 당장 팬데믹에 맞설 만한 방역 역량이 미미한 데다 향후 대응을 위한 자원 확보가 여의치 않은데 국가신용도 문제로 시장에서 국채를 발행하기 쉽지 않은 곳들은 이중고에 직면할 수밖에 없다. 안전을 위해 삶을 멈추라고 국민들에게 통보하면서 막상 국민의 삶을 위해 빵을 지급할 돈을 마련할 수 없는 것이다. 만약 중앙은행이 국채를 매입해 국민에게 지원할 자금을 마련하려고 하면 글로벌 신용평가사가 투자자들에게 '이 나라는 위험하니 투자에 유의하세요'라는 '거리두기' 경고를 날릴 것이 분명하다. 냉정한 투자자들이라면 중앙은행이 정부의 국채를 대량 인수하는 '부채의 화폐화(debt monetization)'를 넉살 좋게 넘어갈 리 없다. 이는 결국 해당 국가 통화에 대한 신뢰를 갉아먹을 가능성이 크고 그 결과는 대규모 자본유출과 인플레이션이 될 수 있다. 그야말로 글로벌 스케일의 '유전무죄 무전유죄'다.

어찌됐든 코로나19 확산에 따른 패닉 이후, 기존에 이미 재정적 난맥상을 드러내고 있던 국가들, 산업 기반이 취약한 국가들의 금융시장이 연쇄적으로 흔들릴 가능성이 있어 보인다. 민간 부문의 부채 비율이 큰 나라들의 충격이 상대적으로 클 가능성이 있다. 외화표시외채 비율이 높은 멕시코, 남아프리카공화국, 칠레, 터키 같은 국가들은 자본유출입에 더 민감하게 반응할 수밖에 없다. 생산과 소득 감소에 따른 급격한 경기 악화 속에 정부가 얼마나 효과적으로 대응하느냐도 관건이다.

기축통화국이 아닌 나라들의 금융시장이 흔들릴수록 달러의 입지는 더 강하게 유지될 것이라는 점은 아이러니하다. 글로벌 투자자들이 '너희 나라는 왜 이렇게 재정건전성이 엉망이야?'라며 투자자금 회수를 위협하는 동안 미국은 더 많은 달러를 찍어 내 자국민의 삶의 질 개선에 쓸 수 있다는 것이다.

5. 비트코인과 초인플레이션 사회

지난 2018년 말부터 눈에 띄는 기사가 있었다. 미국계 대형 투자 은행들이 암호화폐 시장 진입을 위해 담금질을 하고 있다는 기사였다. 달러 패권을 유지하는 데 결정적인 역할을 하고 있는 미국계 금융사들이 누구보다 먼저 암호화폐 시장 진입을 준비하고 있는 것이 예사롭지 않았다. 그리고 지난해, '존버'의 시대가 돌아왔다. 암호화폐의 대장주라고 할 수 있는 비트코인 가격이 다시 1,200만 원대까지 치고 올라온 것이다. 2017년 말에 2만 달러를 넘었던 비트코인 가격은 2018년에만 75% 이상 떨어졌고 버블 붕괴를 경고했던 많은 사람들이 '내 그럴 줄 알았다' 환호성을 올렸다. 그랬던 비트코인 가격이 2019년 4월부터 다시 랠리를 펼친 것이다. 이번 랠리에서 주목했던 부분은 비트코인 외에 다른 암호화폐들은 비트코인만큼의 상승폭을 보이지 않았다는 것이다.

물론 비트코인의 한계로 지적됐던 것들 중 변한 것은 없었다. 비트코인은 기존 화폐를 대체할 새로운 통화로 각광받았지만 어떤 나라, 어떤 중앙은행이 비트코인을 화폐로서 인증해 줄 것이냐, 그 결과 실제 상품과 서비스 거래에 이용될 수 있느냐가 가장 큰 한계로 떠오른 바 있다. 비트코인이라는 화폐를 가지고 있어도 사용할 수 없다는 것이 가장 큰 문제로 지적된 것이다.

달라진 것은 비트코인을 바라보는 시각이었다. 기존에는 화폐로만 봤는데 작년부터는 자산 개념으로 접근하는 투자자가 늘어난 것이다. 무슨 말이냐 하면 우리 어버이 세대들은 시간이 지나도 변치 않는 가치를 가진 투자자산으로 금을 중요시했는데, 이제 젊은 세대들은 비트코인을 디지털 시대의 금으로 보기 시작했다는 것이다. 미국의 대형 금융사들은 일찍부터 이런 가능성을 눈여겨본 것이다.

알려진 대로 비트코인의 수량은 한정돼 있다. 비트코인을 얻기 위해서는 꽤 어려운 수학 문제를 풀어야 한다. 일종의 암호 풀기인데, 일반 PC 1대로 5년이 걸려야 풀 수 있다고 하니 비트코인을 얻는 과정을 광맥 채굴로 비유하는 것이 이해가 된다. 어쨌든 이렇게 캘 수 있는 비트코인의 양은 최대 2,100만 개로 제한돼 있는데 비트코인을 자산 보유 관점에서 가지고 있으려는 기관들이 늘어나다 보니까 가격이 오른 것이다.

코로나19 사태는 비트코인과 암호화폐의 미래에 대한 투자자들의 고민을 키운다. 이미 여러 차례 이야기한 대로 코로나19 사태에 대한 연준의 대응전략은 사실상 무제한 달러 공급이었다. 정부가 어려우면 국채를 사고, 기업이 어려우면 회사채를 사고, 가계가 어려우면 주택저당증권(MBS)을 매입하겠다는 것이 연준의 스탠스였다. 연준의 이 같은 대응에 가장 회의적인 반응을 내놓는 것이 암호화폐 커뮤니티이다. 암호화폐 커뮤니티 사이트에는 미국에서 사실상 자본주의가 죽은 것 아니냐는 냉소적 코멘트들이 넘쳐난다. 달러를 때리는 그들의 심리 한편에는 비트코인이 새로운 대안으로 강력히 부상할 것이라는 기대감도 엿보인다.

물론 코로나19 확산으로 주가가 급락하는 과정에서 비트코인이라고 건재한 것은 아니었다. 비트코인 가격도 급락했다. 너나 가리지 않고 위험관리에 나서는 상황에서 안전자산, 위험자산 개념 자체가 들어설 여지가 없는 장이었기 때문일 것이다.

비트코인 등 암호화폐 옹호론자들은 앞으로 '코로나19 패닉 이후'가 닥쳐오면 진실의 순간(moment of truth)이 열릴 것으로 본다. 달러의 미래에 대한 투자자들의 신뢰가 흔들리는 상황에서 가장 주목받는 자산은 여전히 금이겠지만, 디지털 세대의 금으로 불리는 비트코인의 비중 역시 커질 것이라는 기대감이다. 하루에 20%씩 가격이 등락하는 자산이 과연 달러나 금을 대체할 수 있을 것이냐는 지적에 대해 그들은 이렇게 말한다. '지금 주식시장을 보라. 변동성 없는 자산만 비트코인에 돌을 던져라.'

비트코인을 비롯한 암호화폐가 달러의 대안으로 부상할 수 있을까? 중앙은행이 발행한 화폐를 비트코인이 대체하고 있는 사례는 현재 베네수엘라가 유일하다. 최악의 경제 위기 때문에 2018년에 물가상승률이 무려 1,300,000%에 달했던 그 베네수엘라이다. 초인플레이션 때문에 상품의 교환이나 가치 척도의 수단으로서 법정화폐인 볼리바르는 존재의미를 상실한 상황, 무너져 가는 금융 시스템을 우회해 빵을 사고 자동차에 기름을 넣을 수단을 찾다 보니 비트코인이 대안으로 떠오른 것이다.

베네수엘라의 사례는 비트코인의 비상과 초인플레이션 도래가 밀접히 연관돼 있음을 보여 주는 사례라고 할 것이다. 초인플레이션이라는 헬게이트가 달러 가치의 몰락 없이는 열리지 않는다면 당장은 비트코인의 비상도 기약하긴 어려울 것이다. 다만 이제는 '비트코인'을 선악 개념으로 바라보는 시각은 줄어들 것으로 보인다. 비트코인이 선량한 청년들의 피, 땀, 눈물로 이뤄진 거대한 모래성이고 결국 심판의 날이 온다는 논리라면 먼저 심판대 위에 서야 할 것은 달러이기 때문이다.

6. 파괴적 현실 앞에 선 글로벌 금융시장

코로나19 이후의 금융시장은 우리가 익숙하게 봐 왔던 모습과 달라지지 않을지 모른다. 지난 10년간 그렇게 돈을 풀었는데도 인플레이션이 위협 요인으로 부상하지 않았기에 미국 등 기축통화국 중앙은행들은 그 어느 때보다 자신감을 가지고 코로나19 대응책을 내놓고 있다. 앞으로 물가가 지금보다 더 큰 폭으로 떨어질 것이라는 점이 분명한 만큼 현재의 시스템이 급격히 흔들릴 가능성도 낮아 보인다. 하지만 세계 최강대국인 미국의 중앙은행이 현재의 시스템에 내재한 거대한 왜곡을 외면한 채 하나의 선택지만을 줄기차게 고집하고 있다는 점은 불안 요인이다.

기원전 5세기 아테네와 스파르타 간 전쟁을 기록한《펠로폰네소스 전쟁사》에서 투키디데스는 아테네의 현명한 지도자 페리클레스가 당면했던 딜레마와 아테네의 몰락을 연결해 묘사한다. 뛰어난 통찰력과 자신감 넘치는 연설 기술 덕에 페리클레스는 다가올 미래에 대한 가장 그럴듯한 가능성을 제시할 수 있었고, 이는 스파르타와의 전쟁 앞에서 아테네인들의 역량을 모으는 데 결정적으로 작용했다. 하지만 실제 현실은 그가 전혀 예측하지 못한 방향으로 움직이며 파괴적인 결과를 불러왔다. 현명한 정치지도자이자 전략가였던 페리클레스의 말을 아테네인들이 믿지 못하기 시작했을 때 아테네의 붕괴는 시작됐다. 페리클레스가 예상치 못했던 파괴적인 현실이 '전염병의 창궐'이었다는 것이 신기하게 현재의 시점과 오버랩된다.

달러 패권이 모두를 위한 것이고 달러의 가치는 절대로 흔들리지 않는다는 이 오래된 믿음이 흔들리기 시작할 때가 언제인지는 아무도 모른다. 하지만 코로나19 사태를 통해 의료, 보건 부문에서 노출된 취약성뿐 아니라 미미한 사회안전망은 미국 사회를 향후 수 년간 전례 없는 혼란으로 몰아넣을 가능성도 배제할 수 없다. 미국과 중국의 갈등이 악화되는 가운데 반세계화 파고가 강해질 것으로 예상된다는 점도 달러 패권에는 마이너스 요인이다. 코로나19 이후의 혼란을 극복하는 데 중국의 통제 시스템이 더 효과적일 수 있다는 점도 주목할 요인이다. 코로나19 이후에 정치, 경제적 영역에서 약진할 중국이 달러를 대체하려는 배후의 노력을 강화할 가능성도 눈여겨봐야 할 것 같다.

국내경제

전통적인 한국형 경제 성장모델은 쇠퇴하나?

들어가며

코로나바이러스 감염증-19(코로나19, COVID-19)가 2020년 대한
민국의 모든 문제를 잠식해 버렸다. 미래 대한민국, 차세대 산업,
소득주도성장 등 우리나라의 미래를 결정할 중요한 많은 주제들은
다 사라져 버린 것처럼 보인다. 오직 코로나19의 실무적인 문제와
그 해결에만 집중돼 있다. 당장은 어쩔 수 없겠지만 크게 보아 바
이러스는 항상 있어 왔고 인간의 삶과 발전을 함께했다. 이번의 코
로나19가 지나가도 언젠가는 다시 더욱 진화된 다른 바이러스가
인간의 삶으로 깊숙이 들어올지 모른다.

단기적인 시각도 중요하지만 장기적으로 우리가 걸어가는 큰 흐

름 속에서 이번 코로나19가 미치는 영향을 다각도로 이해하는 것은 중요하다. 비록 코로나19는 그 영향력이 작지 않다고 해도 장기적인 추세와 비교하면 비교적 단기적이고 작은 영향을 미칠 수밖에 없다. 물론 코로나19가 사람들의 행동양식에 영속적인 영향을 미친다면 전혀 다른 문제가 될 것이지만 말이다. 따라서 장기적인 우리나라의 경제 성장 추세를 우선 확인하고 이러한 추세가 최근에 어떻게 변하고 있는지를 살펴본 후 코로나19가 일으키는 최근의 변화와 그 예측에 대해서 고민하려 한다. 여기에 경제적인 측면에서의 변화와 비교적 단시간 내에 예측되는 사회의 변화들도 간략히 생각해볼 필요가 있다.

1. 장기성장률 저하와 국내외 환경의 변화

장기 성장률 저하와 한국식 모델

우리나라의 경제는 1950년대에 6.25전쟁 이후 미국의 지원을 위주로 한 원조 경제를 기반으로 사실상 시작하여 60년대의 경공업, 70년대의 중화학 공업, 그리고 80년대의 정보화 산업을 중심으로 90년대 후반의 IMF 외환위기 이전까지 눈부신 성장을 거듭하였다. 사람에 따라 평가는 다를 수 있겠지만, 대체로 이 시기가 제2차 세계대전 이후 급격한 성장을 이룬 독일의 '라인강의 기적'에 비추어 이른바 '한강의 기적'이라는 평가를 받는 때이다. 70년대에는 평균 10% 내외의 실질 GDP 성장률을 유지하다가, 80~90

년대 7~8% 내외의 성장률을 유지하였다. 이후에 2000년대에는 4~5% 내외, 2010년대에는 3% 정도로 낮아지고 있다.[1] 8~9%의 성장률을 30년 정도 유지한 것은 이후 거대한 시장을 가진 중국을 제외하고는 찾아보기 어렵다. 최근 우리나라의 2% 정도의 성장률과 비교하면 급격한 성장을 경험한 시기이다. 예를 들어 당시에는 10%의 예금 이자율도 일반적이었으니 1억 원을 은행에 맡기면 대략 100만 원의 이자를 매달 받는 것을 기대하던 때였다.

이러한 성장과 그 원인에 대한 평가는 다양하겠지만, 일반적으로 거론되는 급격한 성장 요소 중의 하나는 우리나라의 경제가 내수가 아닌 수출 중심의 산업구조를 가지고 있었다는 점이다. 이러한 수출 중심의 산업구조는 정경유착을 통해 대기업이 성장하는 발판을 마련하였지만, 주로 해외 소비자들이 기업의 성과를 평가하기 때문에 어느 정도 객관성이 있다고 할 수 있다.

또 다른 중요한 배경 중의 하나는 우리나라가 성장하던 당시는 미국과 구소련이 이른바 냉전을 통해 경쟁하고 있었다는 점을 고려해야 한다. 우리나라는 정치적으로는 민주주의를 채택하고 경제적으로는 자본주의 시장경제를 채택하였다. 그 반대 진영을 통칭하여 공산주의 진영이라고 할 때 그들과 국경을 맞대고 있던 우리나라는 이른바 자유진영의 경계로서 매우 빠르게 성장할 필요가

---

1 한국은행 통계를 바탕으로 필자가 계산함.

있었다. 따라서 우리나라는 비교적 빠르게 세계 무역 시장, 특히 선진국 시장에 물건을 수출하여 성장할 기회를 가지게 되었고, 이를 잘 활용한 것도 사실이다. 말하자면 미국을 위시한 자유진영이 만들어 놓은 세계 무역 질서에 빠르게 적응하였고 더불어 수출 지향의 경제정책이 시너지를 일으키면서 빠른 경제 성장을 이끌었다고 할 수 있다.

물론 이러한 이면에는 제2차 세계대전 이후 해방을 맞이한 세대와 전후 태어난 베이비부머 세대가 보여 준 근면성실함과 교육열, 북한과 체제 경쟁을 하던 권위주의 정부의 성장 지향도 한몫했을 것이다. 또한 이병철, 정주영 등 진취적인 1세대의 기업가가 적절하게 출현하여 이러한 빠른 경제 성장을 이끌었음도 고려해야 한다.

물론 이러한 기적과 같은 성장에는 행운적인 요소도 있었다. 예를 들어 70년대 후반과 80년대 초반에 겪은 오일쇼크는 우리나라 경제를 큰 위기로 몰아넣었는데 이러한 위기를 극복해 준 요인 중 하나는 중동 건설 붐과 3저 호황이었다. 당시에 중동의 많은 산유국이 넘치는 오일 머니를 산업 부분에 투자하기 위해 건설 붐이 일어났는데 우리나라의 건설 회사들이 중동의 건설 붐에 뛰어들어 자본을 축적할 수 있었다. 또한 80년대 중반의 3저 호황(낮은 국제 금리, 낮은 유가, 낮은 원화가격)을 통해 우리나라의 수출이 크게 증진되었고, 오일쇼크 등을 통해 드러난 우리나라 경제의 위기를 극복할 수 있었다. 그러나 이런 좋은 운도 그리 오래가지는 않았는데 대기업의 중복투자가 1997년의 외환위기를 통해서 드러나면서 결국 1997년 1월 재계 순위 14위였던 한보철강의 부도를 시작으로 그 해 7월에 기아그룹의 사실상 부도, 이후 재계 순위 3위였던 대우의 해체 등 그동안 우리나라에서 이른바 한국식 성장 모델을 통해서 급격하게 성장한 여러 기업이 무너지게 되었다. 이후 우리나라는 이른바 IMF 구제 금융을 신청하고 다양한 경제·사회의 변화를 통해서 이를 극복해 나갔다.

그러나 이러한 빠른 극복에는 우리나라 국민들의 단합된 모습과 함께 비교적 외환위기가 선진국의 위기가 아니라 동아시아 개발도상국에 한정적으로 발생했다는 점도 언급할 필요가 있다. 여전히 선진국에 물건을 수출함으로써 위기를 극복할 수 있는 기회는 있었기 때문이다. 이후 2008년도에 미국에서 서브프라임 모기지론의 방만한 운영에서 시작된 글로벌 금융위기가 전 세계 경제를 위기로 몰고 갔다. 상대적으로 우리나라는 비교적 큰 무리 없이 위기를 극복했다고 평가받는다. 다만 이러한 글로벌 위기의 해결에 중국이 대단위 재정 투자를 통해서 글로벌 위기의 구원투수로 등장했었고, 우리나라는 일정 부분 수혜를 입었다는 점도 언급할 필요가 있다.

우리나라의 성장모델을 요약한다면 해외에서 원자재와 주요 기계 등을 수입해서 이를 가공하여 가치를 더한 후 완제품이나 부품을 만든 뒤 이를 해외에 수출해서 자본을 축적하는 모델이라고 할 수 있다. 물론 최근 BTS를 키운 엔터테인먼트 산업 등 새롭게 일어나는 산업은 다르겠지만, 지금까지 우리나라의 성장은 중후장대한 장치산업이 주도했다. 또한 국내 시장이 크지 않았기 때문에 대부분의 기업은 처음부터 수출을 목표로 제품을 개발해왔고, 이 때문에 정경유착을 통한 대기업 위주의 발전 모델을 채용하게 되었다. 이러한 한국식 모델이 정립된 후 수십 년간 크게 변하지 않았는데, 예를 들어 1996년부터 2018년까지 우리나라의 수요 수출품은 반도체, 자동차, 선박, 휴대폰, 석유제품 등 주요 산업에서 벗어난 적이 없다.

우리나라의 대표적인 수출품인 메모리 반도체의 경우에도 일본과의 무역분쟁이 현실화되기 이전까지는 불화수소와 같은 주요 원료 등은 일본 등에서 수입하고, 반도체를 만드는 기계 역시 주로 미국과 일본에서 수입해서 반도체를 제작하였다. 컴퓨터, 스마트폰 등에서 표준화되어 대량 생산이 가능한 메모리 반도체에서는 생산력을 기반으로 시장을 주도하고 있다. 그렇지만 여전히 기획 및 설계 능력 등이 중점적으로 필요한 분야들, 이른바 CPU, AP[2], SoC[3] 등 비메모리 반도체 부분에서는 일부 성과는 있지만 여전히

---

2 AP는 Mobile Application Professor의 약자로 주로 스마트폰 등의 두뇌에 해당하여 다양한 기능을 처리하는 반도체 칩셋이다.

3 SoC는 System on Chip의 약자로 다양한 기능을 하는 반도체 칩을 하나로 집약하여 하나의 칩셋에서 모두 구현하도록 기능을 모은 칩셋이다.

그림 1. 명목GDP와 실질GDP 성장률

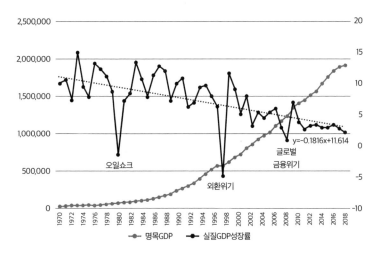

주: 데이터의 기간에 따르고 시계열 데이터라는 점을 고려해야 하겠지만 임의로 설정한 1970년부터 현재까지 우리나라의 실질 GDP 성장률은 연평균 대략 0.2%씩 감소하고 있다.

출처: 한국은행, 단위: 10억 원, %

미국 등이 시장을 주도하고 있다.

이는 하나의 예시에 불과하지만 대부분의 제조업 분야에서 최첨단 핵심 기술의 원천을 보유하기보다는 주로 판매 가능한 제품을 만들기 위한 실질적인 기술에 집중하는 편이다. 그리고 이를 바탕으로 마케팅 능력을 결합하여 팔리는 제품을 만들어 수익을 얻는 모델이 우리나라 제조업에 널리 퍼져 있는 것 또한 무시하기 어려운 부분이다.

그런데 이러한 대한민국의 성장모델은 시간이 갈수록 여러 의미에서 위기를 맞고 있다. 그림1의 그래프에서도 확인할 수 있지만 우리나라의 실질 GDP 성장률은 지속적으로 하락 중이다. 90년대 외환위기 전까지 7~8%의 경제 성장률을 기억하는 사람들에게 최근의 2%대의 경제 성장률은 매우 낯설다. 그런데 한 나라의 성장은 결국 투입된 자본과 그 자본을 바탕으로 재화와 서비스를 최대한 효율적으로 생산해 내는 능력과 연관이 된다고 할 수 있다.

예를 들어 반도체 회사가 더 많은 메모리 반도체를 생산하기 위해서는 더 많은 반도체 기계를 구매하고 더 많은 노동자를 고용해야 한다. 물론 요즘은 많은 부분에서 4차 산업혁명과 AI가 노동자의 역할을 대체하려 하고 있지만 말이다. 아니면 똑같은 수의 기계와 노동자를 고용하더라도 생산 과정상에서 혁신을 일으키거나 노동자를 관리하면서 그들의 생산성을 높일 수 있는 혁신을 일으킨다면 같은 수준의 비용을 들이고도 더 많은 반도체를 생산할 수 있다. 결국 한 나라의 경우에도 지속적으로 발전하기 위해서 더 많은 자본과 노동을 투입하거나 혹은 생산 부분에서의 혁신 혹은 정치 · 경제 · 사회 등 다양한 분야에서 혁신을 지속적으로 일으켜야 한다는 뜻이 된다.

혁신 없이 더 많은 기계를 늘리거나 더 많은 사람을 단순히 고용하여 생산을 늘리는 방식은 처음에는 유용하지만 결국 한계를 드러내고 만다. 무작정 기계나 종업원을 늘린다고 단순히 생산량이 늘어나지는 않는다. 예를 들어 요즘 많은 사람들이 직장을 그만두고 새로 시작하고 싶어 하는 커피숍을 생각해 보자. 일단 바리스타가 돼서 좋은 커피 맛을 내는 기술을 익히는 것은 무척이나 어렵다. 수년의 시간과 노력이 걸릴지도 모른다. 그런데 거기에 더해서 독특한 자신만의 맛을 내면서도 팔리는 맛을 내는 것은 훨씬 더 어렵다. 요즘 '백종원의 골목식당'이라는 TV 프로그램에서 강조하는 것 중의 하나가 피나는 노력으로 기본적인 맛을 내는 방법을 익히는 것이지만, 새로운 맛은 고사하고 팔리는 맛을 만드는 것도 어렵다. 그뿐이 아니다. 커피숍을 처음 시작해서 규모가 작을 때는 커피 뽑는 기계 한두 대만 늘려도 생산량이 눈에 띄게 늘 것이다. 그렇지만 나름 규모가 있는 커피숍으로 성장하게 되면 커피 뽑는 기계도 수가 적지 않고 일하는 직원도 정규직과 아르바이트생이 섞이는 등 그들을 관리하고 최적의 생산비율을 찾아내는 것도 매우 어려운 문제이다. 또 손님이 항상 일정 수준으로 동일하게 오는 것도 아니다. 어떨 때는 많고 어떨 때는 적다. 그래서 어느 정도 큰 기업에는 총무과, 인사과 등 관련 부서에서 어떻게든 가장 효율적인 기업의 상태를 유지하기 위해서 노력을 하는 것 아니겠는가? 작은 커피숍을 운영해도 혼자 하는 가게와 몇 명의 직원을 고용하고 운영하는 커피숍은 그 경영이 같지 않다.

이를 국가 단위로 확대해도 결국 비슷한 논리가 적용 가능해진다. 결국 자본 등을 지속적으로 투입하는 것은 초기의 경제 성장에는 매우 효과적이지만 어느 순간 그 자본과 노동의 투입만으로는 성장의 한계에 다다르게 된다. 노벨 경제학상을 수상한 폴 크루그먼(Paul Krugman)은 동아시아 국가들의 빠른 성장은 주로 자본 투입의 결과에 불과하여 곧 한계에 달한다고 주장하였다. 이러한 주장을 한 시기가 1997년도의 외환위기 이전이었기 때문에 크루그먼 교수의 주장은 큰 반향을 일으키기도 하였다. 보통 경제 성장을 시작하는 나라들이 대단위 자본투자, 노동투입, 교육확대 등을 통해서 빠르게 성장하지만, 어느 정도 성장하면 투입의 무한정 확대는 불가능하고 다양한 분야에서 특별한 혁신이 일어나지 않으면 결국 성장률이 감소한다. 우리나라가 그랬고, 중국도 그렇고, 베트남도 그럴 것이다. 최근 관련 자료에서 우리나라 주요 기업들의 매출액 증가율과 영업자산 대비 수익률이 글로벌 기업 대비 떨어지는 것을 확인할 수 있다.

따라서 창의성을 바탕으로 혁신을 일으켜 좀 더 효율적인 이윤을 얻을 수 있는 산업 구조로 점진적으로 변해 가야 하는데 여기서부터 문제가 발생한다. 기존에 선진국이 만들어 놓은 길을 따라갈 때는 선진국들이 이미 발생된 문제를 파악하여 성취하였기 때문에 그 길을 잘 따라서 효율적으로 쫓아가면 된다. 그러나 그 이상의 길을 갈 때는 성공과 실패 속에서 위험을 안고 자신의 길을 찾아야 한다. 여기에는 많은 비용이 든다. 미국은 우주항공 기술을 높이기 위해서 제2차 세계대전 시기에 발전된 독일의 기술을 바탕으로 천문학적인 자본과 시간을 투자했다. 세계 의약품 시장규모는 2014년 기준 1,200조 원으로 당시 자동차나 스마트폰 시장보다 크다. 2018년 매출액 기준 상위 50대 제약회사 중에 대한민국 제약회사는 없으며 상위 10개 회사의 R&D 투자금액 평균은 대략 8조 원(67억 달러) 규모이다.[4] 그런데 우리는 얼마나 진지하게 미래 산업에 대해서 고민하고 있을까?

하나의 예로 대한민국의 민간 상용 제트항공기 도전사가 있다. 자동차가 통상 2만 개 내외의 부품이 들어가는 데 반해 항공기는 20만 개 이상의 부품이 들어가는 등 항공산업은 그 파생산업에 대한 영향력이 매우 크지만, 동시에 많은 노동력을 필요로 하는 산업이기도 하다. 왜냐하면 항공산업은 작업자들이 다양한 부품을 가지고 오랜 시간 동안 하나하나 수작업으로 소수의 항공기를 제작하기 때문이다. 우리나라도 중형항공기 산업의 중요성을 인지하고 1994년과 2010년의 한국항공우주연구원과 관련업체 컨소시엄으로 두 번의 산업 진입시도가 있었지만 결과적으로는 실패했다. 대형 상용항공기 산업은 미국의 보잉과 유럽의 에어버스가 시장을 양분하여 신규 플레이어가

---

4 statista 자료를 바탕으로 필자가 계산함.

진입하기 매우 어려운 산업으로 꼽힌다. 이 때문에 대형이 아닌 중형항공기 시장을 목표로 했었지만 그마저도 쉽지 않았다. 우리나라는 이후 주로 KT-1, T-50, KFX 등의 군용 훈련기 및 전투기 시장으로 진입하여 어느 정도 성과를 내고 있다. 그렇지만 다르게 말하면 그만큼 선진국들이 힘을 쏟는 주요 시장에 새롭게 진입하는 것은 결코 쉽지 않다는 반증에 불과하다.

국내외 환경의 변화

최근 국내외 정치·경제 환경의 변화는 한국식 경제모델에 그렇게 우호적으로 보이지는 않는다. 먼저 국내에서 출생률이 낮아지고 생산가능인구가 감소하고 있다. 합계출산율[5]은 2018년 기준 0.98로 OECD 국가 중 꼴찌이다. 이러한 인구감소의 경제·사회적 효과를 알아보기 위해서는 다양한 통계분석이 요구되지만 좀 더 직관적인 예를 생각해 보자. 아무래도 합계출산율이 낮아지는 것은 결혼을 하지 않거나 혹은 늦게 하는 것과 관련이 있다. 예를 들어 통계청(2019)의 보고서에 따르면 우리나라의 여성들의 초혼 연령은 2000년 26.5세에서 2018년 30.4세로 늦어졌다. 전반적으로 결혼을 늦게 하는 것도 있지만 결혼을 하지 않는 젊은이들 역시 많다고 할 수 있다.

---

5 15~49세의 가임기 여성 1명이 평생 낳을 것으로 예상되는 신생아 수.

이와 관련된 우스갯소리가 있다. 과거와 달리 최근에 이혼전문 변호사 시장이 그렇게 활발하지 않다고 한다. 아무래도 결혼 자체를 하지 않으니 이제는 절대적인 이혼 숫자가 충분하지 않아 시장이 축소되었기 때문이라고 한다. 그래서 그들 중 상당수가 이제는 청소년의 학교폭력 시장으로 넘어간다고 한다. 혹은 다른 결이지만 수명이 늘어나서 보험을 드는 경우가 늘어난다고 한다. 그래서 증가하는 보험사와의 다툼을 조정하고자 손해사정사 시장이 활발해진다는 이야기도 재미있다. 이러한 이야기의 진위 여부는 알 수 없지만 가능성은 높아 보인다. 결혼의 감소와 신생아 출산의 감소는 결국 파생되는 산업의 감소와 재편을 부른다. 예를 들어 필연적으로 예측되는 산부인과의 감소, 유아, 청소년 관련 시장의 축소와 같은 예측 가능한 부분의 것들 말이다. 물론 반대급부로서 급격한 노령화로 인한 파생 수요의 증가라는 부분이 존재할 것이다. 예를 들어 의료산업, 실버산업 등의 수요 증가와 같은 것들 말이다.

또 다른 부분은 생산연령인구[6]의 감소이다. 통계청(2019)의 추계치에 따르면 생산연령인구는 2017년에 3,757만 명을 정점으로 이미 감소하고 있다. 일반적으로 생산연령인구 감소의 초기에는 생산 활동에 직접적인 30~40대의 인구가 감소하면서 전반적인 수요가 감소한다. 거기에 우리나라는 1990년대 출생자수가 그 전에 비

6   15세에서 64세까지의 생산 활동에 참가 가능한 인구.

비해서 증가하였는데, 이제 이들이 20~30대가 되어 한동안은 청년 실업에 부정적이다. 장기적으로는 생산연령인구의 감소가 2000년대 이후 출생률 감소와 연계되면 결국 일할 사람이 부족해지게 되면서 생산이 감소하게 될 것이다. 최근의 구인난에 시달리는 일본을 보면 된다.

출생률 감소, 생산연령인구의 감소는 결국 소비활동이 비교적 떨어지는 노년층의 증가와 더불어 전반적인 경제의 활력을 떨어뜨린다. 사실 언젠가부터 우리나라의 경제 활력이 떨어지고 있다고 주관적으로 느끼는 이유가 몇 가지 있다. 예전에는 지방의 웬만한 도시라고 해도 대로변의 1층 상가는 공실을 보기가 어려웠다. 그런데 요즘은 신도시의 2~3년밖에 안 된 신축 건물의 1층도 심심치 않게 공실을 보게 된다. 공급과잉도 있을 것이고, 임대료도 문제일 것이고, 최저 임금 상승으로 인한 인건비도 문제이겠지만, 그래도 10년 전, 20년 전과 비교하면 이러한 공실의 확대는 잘 이해가 되지 않는다.

또 다른 이야기는 은행에서 대기업 여신[7]을 담당하는 사람들의 이야기에 따르면 대기업의 시설자금과 운영자금의 규모나 성장세가 예전 같지 않다고 한다. 과거에는 은행에서 대기업이 사용하는

---

7 여신: 기업에 돈을 빌려 주는 업무. 반대말로 수신이 있다. 수신은 개인이나 기업이 돈을 은행에 저축하는 것 등을 처리하는 업무를 말한다.

자금이 은행 대출 자산에서 큰 비중을 차지했었다. 그런데 최근 수년간 이들의 여신 규모 확장세가 더 이상 늘지 않는다고 한다. 같은 의미로 회자되는 것이 사내 유보금이다. 사실 대기업은 기업 내에 돈을 무작정 쌓아놓을 이유는 없다. 어떤 이유로든 자금을 투자하지 않고 더 많이 보유한다는 것은 결국 그 자금을 투자하는 것에 대한 기회비용[8]이 발생하기 때문이다. 달리 말하면 기업들은 그 돈을 투자해서 최소한 시장이자율 이상의 투자수익을 발생할 자신이 없기 때문이다. 기업으로서는 투자 기회가 있다면 은행에서 자금을 빌려서라도 '야성적 충동'에 따라 투자를 한다. 그런데 언젠가부터 대기업들이 사용하는 운영자금이나 시설자금의 규모 등이 예전과 같지 않다면 결국 기업들이 바라보는 투자에 대한 시각이 긍정적이지 않기 때문이다.

외부적 요인에서는 지금까지 자유무역에 우호적이었던 국제 환경의 변화가 있다. 국제 환경 역시 수년 전과 비교하면 매우 빠르게 변하고 있다. 먼저 눈에 띄는 것은 미국과 중국의 무역 전쟁이 있고, 영국의 브렉시트가 있다. 미국과 중국의 무역전쟁은 그 의도가 다음 세기의 패자를 결정하는 패권 전쟁이든 아니면 무역 분쟁이든 결국 수출 위주로 지금까지 먹고 살아온 대한민국에게는 결

---

8 기회비용이란 어떤 선택에 있어 그 선택을 선택함으로써 포기하게 된 것의 가치를 의미한다. 늘 한 시간 시험공부를 하기 위해서 시간당 1만 원짜리 아르바이트를 포기했고 그것이 내가 그 한 시간동안 할 수 있는 최대의 가치라면 오늘 한 시간 시험공부의 기회비용은 1만 원이 된다.

코 좋은 징조는 아니다. 대한민국은 크게 보아 전 세계 자유무역 기조의 혜택을 많이 받은 나라라고 할 수 있다. 그런데 이 자유무역의 질서가 퇴조하고 다시 보호무역 혹은 자국 우선주의로 회귀하는 모습은 국내 시장이 작은 우리나라는 문제가 된다. 미국과 중국의 무역전쟁 이후 2019년 1월에서 7월까지 우리나라의 수출 감소율은 8.94%로 10대 수출국 중 감소폭이 가장 크다는 것은 시사하는 바가 크다.

요컨대 BTS나 스마트폰의 성공처럼 몇 가지 눈에 띄는 성공에 가려져 있지만, 코로나 사태가 터지기 전부터 우리나라의 장기적 성장 능력과 국내외 경제 환경은 결코 좋은 상황이 아니었다. 기존 산업의 생산성 증가에 비해 임금 상승은 빠르게 상승하는 반면, 우리나라의 경제를 견인할 차세대 산업에 대한 논의는 추상적이며 그 실질은 잘 보이지 않았다. 성장과 낙수효과에 회의를 가진 사람들을 달래고자 이른바 소득주도성장 정책 같은 복지문제에 대한 요구는 커지고 있었다. 그러나 젊은이들의 창의력을 확인하고 이를 북돋아 줄 스타트업 등 벤처 산업의 경우 그 무수한 정책적 시도와 달리 그렇게 성공적이지 않았다. 선진국들의 스타트업은 주로 엘리트 공대생들이 많았지만 우리나라의 엘리트 공대생은 높은 연봉을 받는 안정적인 직장을 선호한다. 아마도 경직된 사회 분위기와 새로운 사회 시스템에 대한 전향적인 담론 부족, 거기에 실질적으로 혁신을 이룬 샘플의 부족이 복합적으로 작용한 결과가 아닐까 생각된다.

2. 코로나는 경제공황의 전조일까?

급격한 수요의 감소

코로나19 사태가 얼마나 지속되는지를 정확히 예측하는 것은 거의 무의미하거나 불가능에 가깝다. 지금의 추세는 코로나19 사태가 실물경제에 영향을 주기 시작하는 초입에 있기 때문에 앞으로 얼마나 더 지속되고 그 피해 규모가 얼마가 되는 것을 가늠하기는 어렵다. 일각에서 이야기하는 것처럼 날씨가 따뜻해지고 습도가 올라가는 여름철 혹은 장마철 이후가 되면 코로나19의 전파력이 감소할지도 모른다. 그때쯤이면 이제 코로나19의 확진자 숫자는 감내할 수 있는 정도로 감소하고, 정부가 코로나19 사태의 종료를 선언할 수도 있다. 정반대로 잠시 주춤하던 코로나19의 전파가 사회적 거리두기가 완화되거나 사람들이 사회적 거리두기에 정신적으로 한계에 이르게 되면 다시 증가할 수도 있다. 해외에서는 북미와 유럽의 전파가 진정된 후 남미와 아프리카까지 퍼지고 다시 겨울이 되면 변종을 들고 우리나라에 돌아올지도 모른다. 이른바 2단계 전파(2nd wave)이다. 2020년 4월 21일 현재 전 세계 코로나19 확진자 숫자는 250만 명에 이르고 사망자는 17만 1,000여 명에 이른다. 지금은 중국, 북미, 유럽 등의 나라들에서 주로 코로나19가 발병하고 있고, 남미나 의료시설이 열악한 아프리카 등에서는 아직 본격적으로 발병이 시작되지 않았다.

이러한 코로나19가 단기적으로 경제에 심각한 영향력을 미치고 있다는 점은 너무나 명확하다. 그러나 코로나19 사태가 어느 정도 종료된 이후 찻잔 속의 태풍으로 그쳐 경제가 V자형의 단기 회복을 하게 될지 U자형의 장기침체 후 회복을 하게 될지는 아직 알 수 없다. 아니면 코로나19 사태가 장기화되어 실물경제에 큰 영향을 미쳐 L자형으로 경제침체가 한동안 지속되거나 최악의 경우 그동안 전 세계가 가진 경제 문제가 모두 점화되어 I자형으로 수직 낙하하는 대공황이 올 수도 있다.

과거 메르스나 사스 등의 사태에서는 사람들이 지금처럼 패닉에 빠지지는 않았다. 사스의 경우에는 홍콩, 중국 등 일부 지역에 한정적이었고, 메르스 같은 경우에는 비록 치사율이 높았지만 대부분 병원에서 주로 발병하는 경우라서 일반인들이 느끼는 공포감은 지금과 같지 않았다. 신종플루 역시 타미플루라는 치료제가 있었기 때문에 정신적으로는 크게 위축되지 않았다. 그런데 코로나19의 경우 너무나 빨리 전파되면서 본인과 가족이 실제로 걸릴 수 있다는 공포감을 느끼게 되었고, 그것이 사실 사람들이 코로나19에 느끼는 공포감의 실체일 것이다.

실제로 코로나19는 전파력을 나타내는 재생산지수[9]가 1.5에서 3.5로 매우 빠르다. 그런데 치사율은 노인이나 기저질환이 있는 사람을 제외한다면 1~2% 내외라고 하면 사실 그렇게 높은 편은 아니다. 그렇지만 1%라고 해도 그 대가가 죽음이라면 그것을 당하는 사람에게는 절대 작은 비용이 아니다. 그리고 개인이 코로나19에 걸려 죽음에 이를 확률이 1%라고 하더라도 4인 가족 중 한 명이라도 죽음에 이를 확률은 그것의 전파력을 고려하면 산술적으로 4% 정도로 높아진다.[10] 가족 중에 아이들이나 노인이 많을수록 코로나19에 대한 두려움은

---

9 재생산지수(R₀, Reproduction Number)는 감염자 1인이 바이러스를 전파하는 숫자이다. 재생산지수는 그것의 지수배만큼 전파되므로 숫자가 클수록 빠르게 전파되며 1보다 작으면 점차 소멸된다. 일반적인 독감은 R_0가 1.30이면 사스는 2.00이었다 (https://www.worldometers. info/coronavirus/).

10 한 명이 사망할 확률이 1%라고 하고 한 명이 걸리면 가족 모두 코로나19에 감염된다고 하자. 그럼 4인 가족이 코로나19에서 한 명이라도 사망할 확률은 $1 - 0.99^4 \approx 0.039$로 높아진다. 물론 이런 단순한 계산은 가족 간 거리두기, 위생, 가족의 체질이 서로 비슷해서 잘 안 걸리는 체질이 있다거나 하는 경우는 고려하지 않는 계산이다.

커지게 된다.

그 다음으로, 코로나19의 빠른 전파력으로 인해서 그것을 막기 위한 현실적인 방법이 결국 사회적 거리두기와 감염자의 격리와 같은 방법이 사용되는데, 이는 상당한 경제적 비용이 발생한다. 사회적 거리두기가 직장에서는 가능한 한 재택근무와 같은 형태로 나타나며, 이 때문에 추가적인 비용을 초래한다. 생산부분 노동자가 감염되면 감염자의 격리와 함께 생산시설에 대한 방역이 함께 이루어지기 때문에 역시 비용 상승을 일으킨다. 그래도 이 정도 수준에서 마무리 된다면 코로나19 사태가 어느 정도 종료된 후 고통스럽지만 빠른 회복이 가능할 것이다. 일반적으로는 자연재해가 생산시설에 유의미한 영향을 미치는 반면 주로 전염병 등에 의한 재해는 생산시설 등에 직접적인 영향력을 미치지 않는 점에서 차이가 있다. 그래서 전염병이 어느 정도 진정되고 나면 감소되었던 수요가 금방 회복된다. 따라서 코로나19가 한두 달 내로 종료된다면 급격히 침체되었던 경제가 회복될 수 있다.

그러나 수요 감소가 장기화되면 생산 부분의 피해도 누적되고 기업들은 유동성 위기에 빠지게 된다. 전·후방 산업의 수요에도 영향이 파급되어 기존의 공급망이 붕괴된다. 또한 수출 중심의 대한민국 경제 시스템은 설령 우리나라가 코로나19 사태를 비교적 잘 극복해 나간다고 해도 장비·부품 등의 수출국인 중국, 소비재의 수출국인 유럽, 미국 등의 경제가 악화되면 수출에 어려움을 겪을 가능성이 높다. 당장 매출이 일어나지 않으면 회사의 신용등급이 문제가 되고 은행에서 운영자금을 빌리거나 금융시장에서 회사채를 발행하거나 차환하는 것 등도 쉽지 않게 된다. 이러한 피해는 결국 노동 부분으로 전이되어 노동자들의 실직이 증가하고 이들이 다시 수요 감소를 일으키는 원인이 되어 악순환이 확대된다.

2020년 4월 초 현재 코로나19로 이미 국내외 다양한 산업에서 급격한 수요 축소가 나타나고 있으며, 통계치로도 확인되고 있다. 2020년 2월 기준 생산, 소비, 설비투자는 모두 각각 전월 대비 3.5%, 6.0%, 4.8% 감소했다.[11] 2020년 3월 제조업의 실적에 대한 기업의 경기실사지수(BSI, 계절조정)[12]는 56로, 2008년 글로벌 금융위기 중 정점을 찍었던 2009년 2월 46과도 약간의 차이밖에는 보이지 않는다. 4월 전망도 52로, 최근 가장 낮은 수치인 2009년 3월의 47과도 큰 차이가 없다.

택배업 등 일부 분야를 제외하고[13] 정도의 차이는 있지만 대부분의 산업에서 광범위한 수요 감소가 일어나고 있다. 가장 긴급하

---

[11] 통계청, 2020

[12] 기업경기 실사지수(BSI, Business Sur vey Index)는 기업이 주관적으로 느끼는 현재 경기 수준에 대한 판단 및 전망을 의미한다. 긍정적으로 판단한 기업의 답변에서 부정적으로 판단한 기업의 답변을 빼고 100을 더한 것이다. 모든 기업이 부정적으로 전망하면 0, 모든 기업이 긍정적으로 전망하면 200이 되며, 부정적으로 전망한 기업과 긍정적으로 전망한 기업이 동일하면 100이 된다.

[13] 아마존은 3월 16일자 자사 블로그에서 늘어난 배송 등을 대응하기 위해서 이미 창고, 배송 등 인력 10만 명을 추가로 고용할 것이라고 발표했다.

그림 2. 기업경기실사지수

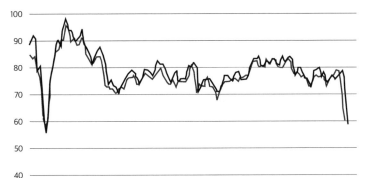

실적지수 ── 전망지수

출처: 통계청

게 수요 축소가 나타나는 분야는 항공 등 운송 분야이다. 이미 에어부산이 국제선 운항을 중단하였고, 이스타항공은 3월 24일부터 한 달간 전 항공기의 운항을 중단하였다. 특히 이스타항공은 4월 1일부터 수습부기장 80여 명에 대한 계약을 해지하는 등 노동 부분으로 그 효과가 전이되고 있다. 대한항공도 전 직원의 70%를 대상으로 유급휴직 안을 고려 중이고, 해외에서도 보잉이 직원들에게 정리해고를 예고하고 있다. 항공 수요가 급감하자 관련산업에도 충격이 전해지고 있다. 예를 들어 기내식을 공급하던 업체들은 80~90%의 매출이 급감하여 무급휴직이나 정리해고에 들어가고 있다. 여행사들도 사실상 개점휴업 상태이다.

요식업이나 숙박업 등 자영업의 경우에도 급격한 수요 감소를 경험하고 있다. 영화관, 헬스클럽, 노래방 등의 부분은 실내 전파 가능성 등에 따라 사실상 운영이 어렵다. 또 다른 분야가 학원 등의 사교육 시장이다. 당장 입시를 걱정하는 고등학교 2학년이나 3학년의 경우에는 어쩔 수 없이 학원을 갈 수밖에 없는 경우가 있을 것이다. 이미 강남을 중심으로 다시 일대일 고등학생 과외 수요가 증가하고 있다는 소리가 들린다. 당연히 가격은 비싸지니 역시 교육 부분에서의 양극화는 함께 진행 중이다. 초등학생을 대상으로 하는 학원의 경우 그 감소폭이 훨씬 크다. 초등학생들의 경우 감염 가능성뿐만 아니라 온라인 강의를 통해서 집중력을 지속하기가 쉽지 않아서 수요 감소폭이 더 클 수밖에 없다. 부동산 시장에서도 부동산의 매매 및 전월세의 거래가 축소 중이다. 반면 주로 상업용 부동산의 거래는 당장 자금이 필요한 사람을 중심으로 상업용 부동산의 급매물이 증가하여 올해 1월 2월 전년 동기 대비 21.8% 증가했다.

생산 부분에서도 코로나19에 따른 생산 차질의 효과가 누적되고 있다. 대단위 장치산업에서 생산 근로자가 코로나19에 감염되면 다른 근로자들도 코로나19에 감염될 수 있어 생산 차질이 빚어지게 된다. 또한 수출산업에서도 주요 수출 대상국인 북미, 중국, 유럽이 코로나19로 사회적 격리 및 노동자의 자가 격리에 따라 전반적인 수요가 감소하고 있다. 자동차 산업의 경우 중국에서 수입하는 주요 부품의 수입 및 중국 내 생산에 차질이 생기면서 국내 자동차 산업도 조업에 차질을 빚고 있다. 쌍용자동차의 모기업인 인도의 마힌드라 그룹은 쌍용자동차에 대한 2,300억 원의 지원을 철회하고 쌍용자동차의 독자 생존을 요구하였다. 또한 조선업의 경우에도 실무적으로 경영진들이 국가 간 이동이 자유롭지 않는 등 수주에 어려움에 처하고 있다.

회복은 언제일까?

초장기에 많은 이들은 V자형 회복을 기대했으나 지금은 U자형 회복 이상을 예상하고 있다. 코로나 사태가 수개월 이상 지속돼 실물 부분에 위험이 가중될 경우 이것을 감내할 수 있는 기업이 많지 않으며, 그 충격의 강도가 이미 1997년 IMF 외환위기 수준으로 이해한다. 정부가 공식적으로 코로나19의 종료를 선언해도 모든 분야에서 그 즉시 전처럼 소비가 회복될 것으로 보기는 어렵다. IHS 마켓의 수석 이코노미스트인 나리먼 베라베시는 이번 코로나19 사태를 전염병보다는 9.11 사태와 유사하게 진단하였다. 9.11 사태 이후 사람들은 비행기를 타고 여행하는 것에 심리적인 거부감을 가져서 항공 수요의 감소가 3년간 지속하였다고 한다. 물론 당장 정부가 사회적 거리두기를 해제하면 마스크를 쓰고 식당 등을 방문하는 사람들은 늘어날 것이다. 그럼에도 만일 그로 인해 다시 감염자의 숫자가 증가하는 모습을 보인다면 무작정 전처럼 회복되기는 어려울 것이다. 아마도 치료제나 백신이 개발되지 전까지는 정부의 사회적 거리두기와는 별도로 사람들이 어느 정도의 자발적 사회적 거리두기에 나서서 하나의 문화로 정착될 가능성이 있다.

몇 가지 고려할 사항은 있다. 2008년도에 미국의 서브프라임 모기지론으로 시작된 글로벌 금융위기는 대체로 전 세계 중앙은행의 이른바 양적완화 정책과 중국의 재정정책에 의한 대규모 투자로 인해서 극복되었다는 것이 대체적인 평가이다. 일반적으로 화폐정책은 중앙은행이 기준 이자율을 낮춰 기업들의 투자를 끌어내고 경제의 활력을 불어넣는 정책을 말한다. 그러나 대규모 불황이 발생한 경우 이자율이 낮아도 투자가 일어나지 않는 이른바 '유동성 함정'에 빠질 수 있다. 불황인 상황에는 기업이 적절한 투자처를 찾지 못한다면 결국 굳이 위험을 안고 투자를 하지 않기 때문이다. 따라서 글로벌 금융위기 당시 각국의 중앙은행은 단순히 기준 이자율을 낮추는 것에 더하여 시장에서 채권을 대폭 구매하여 시장에 유동성을 직접 공급하였다. 그 결과 2007년 당시 주요 7개 중앙은행이 보유한 자산 총액은 6조 5,000억 달러에서 2016년 19조 5,000억 달러 규모로 확대되었다. 대규모 양적완화를 통해 은행 등 금융권이 파산하는 것을 막아 대규모 불황이 확대되는 것을 막을 수 있었다. 실물 부분에서는 중국 정부가 금융위기 당시 약 4조 위안(약 695조 원) 규모의 경기부양책을 동원하였고, 세계 경제의 구원투수 역할을 톡톡히 수행하였다.

그러나 근본적으로 공황은 결국 공급 과잉에서 나타난다는 점을 고려하면 고통스럽지만 효율성이 떨어진 기업 및 금융회사를 정리해서 경제의 체질을 높일 수 있었던 기회라는 측면도 가지고 있다. 만약 양적완화와 같은 정책의 결과 투입된 자금이 기업의 체질 개선, 기업 혁신과 새로운 기술을 통한 새로운 수요 창출 등과 같은 노력에 동원되었다면 장기적으로 도움이 될 것이다. 그러나 일본 등의 예를 살펴보면 과연 확장된 유동성이 기업의 생산성 증가에 사용되었는지는 의문이다. 또한 중국의 경우에도 2008년의 대규모 경기부양의 결과 부실기업의 증가 및 금융 부분의 부실 등 다양한 문제를 보유하고 있다. 거기에 최근 미국과의 무역전쟁으로 중국의 문제는 더욱 심화될 것이다.

코로나19 사태가 터지기 전 2019년 8월 말에 이미 장단기 미국채의 수익률 차이가 역전된 적이 있고, 10년 만기 미국채의 수익률이 지속적으로 감소하여 2020년 3월 이래로 1% 이하로 거래되고 있다. 일반적으로 장기 국채의 수요가 단기 국채보다 증가하는 것은 가까운 미래의 경제 상황에 대한 평가가 좋지 않을 경우이다.

과거 장단기 수익률 차이가 역전된 경우 대부분 경제침체가 온 경험을 가지고 있었으며, 이 때문에 몇몇 경제 분석가들은 그 이전부터 2020년에 코로나 사태와 무관하게 경기 침체나 공황이 올 것으로 예측하고 있었다. 결과적으로 코로나19가 가까스로 균형이 유지되던 세계 경제의 균형을 무너뜨리는 하나의 단초를 제공하는 모양새가 되었다. 각국 정부는 이전과 같이 대규모 양적완화와 재난 소득 등 현금살포를 예고하고 있고, 중국의 경우 이전처럼 코로나 위기를 대처하기 위해 50조 위안(약 8,800조 원)의 대규모 부양책을 준비하고 있다. 그러나 실제로 중국이 그 정도의 대규모 부양책을 지방정부의 부채를 감안하고 실시할 수 있는지 의문이다.

결과적으로 코로나19로 인한 경기 침체는 가장 희망적으로 예측할 때 수개월 만에 끝날 가능성도 있다. 그러나 이미 공급망 등에 문제가 발생하고 있어 향후 공급망과 판매망을 재설정하는 데 시간이 필요할 수 있다. 또한 만약 이번의 코로나19로 인해 기업의 부채와 중국 및 유럽 등 금융기관이 보유한 부실채권이 경기 침체의 장기화로 문제가 불거진다면 우리가 기대하는 것보다는 규모가 더 크고 더 오래갈 가능성이 있다. 혹은 코로나19 사태가 정리된 이후에 넘치는 유동성을 회수할 때 문제가 발생할 수도 있다. 1997년도의 외환위기는 비록 우리나라에게 뼈를 깎는 고통을 주었지만 선진국의 위기는 아니었고 동아시아의 개발도상국들의 위기였다.

우리나라 등은 미국 등 선진국에 수출을 지속함으로써 위기에서 점진적으로 벗어날 수 있었다. 2008년도는 주로 선진국들의 위기였지만 양적완화와 중국이 일정 부분 구원투수의 역할을 하여 넘어갔다. 결국 우리나라에서 중국의 수출의존도가 증가된 이유이기도 하다. 만약 2020년도의 위기가 확대된다면 선진국의 양적완화와 중국의 돈 풀기로 이전의 위기처럼 넘어갈 수 있을지는 의문이다.

3. 개미들의 전투, 자영업의 급격한 변화

코로나19 사태는 다양한 분야에 영향을 미치지만 재앙적인 영향을 미치는 곳 중의 하나가 자영업이다. 자영업을 사전적으로는 1인이나 가족 등이 소유하면서 경영을 하는 작은 사업체라고 말한다. 보통은 주로 음식점, 커피숍, 숙박업, 옷가게, 꽃집 등 의식주와 밀접하게 연관되어 비교적 크지 않은 창업 자본을 가지고 1인이나 가족이 하는 사업체가 자영업일 것이다. 그런데 이런 자영업은 어떤 기술이나 사회적 혁신을 추구하는 스타트업이나 벤처기업과는 구분해야 한다. 예를 들어 어떤 사람들은 커피숍을 창업해서 맛있는 커피를 만들고 소비자에게 파는 사업을 한다. 그런데 어떤 이들은

커피를 만들 때 나오는 커피찌꺼기로 새로운 가치를 더해서 다른 상품을 만든다. 퇴비를 만들거나, 압축하여 테이블을 만들고, 화장품의 원료로 사용하기까지 한다. 말하자면 자영업은 높은 기술보다는 주로 경험적 성숙도를 높여서 의식주와 관련된 물건이나 음식 등을 파는 사업을 말하는 것이 일반적이다.

그런데 코로나19 사태 이전부터 우리나라에서 자영업은 매우 어려운 상황이었다. 우리나라는 이미 장기적인 저성장 국면에 돌입하였고 전반적인 수요가 감소 중이다. 또한 50대 초·중반에 이르러 명예퇴직이 일반화된 사회였다. 최근엔 40대 후반 혹은 40대 초반까지도 명예퇴직의 범위에 들어가는 경우도 많다. 그런데 이제는 이른바 100세 시대를 바라보고 있는 반면에, 만약 50세에 명예퇴직을 한다면 30~40년 정도 더 경제활동을 하고 살아야 한다. 설령 명예퇴직을 하지 않은 40대 정도의 나이라고 하더라도 이제 10년 남짓 남은 회사생활 이후에 닥쳐올 미래를 대비하기 위해서 다양한 대안을 고민한다. 이른바 서울에서 중산층이라고 생각되는 사람들은 서울에 집 한 채를 보유하고 40대 혹은 50대에서 직장을 중간에 그만두거나 혹은 퇴직금을 받아서 나오면 손에 2~3억 원정도를 쥐게 된다. 지금 40~50대는 60년대나 70년대생들로 아직까지는 가족에 대한 향수를 가지고 있어서 중·고등학교에 다니는 자녀가 하나나 둘이 있는 경우가 많다. 따라서 수년간의 지속적인 경제활동이 필요하고, 퇴직 후 선택하는 것들 중에 하나가 연봉을 낮춘 재취업, 연령제한이 없어진 공무원 시험 준비, 부동산 중개인과 같은 자격증 취득, 혹은 자영업에 투신하는 것이다. 공무원이나 재취업 같은 경우는 그래도 상대적으로 나쁘지 않은 경우이므로 자영업에 대해서 집중해 보자. 그럼에도 재취업 같은 경우도 정년 이후에는 똑같은 의사결정을 하게 된다.

그런데 자신이 직장 등에서 경험해 온 분야에서 창업하는 경우도 있지만, 전혀 새롭게 음식점, 호프집, 편의점 등을 창업하는 경우도 적지 않다. 비교적 진입장벽이 낮기 때문이다. 요즘에 인기 있는 TV 프로그램인 '백종원의 골목식당'을 보면 과거와 달리 준비가 되지 않아 보이는 데에도 불구하고 음식점 창업을 시도하는 사람들을 심심치 않게 볼 수 있다. 예를 들어 과거에는 장인처럼 많은 시간과 노력을 들여서 음식 하나를 만드는 경우가 많았다면 지금은 그런 경우가 흔치 않은 것 같다. 물론 시대가 변해 가고 다양한 음식을 경험할 수 있는 지금은 과거와 다른 음식에 대한 태도를 가질 수 있는 것은 당연하지만, 그럼에도 지금은 음식에 자신만의 철학이나 신념 혹은 어떠한 이념이 담겨 있는 것을 보기가 어려운 일이 되었다.

등 떼밀려 자영업을 고려하는 사람들은 많은 반면에 수년 전부터 갈수록 시장은 좋지 않게 변해 가고 있다. 예를 들어 지금은 선박 수주가 회복 중이지만 과거 10년 동안 조선업 경기는 매우 좋지 않았는데, 이 때문에 울산광역시의 지역 경기는 한동안 좋지 않았고 인구는 수년째 감소하고 있다. 전북 군산에는 현대중공업과 GM대우 등의 대기업이 산업단지에 입주하고 있었다. 그런데 조선업의 불황과 국제 자동차 업계의 생산 재배치 등으로 주요 대기업들이 산업단지에서 나간 이후 군산의 경기는 바닥을 치고 있다. 인구는 감소하고 수송동 등 군산에서 가장 번화했던 지역을 확인하면 금세 경기가 바닥을 치고 있음을 알 수 있다.

사회적으로는 김영란법, 미투운동 그리고 52시간 근로제와 최근 젊은 층이 가지고 있는 워라밸 지향은 자영업 경기에 부정적일 수밖에 없다. 김영란법이나 미투운동의 취지나 의의와는 무관하게 결과적으로는 우리나라 기업들이 가지고 있는 회식문화에 결정적인 역할을 하였고, 결과적으로 회식이 급격히 감소했다. 회식의 감소는 주로 중장년층을 대상으로 하는 음식점과 주점들에 부정적인 영향을 미쳤다. 반면 52시간 근로제와 워라밸의 지향은 특히 젊은 층이 가지고 있는 자기 삶의 안정 혹은 여가에 대한 지향을 보여주었다. 이는 회식과 같은 조직생활 대신에 자기개발을 하거나 혹은 자신만의 여가생활을 즐기는 경우가 늘어나서 많은 사람이 모여서 하는 식사 혹은 회식에 대한 수요를 과감하게 줄이고 있다.

이에 대한 단편적인 예가 있다. 10여 년 전 특정 은행의 기업 여신 분야는 매우 많은 회식을 가졌었다. 금융권의 특성상 기업에 자금을 대출해 주고 나면 그 기업과 업무상 미팅과 함께 점심이나 저녁에 회식을 가졌다. 주중에 기업 고객과 함께하는 회식이 1회에서 2회 정도는 있었다. 또 팀의 단합을 위한 회식이 2주에 한 번, 부서의 단합을 위한 회식이 한 달에 한 번꼴은 있었다. 모두 합하면 한 달 4주 기준으로 주5일 근무로 20일을 근무하게 되면 평균 10회에서 11회의 회식이 있었다. 그런데 최근 금융권은 위와 같은 다양한 이유로 회식을 지양하게 되어서 한 달에 1~2회 정도의 회식을 가진다고 한다. 또한 회식의 정도도 차이를 보이는데, 과거에는 회식이 2~3차로 이어지는 경우가 많았지만 이제는 1~2차에서 종료하는 경우가 많다. 실제적인 회식의 규모나 횟수는 10분의 1 정도로 축소되었다고 할 수 있다. 물론 이러한 수치는 주관적인 경험을 바탕으로 하고 업종이나 부서에 따라 다르다.

이런 어려운 자영업자 상황을 보여 주듯 자영업자 수와 취업자 중 자영업자의 비중은 계속해서 감소하고 있다. 그림3의 그래프에서 자영업자의 수는 2001년 620만 명으로 정점을 찍은 후 2008년도 글로벌 금융위기 때 크게 감소한 후 2010년대에는 560만 명 수준에서 조금씩 감소하고 있다. 전체 취업자 수 중 자영업자의 비중은 2001년도에 28.1%로 정점을 찍은 후 계속 낮아져 2019년에는 20.7%까지 감소하였다. 그런데 선진국들과 비교하면 미국 6.3%,

그림 3. 자영업자 수와 비중 ─────────────────────────

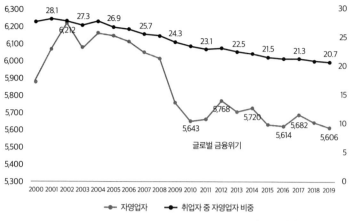

자료: 통계청, 단위: 천명, %

캐나다 8.3%, 스웨덴 9.8%, 독일 10.2%, 일본 10.4%, 프랑스 11.6%, 영국 15.4%, 이탈리아 23.2%이다. 여전히 우리나라의 자영업자의 비중이 높다는 것을 알 수 있다. 추측건대 선진국은 갈수록 지켜야 할 법률이 좀 더 촘촘히 짜여 있고 노동자의 권리가 잘 보전되어 있어 자영업자가 치러야 할 비용이 더 비싸다고 봐야 한다. 우리나라의 경우에도 갈수록 자영업자의 이익률이 급격히 떨어지고 있다. 한국은행에 따르면 자영업자의 영업잉여증가율이 90년대에는 12%에서 2017년 기준 1%로 급감하였다. 말 그대로 자영업은 총과 칼만 들지 않았지 전쟁터나 다름없다.

이러한 시기에 터진 코로나19 사태는 이미 칼날 위에 서 있는 자영업자들을 사지로 몰고 있다. 한국경제연구원이 골목상권의 2020년 2∼3월의 경기현황을 조사하였는데, 매출은 전년 동기 대비 42.8% 감소하였고 순이익은 44.8% 감소하였다. 의류, 유통, 가구점, 금은방 등의 경영악화가 심각하였다. 명동의 주요 화장품 로드숍들이 매장을 폐쇄했다는 뉴스는 진부할 정도이다. 음식점들은 홀 영업보다는 배달영업에 치중하고 있지만 이는 '언발에 오줌 누기'에 불과하다. 비교적 코로나19 사태에 심리적인 영향을 적게 받고 있는 젊은이들이 많은 대학가에서조차 성수기여야 할 최근의 매상이 비수기보다 못하다고 한다. 결국 자영업 경기는 전적으로 코로나19 사태의 추이에 따라 달렸지만 상당수의 경쟁력이 없는 자영업은 시장에서 견디기가 어려워질 것이다.

그러나 코로나19 사태가 종료된 이후에 전반적으로 자영업 경기가 살아날지에 대해서는 의문이 있다. 그 이유 중 하나는 장기 추세가 변하고 있다는 점이다. 영국의 백종원이라 할 수 있는 제이미 올리버(Jamie Oliver)가 운영하던 식당들이 2019년 5월에 파산했다. 영국의 높은 임대료와 세금도 한몫했다고 하지만, 갈수록 사람들이 레스토랑에서 음식을 먹지 않고 배달을 통해서 집에서 음식을 먹는 트렌드의 변화는 중요한 이유로 평가된다. 한마디로 사람들이 과거처럼 함께 식사를 하지 않는 사회의 변화를 읽지 못했다는 이야기이다. 우리나라에서도 이러한 변화를 확인할 수 있다. 유튜브에는 '혼밥' 즉 혼자 밥 먹는 모습을 찍어서 보여 주는 콘텐츠가 광범위하게 퍼져 있다. 최근 백화점이나 면세점 등의 영업이익이 줄고 있다. 아무래도 소비자들이 온라인이나 해외직구를 통해 소비하는 경우가 늘고 있는 것으로 보인다.

사실 더욱 중요한 것은 소비자들의 수준이 갈수록 더 높아지고 더 많은 정보를 바탕으로 소비한다는 점이다. 과거에는 어떤 음식점의 맛과 서비스가 좋고 가격이 적당하면 충분하였다. 그렇지만 이제는 맛과 서비스는 물론 식당은 깨끗하고 직원은 친절하고 사장은 이른바 갑질을 하지 않아야 한다. 소비자들이 원하는 것이 갈수록 많아진다. 이제는 가게에서 음악을 들려주려면 돈을 내야 한다. 갈수록 법률 시스템의 허점이 줄어들어 과거에는 지불하지 않았던 비용을 내야 한다. 물론 사회는 성숙해 가는 것이지만 자영업자들의 비용은 증가한다.

또한 블로그, 후기 사이트, 다양한 소비자 카페, SNS, 유튜브 등 다양한 분야에서 자영자들이 제공하던 재화와 서비스를 다각도로 평가한다. 과거에는 대기업들이 만든, 이른바 메이커 제품만 감시되고 평가받았기 때문에 자영업자들이 생산하는 재화와 서비스는 비교적 이러한 모니터 시스템에 의해서는 덜 평가받았다. 그런데 지금은 너무나도 많은 사회적 평가 시스템이 존재해서 어떤 사람이 사회에 제공하는 그 상품과 서비스의 전반에 다양한 평가를 내린다. 그만큼 소비자들이 과거와 달리 갈수록 여러 의미로 더 똑똑해진다는 뜻이다. 그래서 단순히 맛과 서비스가 적당하면 한두 번 가서 먹기도 하지만 결국 그 이상의 것을 얻지 못한다면 단골이 되거나 다시 그 가게를 홍보해 주지 않는다.

따라서 자영업자들은 앞으로 무엇을 팔지 고민해야 한다. 수년 전에 스티브 잡스가 처음 아이폰을 판매할 때 사람들은 아이폰이 만들어 준, 타인과 구분하는 새로움의 가치에 열광했다. 아이폰을 사용한다는 그 자체로 남들과 다른 가치를 보여 준다는 생각으로 아이폰을 구매했으며, 이때 가격이라는 것은 그렇게 큰 판단 요소가 아니었다. 그런데 동일한 소비자가 당시 중국의 저가 스마트폰을 구매할 때는 상세 스펙을 따지고 품질과 가격 등을 세세히 따지면서 구매했다. 요즘은 아이폰의 팬덤이 과거와 같지는 않지만 이 차이가 보이는가? 당시의 아이폰은 다른 스마트폰과 전혀 다른 시장에서 경쟁했다.

자본주의 사회에서 이윤을 추구하는 것은 당연하지만, 언제까지 자신만의 이익을 추구하는 것으로 충분할지는 모르겠다. 소비자는 갈수록 기계적인 품질과 가격 이상을 판매자에게 요구하고 그 범위도 다양해진다. 이제는 SNS 등 다양한 전달체계를 통해서 자영업자의 생각, 가치 그리고 그들의 진심이 소비자에게 전달된다. 이제는 완전히 새로운 가치를 창조하거나 혹은 찾아오는 소비자에게 도움이 되는 방법을 고민해야 한다. 어떻게 하면 내 음식을 먹는 사람들의 삶이 더 나아질까를 고민해야 한다. 이러한 진심은 결국 전해지고 그래서 장삼이사의 경쟁이 아닌 자신만의 차별화를 이룰 수 있고, 장기적으로는 코로나19와 같은 재앙적인 사태가 발생해도 이겨 낼 수 있을 것이다.

4. 개인의 파편화와 디지털 사회의 부상

인간은 자기 삶의 양식을 그렇게 빠르게 바꾸지는 않는다. 특히 나 지금까지 살면서 체득한 기본적인 삶의 양식이 큰 무리 없이 작동한다는 것을 경험해 왔다면 더욱 그렇다. 그런데 어떤 미지의 것이나 알 수 없는 것들이 삶의 의사결정 속으로 들어오게 되면 단순히 보수적으로만 의사결정하지는 않는다. 카네만(D. Kahneman)과 트버스키(A. Tversky)는 인간은 어떤 이익이나 좋은 일이 발생하는 것을 기대할 때면 최대한 위험을 회피하면서 주어진 이익을 지키기 위해서 보수적(위험 회피적)으로 결정을 하는 반면, 만약 손해 혹은 나쁜 일이 발생하는 것을 기대하게 되면 위험을 감내하면서도 가능하면 손실을 줄이려 행동한다고 하였다.

예를 들어 포스트(Post)와 연구진(2008)은 'Deal or not Deal'이라는 네덜란드 TV쇼에서 다음과 같은 게임을 분석한 적이 있다. 내용물을 알 수 없는 26개의 가방에 0.01유로(13.3원)에서 5,000,000유로(66.4억 원)까지의 돈이 들어 있는데 참가자는 먼저 내용물을 알 수 없는 가방 하나를 소유한다. 그런 다음 남은 25개의 가방 중 가방 6개를 임의로 고르면 내용물을 공개한다. 이제 은행 역할을 하는 사람이 등장하여 특정한 돈을 주고 이 돈을 받고 게임을 끝낼 것인지 아니면 이 게임을 계속할 것인지를 묻는다. 만약 게임을 계속하면 다음번에는 5개의 가방을 열고 은행은 또 다른 제안을 계속한다. 이 게임은 은행의 돈을 받고 끝나거나 아니면 끝까지 가서 내용물을 모르는 가방에 있는 돈을 받으면 게임이 끝난다. 놀랍게도 이 게임에서 참가자들은 좋지 않은 소식인 큰 돈이 든 가방을 열었을 때 게임을 계속했고 작은 돈이 든 가방을 열었을 때 게임을 중단하는 경향을 보였다. 말하자면 자신의 가방에 들어 있는 돈의 기댓값이 낮아지는 좋지 않은 소식을 들었을 때 좀 더 위험 선호적(risk-seeking)으로 변했다.

자신이 실질적으로 코로나19와 같은 병에 걸릴 확률이 높지 않다면 이러한 병과 관련해서 보수적으로 행동하여 검증된 방법으로 스스로의 건강을 지키려 할 것이다. 그러나 코로나19처럼 자신이나 가족의 사망 확률이 존재하거나 사망 확률은 낮지만 격리 등에 있어 상당한 비용이 들어갈 확률이 있다고 생각한다면 조금 과격한 선택을 할 수 있다. 약간의 비약을 한다면 의료 분야뿐만 아니라 다양한 분야에서 자신이나 가족에게 올지도 모를 극단적인 결과를 피하기 위해서 그전에는 검증되지 않았거나 혹은 잘 사용하지 않는 방법을 선택하여 의사결정을 할 수 있다.

먼저 예측 가능한 분야는 온라인 소비의 확대이다. 물론 그 이전에도 젊은 층은 오프라인만큼 온라인을 소비의 주체로 활용하는 경우가 많았다. 그들은 이미 다양한 온라인 쇼핑몰을 이용하고 심지어 이베이나 아마존 같은 해외 직구를 활용하여 구매하는 것에 매우 익숙하다. 이러한 소비행태는 젊은 층에서 거의 전 연령대로 확대되고 있다. 심지어 그날그날의 찬거리조차도 집 앞 슈퍼마켓에 직접 가는 대신에 온라인 쇼핑몰을 통해서 구매가 가능하다. 필자는 모 업체에서 당일 구매한 대파를 그날 박스포장해서 보내준 것을 보고 이러한 소비형태가 앞으로 가져올 파장이 절대로 작지 않음을 느꼈다. 그런데 이러한 시기가 지속될수록 기업들은 지속적으로 투자하고 유통시스템의 경쟁력이 강화될 것이다. 소비자들도 온라인 소비를 하나의 대안적인 소비로 인식하는 것이 아니라 주요한 소비행태로 인식하게 된다면 과거에는 온라인으로 소비하지 않았던 다양한 상품의 구매를 온라인으로 하는 것에 익숙해질 것이다. 예를 들어 쌍용자동차는 2019년 초에 일부 자동차 판매를 온라인 쇼핑몰에서 판매하였고, BMW도 온라인에서만 판매하는 자동차가 있다.

더불어 구독경제의 확대는 온라인화를 촉진하는 촉매가 될 수 있다. 예를 들어 미국에서 20~30대 여성들에게 외출복을 빌려주는 패션패스(FashionPass)라는 온라인 회사가 있다. 일정 금액을 내면 새로운 옷과 액세서리를 무제한으로 택배로 빌려주며 성업 중이다. 이러한 패션 부분의 구독경제가 AI와 VR 기술 등과 결합한다면 자신의 체형 등과 기분 상태 등에 따라 맞는 옷을 스타일링해서 보내 줄 수도 있다. 개인 코디가 생기는 것이다. 이미 우리나라에도 택배를 이용하여 어린아이들에게 필요한 전집 등의 도서를 무한히 렌트해 주는 도서 렌트 서비스가 있다.

또한 교육 분야의 온라인화도 급증할 것이다. 물론 코로나19 사태가 수개월 지속되고 종료된다면 이전의 교육 방식으로 쉽게 돌아가게 되겠지만, 그 이상 지속되어 사람들이 익숙해지고 이미 기반 투자가 이루어진다면 교육 분야의 온라인화는 대세가 될 가능성이 있다. 많은 대학들은 대부분의 수업을 온라인으로 진행하고 있다. 이미 3~4월은 온라인 비대면 수업으로 진행하고 있으며, 카이스트는 온라인 수업을 무기한 비대면 수업을 진행 중이다. 처음에는 교수들이 동영상을 찍어서 올리는 방식을 선호했지만, 여러 가지 문제들이 나타나고 있다. 학생들 없이 강의를 녹화하면서 수업의 진도를 맞추기가 어렵고, 강의의 활력이 떨어져 학생들의 불만도 높아진다. 그러나 이제 온라인 수업의 초기일 뿐이다. 이미 사설 학원들은 실시간 동영상 회의 시스템을 동원하여 온라인 수업을 확대하고 있다. 이제는 초·중·고등학교에서도 더 이상 개학을 늦출 수 없어 온라인 수업의 확대를 기획하고 있다. 그런데 중·고등학생과는 다르게 초등학생 등의 경우는 오랫동안 집중을 기대할 수 없어 향후 새로운 기술과 통합된 다양한 온라인 교육 프로그램들이 개발될 것이라 예상된다.

어떤 새로운 문화나 생활양식은 어느 임계치를 넘으면 사람들이 빠르게 변화를 받아들이고, 그 문화는 더욱 빠르게 퍼지는 경향이 있다. 15년 전에 일본을 방문했을 때 일본의 음식점은 키오스크(kiosk)를 설치하여 음식을 주문하는 곳이 많았다. 당시 우리나라에는 음식 주문 키오스크의 설치가 거의 없었고, 주문은 사람에게 하는 것이 익숙한 시기였기에 약간은 이질적으로 느꼈었다. 하지만 우리나라도 1~2년 전부터 주로 최저임금의 급격한 상승이 있은 후 많은 음식점에서 앞다투어 음식 주문 키오스크를 설치하여 이제는 흔하게 볼 수 있다. 그런데 5년 혹은 10년 전을 떠올려 보면 이런 변화는 정말 급격하게 일어났고, 변화에 대한 우리나라 사람들의 빠른 적응은 놀랍기까지 하다. 디지털 라이프의 부상에 사람들이 익숙해지면 순식간에 그러한 생활양식이 주도적인 양식이 될 수 있고, 개인의 인간관계에까지 침투하여 변화를 이끌어 낼 수 있다고 본다.

그런데 궁극적으로 이러한 전반적인 삶의 온라인화는 여러 파생 문제를 만들어 낼 것이다. 하나는 단편적으로 구분하면 50년대에서 70년대생의 경우 오프라인에서 인간관계를 만들고 유지하는 것에 익숙한 반면, 80년대생 이후의 경우 온라인에서 인간관계를 만들고 유지하는 것에 익숙하다. 이 디지털 정보 이해력의 차이는 처음에는 정보격차를 일으키지만, 갈수록 사회가 온라인화가 진행된다는 가정하에 향후 소득격차도 일으킬 수 있다. 게다가 온전히 오프라인의 일이라고 불릴 분야가 갈수록 줄어들고 있다. 2019년에 근로계약서의 법률자문 서비스를 제공하는 알파로 경진대회(Alpha Law Competition)에서 인공지능 변호사가 인간 변호사보다 높은 순위를 얻었다. 물론 아직까지는 복잡한 법률관계에서 어려움이 있겠지만, 바꿔 말하면 체계화된 법률제공 서비스에서는 어느 정도 경쟁력을 가지고 있다는 뜻이다. AI가 미국이나 영국에서는 자연어 처리 기술과 판례 검색 시스템을 결합하는 등 법률 서비스를 제공하고 있다. 미국에서 이미 일부 스포츠 기사를 컴퓨터 프로그램이 작성하고 있다.

향후 이러한 대세의 흐름을 되돌리기는 어려울 것이다. 따라서 다양한 논의와 정책적 보완책 등을 제외하더라도 개인으로서 새로운 인간의 역할이 요구될 수 있다. 다시 말하면 물리적이고 전통적인 노동부분이 기계나 AI로 빠르게 대체된다면 이제 인간에게 남은 부분이 무엇인지 고민해야 한다. 온라인화가 빠르게 진행된다면 고등학교 선생님이 제공하는 전통적인 교육이 결국 AI로 대체될지도 모를 일이다. 정부는 이번에 초등학교에 교육방송을 기반으로 한 교육을 고려하고 있다. 이러한 기술이 발전한다면 VR 기술을 이용하여 나중에는 AI 선생님이 교육할 수도 있다. 만약 그렇다면 선생님이 해야 하는 주된 역할은 과거의 정보전달일까? 어쩌면 지금이 노동의 새로운 의미와 인간성이 무엇인지 심도 깊은 논의를 시작해야 할 적기일 것이다.

또 다른 문제는 디지털 사회에서 자신의 모든 행적이 기록에 남을 수 있다는 점이다. 요즘 이른바 네티즌 수사대를 보면 그들이 하는 행동의 옳고 그름을 판단하기에 앞서 개인이 온라인에서 하는 거의 모든 행동이 기록에 남는다는 것을 알 수 있다. 최근 문제가 된 'n번방 사건' 혹은 '박사방' 사건에서도 알 수 있듯이 설령 최대한 자신의 정보를 텔레그램 혹은 암호화폐 등을 통해서 숨기려 해도 한계가 있다는 점이다. 삶의 디지털화가 진행될수록 자신의 의지와는 무관하게 자신의 삶이 투명하게 사회에 드러나게 될 확률이 높아진다. 설령 이러한 디지털 사회를 거부하고 오프라인에서만 생활을 하려 노력한다고 해도 역시 한계가 있다.

2018년 기준으로 우리나라 공공기관에 설치된 CCTV 개수는 103만 2,879대[14]이고 2014년 기준 전국 설치 CCTV 개수는 807만 6,415대[15]이다. 앞으로는 화면에서 사람의 신분을 확인할 수 있는 지능형 CCTV의 설치가 범죄예방을 위해 늘어날 것이다. 그만큼 개인의 영역은 줄어든다. 이들의 눈을 온전하게 피해서 살려면 산속에 들어가 자연인 생활을 하는 수밖에 없다. 그뿐이 아니다. 개인이 들고 있는 스마트폰이 의도하든 하지 않든 자연스럽게 수많은 감시의 눈이 된다. 물론 사생활의 보호 문제는 앞으로 중요한 이슈가 될 것이지만, 그것과는 별도로 이제 개인의 삶의 기록은 디지털에 남게 되고 공공재가 될 가능성이 있다. 그만큼 사회도 여러 의미로 투명하게 될 가능성이 높아진다. 숨기는 것이 어려워지기 때문이다. 만약 개인정보의 공공재화를 피할 수 없다면 단순히 그것을 막으려 하기보다는 그것이 개인이나 사회적으로 도움이 되도록 제도를 설계하는 것이 더 유용할 것이다.

그리고 우리는 자라나는 젊은이들이 디지털을 위주로 인간관계를 성립해 나갈 때 파생될 문제점이나 이의 해결책 등에 대해서 알고 있지 못하다. 그 윗세대와는 본질적으로 다른 디지털 세대가 자

---

14 e-나라지표 자료.
15 통계청 자료.

포스트 코로나

라나고 있으며, 이들은 유튜브, 인스타그램, SNS 등 다양한 디지털 소통방식을 어릴 때부터 채화하여 자라고 있다. 달리 말하면 타인과 직접적으로 의사소통하는 방법에 익숙하지 못하다. 울산에서 학생들에게 자연친화적인 주말 교육을 운영하는 '아름다운 학교'가 있다. 그들은 아이들에게 '노는 법'을 가르친다고 한다. 요즘 아이들이 형제가 없거나 적은 경우가 대부분이라서 아이들이 어떻게 노는지 어떻게 인간관계를 형성하는지에 대해서 익숙하지 않기 때문에 이것을 교육하는 것이다. 요즘 대학에서 강의를 할 때 예전과 달리 많은 학생들은 팀프로젝트를 선호하지 않는다. 과거에는 수업시간에 학생들이 팀프로젝트를 통해서 협동심, 문제해결능력 등도 함양하는데, 이제는 가능하면 팀프로젝트 대신에 타인과 부대끼지 않는 개인과제를 선호한다. 아마도 사회의 디지털화는 이러한 개인의 개별화 내지 파편화를 더 심화할 가능성이 있다.

5. 양극화의 심화와 사회적 기업의 출현

지금 코로나19 사태 이전부터 우리나라를 포함한 전 세계의 중요한 문제 중 하나가 빈부격차의 확대였다. 빈부격차는 한 나라 안에서 발생하기도 하지만, 나라 간의 격차가 확대되는 것 또한 다양한 사회적 문제를 양산하고 있다. 피케티(T. Piketty)와 사에즈(E. Saez)(2003)에 따르면 미국의 국민소득 중 상위 10%가 차지하는 몫은 제2차 세계대전 이후 감소하다가 70년대부터 다시 급격하게 상승하고 있다. 또한 이러한 경향은 OECD 선진국 중에 차이는 있지만 공통으로 나타나고 있다. 이런 경향은 우리나라 또한 다르지 않은데 2017년 최상위 10% 집단의 소득비중은 50.6%로 매우 높은 수준이며 2~10%의 소득수준의 증가는 완만한 데 비해 상위 1%의 소득비중의 증가는 상대적으로 빠른 편이다. 2011년에는 미국의 월스트리트에서 상위 1%가 50%의 부를 차지하는 상황에 저항하며 "월스트리트를 점령하라" 혹은 "우리가 99%"라는 슬로건을 걸고 시위를 진행하기도 했다. 2020년 오스카 시상식에서, 빈부격차를 묘사한 봉준호 감독의 '기생충'이 작품상을 수상하고, 빈곤한 광대가 어떻게 범죄자로 성장하는지를 묘사한 영화 '조커'의 호아킨 피닉스가 남우주연상을 수상한 사실은 이러한 시대적 배경과 무관하지 않을 것이다.

빈부격차와 관련된 또 다른 문제는 청년실업 문제이다. 우리나라의 15~29세 청년 경제활동인구[16] 중 청년 실업자[17]의 비중은 7~10%를 유지하고 있다.[18] 20대의 청년들이 자신에게 맞는 일을 찾기 위한 탐색적 비용이 높다고 인정하더라도 청년실업률이 낮은 것은 아니다. 수요 측면에서는 최근에 전반적인 경기성장률이 떨어지고 있어 이른바 좋은 일자리의 수는 적어지고 있다. 공급 측면에서도 높은 교육 수준에 따라 높은 유보임금을 요구하게 되고, 최근의 워라벨 추구와 같은 다른 사회적 지향점을 지금까지의 기업

---

16 만 15세 이상 인구 중 생산 활동에 종사하여 노동을 제공할 의사와 능력이 있는 사람.
17 일자리가 있으면 즉시 일을 할 수 있는 사람 중에 지난 4주간 일자리를 찾아 구직활동을 하였고 조사 대상 중 수입 있는 일을 하지 않은 자.
18 일자리위원회 대한민국 일자리 상황판 참고.

문화가 받쳐 주지 못하는 문제가 복합적으로 작용한 결과로 보인다. 중소기업은 반대로 대기업 대비 낮은 임금 수준과 복지 수준 때문에 인력난을 겪는 경우가 많아 일자리에서도 양극화는 점점 심해지고 있다. 기성세대는 과거와 달리 직장생활을 자기 삶의 가치 추구를 위한 도구적 측면에서 바라보는 젊은 세대를 꾸짖기도 한다. 그러나 다른 면에서는 이미 높은 교육을 받고 자라난 젊은 세대를 위한 더 수준 높은 일터를 그들에게 제공해야 하는 책임에서 자유롭지 못하다. 결국 기업문화가 수십 년간 정체되었다는 뜻이기 때문이다. 지금으로선 다른 성향을 가진 젊은이들이 마음껏 자신의 끼를 발산하고 일할 수 있는 일터를 만들어 그들이 더 빨리 성장하도록 돕는 것이 최선이다. 다만 최근의 청년실업 문제는 인구구조상 수년의 시간이 지나면 인구감소와 함께 잦아들 가능성이 있지만, 그럼에도 이 문제로부터 자유로운 것은 아니다.

중장년층의 실업도 문제이다. 청년층의 실업문제도 심각하지만 중장년층의 실업증가는 주로 가족 전체가 빈곤층으로 떨어질 가능성도 존재하기 때문에 한층 더 심각하다. 1997년의 IMF 외환위기 때에도 중장년층의 실업이 큰 문제가 되었고, 일단 중장년에서 실업이 발생하면 직장을 잡아도 이전 직장과 동급 치환되기보다는 대부분 연봉 등이 전보다 좋지 않은 직장으로 옮기게 된다. 우리나라에서는 오랫동안 근무하였던 직장에서 그만두게 되면 결국 약한 사회안전망으로 인해 중산층에서 영구히 이탈할 가능성이 높아진다. 일본의 경우를 보면 버블경제 붕괴 후 발생한 실직으로 인해 히키코모리가 된 40세 이상 64세 이하의 사람들이 61만 명으로 추산된다.

디지털 사회로의 진입, 그리고 4차 산업혁명으로 일어나는 제조업의 고도화는 복합적으로 작용하여 향후 일자리 문제를 악화할 가능성이 있다.[19] 코로나19 사태는 이러한 추세를 심화할 것이다. 새로운 산업이 부상하면 그에 따른 일자리가 새로 생겨나지만, 언제나 그렇듯 기존의 일자리에 대한 관성을 보유한 노동자일수록 새로운 변화에 적응하기는 어렵고 결국 다른 사회 계층을 형성한다. 10여 년 전에 은행들은 인터넷 혹은 온라인 은행에 익숙하지 않았고 두려움을 가지고 있지 않았다. 그런데 카카오은행이 2017년 출범하고 난 후 많은 것이 바뀌었다. 대학에서 경제 실험을 실시하고 참가비를 주기 위해 은행계좌를 조사했는데, 학생들의 상당수가 카카오은행 계좌를 제시하여 격세지감을 느끼게 하였다. 비대면 금융창구가 일반화되면 일반고객을 상대하는 수신창구의 필요성이 낮아진다. 콜센터의 직원들이 코로나19에 유출되어 문제가 되었는데, 구글의 인공지능 비서인 구글 어시스턴트는 2018년에 전화로 미용실 직원과 통화하며 예약하는 기술적 진보를 보여

---

19 Executive Office of the President, 2016.

주었다. 이미 미국에서는 콜센터에 음성인식 기술을 접목시키는 시도가 있다. 2016년 알파고가 이세돌 9단에 승리하기 전에 사람들은 바둑의 수가 우주의 별처럼 많아 인공지능이 인간을 이기기 어렵다고 이야기했다는 사실을 기억해야 한다.

코로나19 사태로 인해 취약계층부터 실업이 발생할 수 있다. 이 사태가 종식된 이후라도 그들이 다시 일터로 돌아가는 데에는 시간이 걸릴 수 있다. 기업의 입장에서는 기존의 해고된 근로자를 재고용하는 것과 새로운 근로자를 새로 뽑는 것 혹은 새로운 기술을 도입하는 것 사이의 비용을 저울질할 것이다. 그리고 우리나라의 내부 문제가 비교적 잘 해결된다고 해도 해외수요의 감소가 장기화된다면 수출로 먹고사는 우리나라는 장기적인 경제침체나 경제공황이 올 가능성도 있다. 여기에 기업들이 기업 경쟁력 확보 혹은 생존을 위해 인공지능이나 공장 자동화를 더 추구한다면 빈부격차와 함께 실업문제는 향후 중요한 문제로 떠오를 수 있다.

우리나라 사람들은 일자리 및 빈부격차 등의 해결책을 정부로 돌리는 경향이 많지만, 궁극적으로 일자리를 창출하는 것은 결국 기업이고, 이러한 문제를 궁극적으로 해결할 수 있는 곳 역시 기업이라는 것을 이해해야 한다. 결국 역사적으로 가장 효율적으로 작동한 조직 중의 하나가 기업이기 때문이다. 만일 똑똑해진 소비자들이 품질과 가격을 넘어서 더 높은 가치를, 그러나 기업의 높은 효율성을 인정하면서 요구한다면 기업에 대한 관점에 변화가 올 수 있다. 기업의 효율성과 사회적 책임 모두 필요하다. 다만 전통적 경제학에서 여전히 기업의 목표와 동시에 기업이 할 수 있는 최선의 사회적 책임은 이윤을 추구하는 것이라고 생각한다.[20] 기업이 효율적으로 작동해서 이윤을 얻고 그 이윤이 다시 효율적으로 주주를 포함한 이해관계자들에게 분배되는 것이 사회의 복지에 최선이라고 생각하기 때문이다.

그러나 많은 글로벌 기업들이 지구적 문제, 지속 가능성, 환경 등 다양한 가치를 추구하고 기업의 사회적 책임을 적극적으로 받아들이고 있다.[21] 왜냐하면 이러한 사회적 책임을 내재화하는 것이 궁극적인 기업의 성장에 도움이 된다고 생각하기 때문이다. 오직 효율성만을 추구하는 이윤추구라는 이념은 기업의 성장을 위해서 중요하지만 그것만으로는 수준이 높아지는 국내외 소비자들에게 감흥을 줄 수 있을지 의심이 든다. 결국 또 한 번의 도약을 위해서는 이윤추구를 넘는 새로운 사업 모델이 필요하다.

우리나라 1세대 기업가들이 내걸었던 기업이념 중에 '사업보국'이 있다. 이러한 이념이 일제 강점기의 일본 기업이 보여 준 전체주의적 성향의 영향이라는 비판이 있을 수도 있다. 그러나 그들이

---

20 Friedman, 1970.
21 Economist, 2019-8-22.

자영업 수준일 때부터 사업의 발전을 통해 나라에 기여한다는 정신이 녹아 있었고, 삼성, 현대 등 몇몇 기업의 발전사는 우리나라 발전과 그 궤를 같이한다는 점 또한 의미가 있다. 그리고 지금까지 우리나라 기업들이 보여 준 놀라운 발전사는 기업가들의 노력과 함께 기꺼이 그들의 만든 물건을 소비하고 임직원이 되어 기업과 함께 성장하고 발전한 국민들의 역할과 함께한다. 이것을 무시해서는 안 된다.

지금까지는 단순히 도덕적인 문제였다면 미래에는 기업들이 사회를 바라보는 태도 혹은 가치가 지속적인 성장에 직접적인 영향을 미칠 수 있다. 기업의 사회적 책임은 대단한 것이 아니라 자신이 관계한 임직원들과 함께 성장하여 사회에 새로운 혁신과 비전을 제공하여 사회의 활력과 수준을 높이는 것이라고 생각한다. 오히려 지금과 같은 비상 상황에서는 새로운 창의적인 기업관을 제시하고 다양한 이해관계자와 함께 상생할 수 있는 방법을 찾는다면 새로운 도약을 이룰 수 있는 기회가 될 것이다. 수십만 명의 임직원과 여러 사업체 등 필요한 자원을 가지고 있는 대기업들은 어떤 의미에서 이러한 경제문제를 실질적으로 해결할 능력을 가지고 있는 주체이기 때문이다.

부동산

———

코로나 위에 서 있는 부동산,
지금이 변곡점인가?

———

POST COVID-19

들어가며

겨울이 한창이었던 1월 말, 중국에서 시작된 원인 모를 폐렴이 봄이 된 지금 코로나19라는 이름으로 전 세계를 잠식하고 있다. 글에 대한 요청을 받은 3월 말 현재 기준으로 대한민국에서는 확산세가 확연히 꺾였고, 중국에서는 공식적으로는 더 이상의 확진자는 없다고 이야기하고 있다. 하지만 이 사태로 인한 후폭풍은 우리나라나 중국이나 여전한 상태이며, 확진세만 꺾였을 뿐 사람들의 일상이 무너져 있는 것은 여전하다. 사실 지금이 후폭풍인지 폭풍의 한 중간인지는 아무도 모른다는 사실이 더 무섭다.

우리가 지금껏 선진국으로 생각하는 유럽과 미국은 오히려 코로나19에 대한 대처가 처음부터 어긋난 것인지 엄청난 확산세에 고통을 받고 있다. 코로나19는 경제에 그대로 영향을 미치며, 주가를 곤두박질치게 하였고, 사람들의 발을 묶어 놓았으며, 대량실업과 그에 따른 막대한 재정지출을 예고하여 경제상황을 더더욱 알 수 없게 한다. 그 결과로 '부동산 시장이 앞으로 어떻게 될 것이냐'는 질문을 가장 많이 받는다. 전공이 부동산이다 보니 으레 받는 질문이지만, 질문의 빈도수는 확연히 다르며 걱정스러운 표정으로 물어보는 사람이 늘었다.

특히 집이 있건 없건 모두 집값 하락에 대해 걱정한다. 집이 없는 사람은 현 시점에 샀다가 집값이 내려가기라도 하면 어쩌나 걱정한다. 1주택자는 대출이 없다면 그나마 걱정이 덜하지만, 한도까지 대출을 내서 집을 산 사람은 IMF 금융위기, 2008년 금융위기 때처럼 금리가 올라가서 이자를 내지 못해 벼랑에 서지 않을까 걱정한다. 다주택자의 경우는 더 말할 것도 없고, 2017년 이후 상승장에서 갭투자 한 사람들은 하락에 대하여 더 조마조마할 수도 있다.

주거시장은 그나마 걱정이 덜하다. 바이러스 확산을 예방하기 위한 사회적 거리두기와 전염에 대한 공포심으로 인해 상업용 부동산 시장은 쉽게 '불황'이라는 말이 나오고 있다. 공업용 부동산 시장은 그렇지 않아도 산업 구조 자체가 한창 변화하는 중에 있어 중후장대 산업용 공장의 매물이 적체되고 있었다. 그러는 와중에 코로나19 사태로 인한 수출경기까지 하락세를 면치 못할 것으로 보여 매물적체와 경매에 내몰리는 공장물건이 증가할 것이 예상된다.

이러한 상황의 한가운데에서 걱정하고 비난하는 것이야 당장 돈이 드는 것도 아니니 얼마든지 할 수 있고, 현 상황에 대한 기술을 하는 것 또한 그리 어려운 일이 아닐 것이다. 그러나 향후의 상황에 대하여 사람들이 예단할 수 있도록 영감을 주며 판단의 기초가 되는 씨줄과 날줄을 제공하는 것은 쉬운 일이 아니다. 그래도 주위에 걱정하는 질문이 워낙 많으니 스쳐 지나며 떠오르는 몇 가지의 키워드들과, 두 번의 금융위기를 겪으며 깊이 남아 있는 기억들을 취합하여, 졸필이지만 여기에 의견을 피력해 보고자 한다.

다만, 이 글은 '올라갈 것이니 사라', '내려갈 것이니 기다려라'처럼 독자들이 기대하는 대답일 수는 없다. 다만 앞서 이야기한 바와 같이 사람들에게 영감을 주는 정도는 될 수 있을 것이다. 주식이든 부동산이든, 결국은 모두 본인의 책임이다. 그리고 모두 승자이고 싶지만 안타깝게도 항상 승자의 비율은 높지 않았음을 기억하자.

1. 코로나19 사태는 부동산 패러다임을 바꿀 수 있을까?

견고함을 더해 갔던 부동산 패러다임

지금까지 대한민국에서 부동산의 패러다임은 무엇이었을까? 부동산에 대한 개개인 감정과 느낌은 입장과 처한 형편에 따라 매우 다르게 나타날 것이다. 누군가에게는 '애증의 대상'이지만, 또 다른 누군가에게는 '애정의 대상'일 것이며, 전혀 관심도 없을 수 있다. 그러나 이를 가르는 기준을 솔직하게 이야기하면 결국 본인이 가지고 있느냐 그렇지 않느냐이고, 이에 앞선 가장 근본적인 원인은 '값이 오른다'라는 단어 때문일 것이다. 결국 대한민국의 부동산에 대한 패러다임은 구구절절한 설명을 모두 잘라내면 '오른다'

의 세 글자로 요약할 수 있다.

가장 민주적이고 극적인 방법으로 정권이 교체되던 2017년 봄부터 마치 그동안의 정치적 불안정성으로 인해 참고 기다려 왔던 것을 터트린다는 듯이 서울의 아파트 가격은 거침없이 상승곡선을 그리기 시작했다. 사실, 2016년부터 2008년 금융위기 이후 별다른 반등이 없었던 부동산 가격이 이제는 상승할 가능성이 높을 것이라는 예견들이 이미 나왔었다. 그리고 그 이전에 경기를 살리기 위한 일시방편으로의 대출완화와 저금리 기조로 이미 유동성은 그릇 위로 넘치기 시작한 상태였다. 2008년부터 이렇다 할 상승이 없었기에 누적된 가처분 소득의 증가와 주택구입이 필요한 세대수의 증가, 저금리, 대출규제완화 등 현 시점에서 돌이켜보면 어느 하나 부동산 가격이 올라가지 않을 이유가 없었다.

이에 대한 새 정부의 정책은 안타깝게도 부동산 가격 상승을 통한 차익을 불로소득으로 규정하고, 양질의 공급 계획을 통한 시장 안정화보다는 조세부담 강화와 재건축·재개발계획 규제 등 시장을 누르는 조치로 일관하여, 오히려 매도를 통한 공급물량마저도 막아 버렸고, 그 결과는 지금과 같다. 즉, 현재 시점까지의 결과물은 다시 한 번 강남은 불패이고, 부동산은 견고하며, 정책은 시장을 이길 수 없다는 패러다임만 강화되었을 뿐이다.

이러한 흐름의 이야기는 왠지 귀에 익은 듯한 느낌으로 다가오

부동산_코로나 위에 서 있는 부동산, 지금이 변곡점인가?

며, 이미 우리는 이러한 스토리를 여러 번에 걸쳐서 들어왔다. 저 멀리부터 이야기를 끌어올리면 강남을 개발하던 80년대 초부터 90년대 후반 IMF 외환위기를 극복한 직후의 부동산 가격 상승, 2008년 금융위기 직전까지의 가격 상승, 그리고 최근의 스토리들이 그것이다. 이러한 흐름의 이야기들 위에서 부동산 소유자는 항상 승자가 되었음이 반복되었고, 그것은 부동산에 대한 견고한 패러다임을 형성하였다.

　다른 방향에서 부동산에 대한 패러다임을 이야기해 보자. 부동산 시장을 이야기하며 사용하는 단어로 흔히, 투기, 시세차익, 세금회피, 부의 독점, 세습이라는 단어를 떠올리기 십상이다. 그다지 좋은 뉘앙스의 단어들은 아닌 것 같다. 그럼 반대로 투자, 투자이익, 절세방안, 노후준비, 상속, 이 단어들은 어떤가? 뭔가 전자의 단어들보다는 정상적인 단어들로 느껴진다. 그러나 사실 전자의 단어들과 후자의 단어들이 실제 그 행위를 함에 있어서는 뉘앙스의 차이만큼 서로 다른 행위를 보여 주는 것 같지는 않다. 전자의 단어들이 일반 개개인의 주택구입과 같이 묶여 이야기된다는 것 자체가 어찌 보면 애증과 애정의 대상인 대한민국 부동산의 양면성을 그대로 드러내고 있는 양상이다. 그리고 이 또한 앞서 이야기한 승자의 비율과 연관되는 부분일 것이다.

　긍정적인 뉘앙스에서 투자대상으로서 부동산이나, 부정적인 뉘앙스에서 투기대상으로서 부동산이나 결론은 '오른다'라는 패러다임을 전제로 하고 있다. 이를 받아들이는 개개인의 처한 상황에 따라 입장이 달라질 뿐이다. 흔히 이야기하듯이 서 있는 곳에 따라 풍경이 바뀔 뿐인 것이다. 그리고 대한민국 부동산은 오른다는 패러다임은 지난 40년간 우리를 지배해 왔다. 다만 서 있는 위치와 시점에 따라 이를 부정하거나 잠시 잊었을 뿐이다.

패러다임의 전환에 대하여

궁금한 부분에 대하여 본격적으로 이야기를 꺼내어 보자. 이렇게 애정과 애증의 양면성을 지니면서 형성되었던, 견고한 대한민국의 부동산 패러다임은 이번 코로나19 사태로 과연 전환될 것인가?

먼저, 이 명제에 대한 전제로서 '전환하여야 마땅한가?'라는 당위의 명제는 여기서는 논하지 않는 것이 좋다. 이는 앞서도 이야기한 것처럼 입장과 환경에 따라 다를 수밖에 없는 여러 의견이 나타날 수 있고, 일견 그 의견은 모두 합리적인 논거를 가지고 있을 것이기 때문이다. 여기서는 코로나19 사태로 인하여, 견고하였던 대한민국 부동산의 패러다임이 전환될 수 있을 것인지에 대하여만 이야기해 보자.

패러다임이라는 단어를 가장 처음 사용했던 토마스 쿤은 저서인

《과학혁명의 구조》를 통하여 4단계의 변화를 이야기했다. 1단계는 기존의 패러다임이 수용되어 있는 정상과학 단계, 2단계는 여기서 풀리지 않는 여러 문제들이 나타나는 위기, 3단계는 위기가 지속됨으로써 이를 해결하기 위한 2개 이상의 다른 패러다임이 경쟁하는 과학혁명, 4단계는 어느 한 가지의 패러다임이 수용된 정상과학 단계이다.

이 구조와 현 시점의 상황을 엮어 대한민국 부동산의 패러다임 전환 가능성에 대하여 설명해 보자. 지난 과거, 큰 경기변동을 겪어 내고 버티면 부동산 가격은 상승해 왔다는 1단계, 이 1단계는 기존의 패러다임이므로 굳이 설명할 필요가 없다. 2단계는 토마스 쿤이 그의 저서에서 설명한 위기 단계와는 조금 다른 의미로서, 기존 문제를 해결할 수 없는 위기 단계가 아닌, 코로나19 팬데믹으로 인하여 발생한, 기존의 부동산 시장 상황을 유지할 수 없는 국내외에 산재하여 있는 위기 요인들에 대한 설명이 된다. 3단계는, 이를 해결하기 위한 국내외의 조치들과, 위기 상황이 어느 방향으로 흐를까에 대한 예단이다. 그리고 마지막으로 4단계는 전환된 또는 전환되지 않은, 위기 요인과 해결 방안의 수렴에 따른 대한민국의 부동산 패러다임으로 설명할 수 있다.

2. 끌어올려 왔던 요인과 끌어내릴 요인

견고한 패러다임을 형성하였던 몇 가지 요인

첫째로 수요에 관하여 이야기해 보자. 매우 유의미한 자료라고 보기는 어렵지만, 대출규제 등에도 불구하고 2020년 2월 서울의 아파트 거래량은 강남의 급매물 거래, 강북 풍선효과로 2020년 1월 대비 약 25% 증가하였다. 그리고 3월 거래량은 급감할 것으로 예상된다. 그러나 이러한 2월에 증가하고 3월에 감소하는 패턴은 2018년 2월과 3월에서도 있었고, 2019년 2월과 3월에서도 마찬가지였다. 아울러 거래신고에 대한 집계는 통상 1개월 이연되어 나타남을 고려할 경우, 코로나 사태로 인한 주택 수요의 감소로 부동산 가격을 끌어

내릴지에 대한 정확한 판단은 아무래도 2020년 5월이나 6월이 되어야 지표적으로 짐작할 수 있는 단서들을 제공할 수 있을 것으로 보인다. 다만, 현 시점에서는 다음의 사항에 대하여 깊이 주목할 필요가 있다.

2020년 3월 현재, 강남 아파트 가격이 수천만 원, 1억 원씩 호가가 하락하였다는 기사가 나오고는 있다. 그러나 20~30억 원짜리 아파트의 호가가 그 정도 떨어졌다는 것은 아직까지 의미 있는 수치라고 보기에는 어려움이 있으며, 주목하여야 할 것은 주요 지역의 전세가 추이다. 주요 지역의 전세가는 오히려 오름세를 보이고 있다. 이에 대한 요인은 신규주택자금 대출규제(40% 9억 원 이상 별도조건)로 인한 자금부족(전세유지), 분양가 상한제로 인한 로또청약(전세유지), 시세 9억 원 이상 주택 보유자 전세자금 대출중단으로 인한 전세유지, 소유자 본인주택 입주, 양도세비과세요건 강화로 인한 실거주 증가, 일부 재건축지역 이주 등이 있다. 결론적으로 주택 구입수요가 여러 이유로 인하여 전세수요로 전이되었고, 특히 특정 지역에서는 전세가의 상승률이 더 높아졌다.

다시 말하여, 현재까지는 실수요자의 주택 구입뿐만 아니라 특정 지역을 포함한 투자 대상으로서 부동산의 매력은 여전하다고 생각하는 패러다임 자체가 유지되는 것으로 보인다. 또한, 이러한 패턴은 큰 폭의 변동이 나타나고 그 변동의 결과가 일정 기간 유지될 때까지는 지속될 것으로 보인다. 아직도 온라인에서는 폭락파와 폭등파가 나뉘어 열띤 공방을 벌이는 중이며, 학습효과로 인하여 현금을 준비하고 여차하면 바로 뛰어나가겠다고 하는 사람들 또한 다수인 상황이다.

둘째로 공급이다. 앞서 이야기한 수요와 공급은 두말할 것도 없이 재화에 대한 가격을 결정하는 가장 기본적인 요소이다. 아직 실거주용으로서도 투자용으로서도 부동산(특히 주택, 아파트)를 구입하려는 수요층이 탄탄하게 유지되는 상황에서 계획된, 그리고 진행된 공급물량은 우려스러울 정도이다.

2020년 1월 20일에 발표된 〈매일경제신문〉의 기사를 참조하면, 2019년의 신규 분양물량은 지난 5년 평균보다 적은 수치를 보이고 있다. 아울러 "향후 2~3년 후 입주물량으로 이어질 2019년과 2018년 서울 주택분양 승인실적은 각각 3만 250가구, 2만 2,176가구에 불과하며, 직전 5개년(2013~2017년) 연평균 분양 승인 실적(4만 451건)보다 30~40% 감소한 수치"라는 자료로 볼 때 수요자들이 원하는 지역에 원하는 만큼의 물량이 공급되기란 향후 2~3년간은 어려울 것으로 보인다.

셋째, 여전히 유효한 학습효과이다. 온라인상에서는 코로나19 사태와 향후 전망에 대하여 1998년 IMF 외환위기 상황과 2008년 금융위기 상황을 연결하여 예단한 글들이 연일 넘쳐난다.

그림1. 주택가격동향

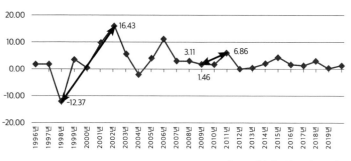

자료: 주택가격동향(KB리브온 제공)

그림1의 그래프를 보면, 흔히 이야기하는 두 번의 위기 중 IMF 금융위기 당시의 1998년과 2002년의 상승률 누적 차이는 29%에 달한다. 2008년과 2010년의 경우에는 5.4%의 차이를 보인다. 이를 주택매매가격 종합지수로 볼 경우에는(2019년 1월을 100으로 가정) 1996년 12월 말 52에서 1998년 12월 말 47로 하락하였다가, 2002년에 62.5로 상승하여 약 15.4, 32% 상승폭을 보였다.

주택가격을 아파트 유형으로 한정 지어 보면 상승폭은 더욱 가파르다.

보는 바와 같이 1998년의 IMF 금융위기 당시의 1998년과 2002년의 상승률 누적 차이는 36%에 달하며, 2008년과 2010년의 경우에는 8%의 차이를 보인다. 아파트 유형으로 한정한 주택가격 매매종합지수를 동 기간에 대입할 경우에는 1996년 12월 말 40에서

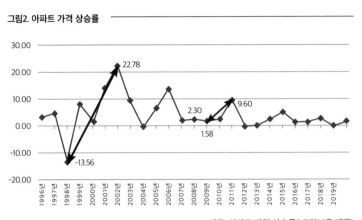

그림2. 아파트 가격 상승률

자료: 아파트 가격 상승률(KB리브온 제공)

1998년 12월 말 36으로 하락하였다가, 2002년에 56로 상승하여 약 20, 놀랍게도 55% 상승폭을 보였다. 희한하게도 주식시장과 마찬가지로 부동산 시장에도, 돈을 번 사람이 돈을 못 번, 또는 돈을 잃은 사람보다 훨씬 많은 것처럼 회자되며, 사람들은 그림2의 그래프의 오른쪽 끝을 궁금해 하며 조바심 내고 기다리고 있는 중이다.

넷째, 유동성이다. 아직도 유동성이 풍부한 상태인가에 대해서는 의견이 다를 수 있으나, 최소한 2020년 5~6월, 늦어도 2020년 8월 정도까지는 유효할 것으로 예상된다. 먼저 유동성과 관련된 사항 중 가처분소득과 그 증가율은 2013년을 기점으로 하락하고 있는 상황이다.

아울러 LTV 40%의 제한과 9억 원 이상의 주택구입 시 대출규

부동산_코로나 위에 서 있는 부동산, 지금이 변곡점인가?

제, 전세자금 대출규제 등으로 주택구입시장에 유입될 수 있는 자금의 유입 자체를 상당히 제한하고 있는 상황인 데다가, 코로나19 사태로 인한 경기침체 및 수요 감소가 예상되는데 유동성 걱정을 해야 하나 싶기도 하다.

최근 금융통화위원회는 2020년 3월 16일자로 0.5%의 금리인하를 단행하여 현 기준금리는 기준금리 제도를 시행한 이래 가장 낮은 0.75%까지 낮아졌다. 물론 이는 코로나19 사태로 인한 과도한 경기침체를 우려하여 선제적으로 대응하는 조치이며, 앞서 설명한 대출규제 등으로 부동산으로 흘러 들어갈 확률이 낮다는 것을 전제로 한 금리인하인 것은 맞다. 그러나 미국에서는 공식적으로 코로나19 대책으로 무제한 양적완화를 천명하며 나섰고, 독일, 한국 등 여러 나라에서 재난기본소득에 대하여 이야기하고 지급을 기정사실화하고 있다. 재난기본소득이야 이 자금이 부동산에 흘러 들어갈 가능성에 대해 이야기하는 것이 합당치 않으나, 미국에서 시행할 무제한 양적완화와 우리나라에서도 시행할 양적완화 등을 통한 시장에 대한 자금공여는 부동산 시장에 전혀 영향이 없을 것이라고 확언할 수는 없다. 또한, 늘어난 통화량에 따라 화폐가치 하락에 의한 부동산 가격의 상승은 어쩌면 더욱 심각한 결과를 초래할지도 모른다.

마지막으로, 정책에 대한 신뢰도와 함께 부동산 가격의 기본을 잠시 언급하고자 한다. 정부 당국에서야 정말 지겹고 듣기 싫은 이야기일 수 있으나, 현 정부의 부동산 정책의 목적이 혹시 세수확보가 주목적이 아닌지 궁금하다고 이야기할 정도로, 부동산 가격안정과는 전혀 거리가 먼 상황이 펼쳐져 온 것이 사실이다. 그냥 나열만 하여도 2017년~2018년에 걸쳐 6.19 부동산대책 및 8.2 부동산대책, 9.5 부동산대책, 10.24 가계부채 종합대책을 연달아 내놓았으나, 상승세를 막지 못했다. 아울러 임대주택 전환에 대한 인센티브를 준다고 하다가, 제도의 영향으로 인한 공급감소 및 수요가 늘어나는 상황이 계속되자, 단기간에 정책을 변경하는 상황까지 벌어졌다. 이후 2018년 9.13 종합대책으로 종부세 강화, 9.21 부동산 공급확대 대책을 발표하여, 마침내 수요심리를 잡았다고 자화자찬하면서 대책의 연장선상에서 공급을 위한 3기 신도시까지 구체적으로 발표하여 상승세가 주춤하긴 했었다. 그러나 재건축발 가격 상승이 슬금슬금 올라오자 2019년 10월 분양가 상한제 시행을 예고하였고, 2019년 12.16 대책으로, 다주택자뿐만 아니라 1주택자에게까지 대출상한을 시행하였지만, 2019년 연말부터 2020년 1~2월까지 오히려 서울지역 부동산 가격은 계속 슬금슬금 올라가는 상황이었다. 이러한 상승세를 주춤하게 한 것은 코로나19 사태였다.

즉, 2017년부터 2020년 초까지 어떠한 정책도 부동산가격 상승을 눈에 뜨일 정도로 막아내지 못했다. 이는 앞서도 이야기한 것처럼 공급을 통한 수요안정이라는 기본이 지켜지지 않는다면, 어떠한 억제정책도 효과가 없을 것을 시사한다. 결국 코로나19 사태로 인한 결과물 또한 그 연장선상에서 크게 벗어나기 어렵다는 점을 이야기하고 싶다.

끌어내리는 요인들

부동산 가격이 내려가는 요인은 매우 단순하고 간단하다. 수요가 없으면 내려간다. 앞서도 이야기했듯이 두 번의 위기상황에서 부동산 가격 하락은, 모두 수요 하락이 원인이지만 시점별로 차이가 있다.

그림3의 그래프에서 꺾은선 그래프는 1995년부터 2020년 1월까지의 매 연도별 전년 대비 수출입 증가율을 나타내며, 막대그래프는 전년 말 대비 주택가격 상승률을 보여준다. 전년 대비 수출입 증가율이 두드러진 마이너스를 나타냈던 시점은 1998년, 2001년, 2009년, 2015년이며, 전년 대비 주택가격(아파트) 상승률이 두드러지게 높은 시점을 나타냈던 때는 1999년, 2001~2003년, 2006년, 2011년이다.

이 그래프는 결국 수출경기의 하락이 실물경기에서 부동산 경기 침체를 가지고 왔으며, 수출경기의 회복에 이어서 부동산 가격의

그림3. 수출입 증가율과 주택가격 상승률

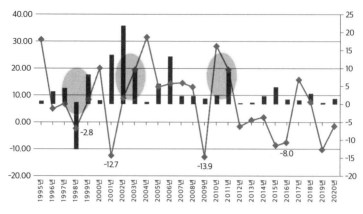

자료: 수출입 증가율과 주택가격 상승률(한국무역협회(KITA)& kb리브온 제공)

상승이 이어진다는 점을 시사한다. 2001년의 수출입 증가율의 마이너스에도 불구하고, 2001년~2002년 주택가격 상승률이 두드러진 사유는 1998년도의 가격 하락폭이 너무 컸기에 이에 대한 반사 회복력으로 인한 가격 상승이었을 것으로 보인다. 2008년도의 금융위기 이후 2011년의 소폭의 가격 상승은 주지의 사실이며, 그 이후의 수출입 증가율 감소는 유럽발 경제위기 등의 사유에 기인한 것으로 보이고, 2011년의 소폭의 상승 이후에는 주택가격은 상승이 없이 계속 횡보해 왔음을 알 수 있다. 결국 대한민국 부동산의 가격을 끌어내리는 요인은 수요의 감소이며, 특히 외부적인 충격에 의한 수요의 감소였고, 외부적인 충격으로서는 수출에 직접적으로 영향을 미치는 요인들이었음을 알 수 있다.

그럼 수출에 영향을 미치는 가장 큰 요인은 무엇일까? 2019년 4월에 금융감독원 거시건전성감독국에서 작성한 '우리나라 수출에 영향을 미치는 주요 요인'을 통하여 살펴보면, 전통적인 요인으로서 환율과 글로벌 경기변동 두 가지를 들고 있고, 구조적 요인으로서 국제분업화의 둔화와 중국의 수입품 자국 내 대체 증가, 수출 주력산업의 해외생산 형태의 변화, 세 가지를 들고 있다.

이러한 요인들이 코로나19 사태가 진행되는 방향성에 따라서 크게 영향을 받을 수밖에 없음은 너무나도 자명하고, 영향을 받은 수출경기는 결국 국내 실물경기에 그대로 반영이 될 것이다. 부동산의 가격 상승은 국지적으로 시점별, 또는 정책의 방향에 따라 여러 변동성을 보일 수 있으나, 끌어내리는 요인은 지금까지는 단순했다. 즉, 경기침체, 수요하락이 요인이고, 가장 큰 원인점은 수출감소로 인한 대한민국호의 위기라고 판단된다.

요약하자면, 코로나19 사태는 앞서 말한 원인점을 뿌리부터 흔들 수 있다. 지금까지 견고하게 형성되어 왔던 대한민국 부동산의 패러다임에 대해 단기적으로 짧게 파열음을 내며 스크래치를 남길 만한 변곡점임에는 충분해 보인다. 경제 전반의 펀더멘탈을 무너뜨리는, 장기적이고 불가역적인 변곡점이 될지에 대하여는 여전히 물음표인 상태로서, 현 시점에서는 그 진행 상황에 따라 그 결과를 열어놓을 수밖에 없을 것 같다. 이에 다음 장에서는 몇 가지 시나리오를 통해 예단해 볼 것이다.

3. 예상되는 몇 가지 시나리오

코로나19 사태는 2020년 1월 초까지는 중국에 한정된 국지적 문제였으나 2월에 들어서는 세계적으로 공급과 관련된 여러 문제를 낳았다. 이는 세계의 공장인 중국에서 코로나19가 발생된 것에 기인한 일이었으며, 필자 또한 중국에서의 부품공급이 원활치 않아졌다는 이유로 매각협의가 진행 중이었던 공장물건의 계약이 무산된 바 있다. 그러나 이제는 공급이 문제가 아니라 전 세계적인 확산에 의한 수요 문제로 발전하고 있으며, 사태의 진행 방향과 기간에 따라 충격의 폭은 크게 달라질 것이다. 이러한 수요의 문제는 수출로 먹고사는 대한민국의 경제 전반에 심대한 영향을 미친다.

그 다음은 자영업 문제이다. 우리나라의 자영업 비율이 다른 OECD 국가들 대비 높은 것은 이미 주지의 사실이다. 수출경기는 둘째 치고, 길에 사람이 없다. 사회적 거리두기를 통한 전염 예방의 필요성이야 피치 못할 부분이나, 매출이 발생하지 않는 상황에서 두 달, 석 달 시간만 가는 상황이 계속된다면 이를 버텨 낼 자영업자는 없다. 착한 임대료 운동도 있으나 중과부적이요, 언 발에 오줌 누기이다.

이에 대해 각종 금융정책과 재정정책이 발표되고 있다. 금리는 이제껏 보지 못한 수준으로 내려가 있고, 긴급재난지원금을 전 국민에게 50만 원씩 지급한다느니 중위소득 70% 이하만 100만 원씩 지급한다느니, 소상공인 대책을 세운다는 등 여러 가지 정책들이 발표되고 있다. 그런데 언제까지 돈을 뿌려서 문제를 해결할 수 있을까? 그리고 돈을 뿌리면 정말 경제가 유지되는 것일까? 몇 가지 시나리오를 통해 예단해 보자.

기간에 따라 달라지는 시나리오

기간에 따른 시나리오는 세계보건기구(WHO)가 발표한 영국의 리스크 분석업체 컨트롤리스크의 4가지 시나리오를 차용해 언급하고자 한다.

첫 번째 시나리오, Quick recovery 단기간에 잘 마무리 되는 시나리오이다. 이 시나리오는 발표의 시점 자체가 WHO의 팬데믹 선언 전이어서 4월에 바이러스 확산이 어느 정도 통제가 되고, 5월에는 중국의 생산시설 대부분이 복구됨을 전제로 하고 있다. 따라서 새로운 해외감염 자체가 어느 정도 통제되고, 주요 경제지표가 2분기 말에 정상으로 되돌아서는 것으로 되어 있다. 곡선으로 보자면 V자가 된다

그러나 안타깝게도 4월 초~중순 현재, 중국의 신규 확진자는 (그들의 발표에 따르면) 잘 통제가 되고 있는 것으로 보이나, 세계 최대의 소비국인 미국의 코로나19 그래프는 가파른 우상향을 보이며, 2020년 4월 9일 기준 1일 확진자 수 증가가 3만 7,398명에 달할 정도로 맹위를 떨치는 상황이다. 미국의 총 확진자는 40만 명을 넘었고 사망자 수는 이미 1만 5,000명에 육박하고 있다. 유럽은 어느 정도 정점에 서 있다는 신호가 조금씩 나오고 있는 지점으로 보이지만, 이탈리아나 스페인의 경우 사망자수가 각각 1만 명이 넘은 상황이고, 유럽 전체의 확진자 수는 50만 명(독일과 프랑스를 합치면)에 육박하여, 중국의 생산시설 복구가 문제가 아니라 전 세계 수요 자체가 코로나19에 잠식되어 있는 상황이다. 모두가 바랐던 시나리오이지만, 현 시점에서 이 시나리오는 언급할 필요가 없어 보인다.

다만, 한 가지 매우 낮은 확률로 4월 말~5월, 아니 6월 말까지라도, 상용 가능한 치료제나 백신이 나올 경우에는 예외가 된다. 이 경우 모든 지표는 빠르게 2~3개월 내로 회복이 될 것이고, 단기간에 보복성(?) 소비가 폭증할 것이며, 짧은 기간 동안에 풀린 유동성으로 인하여 모든 자산가격의 상승이 예상된다. 국지적으로 우리나라에서는 6월 종부세 부과 시점이 지나감과 동시에 '그것 봐!'라는 외침과 함께 부동한 가격은 일제히 우상향할 것으로 보인다. 우상향의 상승폭은 지역별로 보았을 때 최근 조금의 하락세가 있었던 서울 마 · 용 · 성과 노 · 도 · 강 지역의 상승폭이 가장 클 것이며, 그다음 주변 지역 중 비규제 지역의 상승폭이 클 것으로 보인다. 강남 지역의 가격은 그간의 상승폭이 매우 높았기에 소폭의 상승과 가격 수준이 강화되는 정도가 예상된다. 이는 앞서 설명한 패러다임이 다시 한 번 강화되는 모양새가 될 것이며, 더욱 견고하게 상승할 것이라고 생각된다. 이 시점에서는 금리를 인상하여 유동성을 회수하려 하여도 별 소용이 없을 것이며, 주식은 어렵지 않게 2,000선을 회복할 것이다. 오직 환율만 내리지 않을까 싶다.

두 번째 시나리오, Sesonal epidemic 문자 그대로 번역하자면 계절 전염병이다. 이는 5월까지 확진세가 유지되다가 북반구의 여름이 시작됨을 기점으로 확산 속도가 감소하는 시나리오이다. 확산 감소가 시작되는 2분기 말에서 3분기 사이에 복구가 시작되며, 2020년 4분기에 비로소 회복이 되는 시나리오이다. 따라서 2020년 4분기까지 전반적으로 전 세계의 공급망과 수요는 타격을 받는 상황이며, 어쩌면 우리나라는 지금 시나리오 1과 2의 사이에 있다고 볼 수도 있다. 잘 막아내면 시나리오 1.5로 끝날 수도 있으나, 자칫 조금이라도 잘못되어 2로 넘어가면 계산이 복잡해진다.

기본적으로 시나리오 2의 공급망 감소치는 10~15% 정도로 보고 있고, 수요도 동일하게 볼 경우 글로벌 성장세의 감소치를 3% 정도로 보고 있다. 2019년 10월 IMF가 예측한 세계 경제성장률은 3.4%, 우리나라의 경제성장률은 2.2% 수준이었다. 즉, 시나리오 2부터는, 경제성장률을 반납하게 되는 구조이다. 곡선으로 보자면 U-커브가 될 듯하다. 복구가 시작되는 시점부터 경제지표가 회복되는 것이 아니기에, 실제 회복 시점은 2020년 4분기경이 될 것이다. 이미 2~3분기에 직접적으로 상처를 받는, 상처를 받을 계층들이 두드러지게 나타나기 시작했다. 자영업자 및 직격탄을 맞은 산업 분야인 항공, 관광, 정유화학 업종 등이 예상된다.

그러나 아직 부동산 시장은 4월 초 현재 눈에 띄는 이렇다 할 반응이 나타나지는 않고 있다. 모두가 잘 알다시피 부동산 시장은 기본적으로 경기에 후행하는 자산이기 때문이다. 시나리오 2에서부터는 코로나19 사태로 인한 경기 침체의 스크래치가, 후행하는 부동산 시장에 일부 반영이 되어 나타날 수 있을 것으로 예상된다. 앞서 밝힌 자영업자 관련 대출의 부실화가 이어질 경우 은행 건전성에 영향을 받기 시작하고, 경매 물건이 늘어날 것이다. 아울러 직격탄을 맞은 산업 분야로서 항공, 관광, 정유화학은 그 피해가 클 것이고, 관련 업종 종사자의 실직 사태 등이 우려된다. 다만, 이 시점까지도 부동산 시장에 반영되는 하락의 정도는 1997년이나 2008년 정도의 큰 폭의 하락세까지 이어지지는 않을 것으로 보인다. 그 이유는 기본적으로 이 지점까지는 국가의 금융정책이나 재정정책으로 견딜 수 있는 지점으로 판단되기 때문이다. 이러한 관점은 해외 다른 국가들에게도 마찬가지이다.

부동산 시장이나 경매 시장에 매물이 늘어난다면 일부 상업용 부동산에서 나타날 것으로 보이며, 이는 코로나19 사태로 인한 매출감소와 유통구조의 변화에 따른 상업용 부동산 매물 증가가 통합되어 나타날 것으로 예상된다. 주거용 부동산의 부실률 증가가 분명 있을 수 있으나, 수치상으로 심각할 정도로 늘어날 가능성은 제한적일 것으로 보이며, 수도권 외곽이나 지방 특정 지역의 증가는 나타날 수 있다. 아울러 가격조정폭은 강남권이나 서울 중요 지역의 경우 일부 급매가 있을 수 있으나, 유의미한 기간 및 수준까지 하락할 것이라 예상하긴 어렵고, 수도권 외곽이나 지방 특정 지역의 경우 2021년 1월 시장가격에서 일부 조정이 있을 것으로 보인다.

세 번째 시나리오, Uneven Outbreak 상태가 점점 심각해진다. 이 시나리오는 문자 그대로 해석하면 불균등한 발병이다. 쉽게 설명하면 주요 선진국에서는 효과적으로 대응을 하나, 공중보건 인프라와 행정 인프라가 낮은 저개발 국가에서는 대규모의 위기가 발생한다는 의미이다. 그러나 중요한 것은 확진세 감소 시점이다. 운송 및 공급망 붕괴가 2021년까지 이어지며, 중요한 확산세의 감소는 2021년 1분기에서야 비로소 나타난다. 그에 따른 경기회복이 2021년 중반이 되어야 나타날 것이라는 시나리오이다. 이 시나리오는 본격적으로 세계경제의 '불황'을 이야기하고 있는 시나리오이다. 이 시나리오는 통과기간이 되는 2020년 전체 및 회복기간이 되는 2021년 2년에 걸친 금융정책과 재정부양책을 필요로 하며, 이러한 위기대처 정책이 시행이 되더라도 산업 전반에 걸친 피해는 불가피하다고 보여진다. 이제부터는 L자 곡선에 해당된다.

이 시나리오는 앞선 시나리오 2의 경우에 비해서 상업용 부동산과 공업용 부동산, 그리고 주거용 부동산 전반에 걸쳐 피해자를 양산할 것으로 보인다. 이미 시나리오 2단계에서의 상업용 부동산 및 일부 수도권 외곽이나 지방 특정 지역에서의 주거용 부동산의 부실화가 보여지는 데에 더하여 본격적으로 서울과 수도권의 상업용 부동산과 주거용 부동산의 매각물건 증가와 가격 하락세가 눈에 띄게 늘어날 것으로 보이며, 경매물건의 증가 또한 예상된다. 공업용 부동산의 경우 매물이 급격히 늘어날 것이나, 실질 거래는 거의 없는 상황이 될 것으로 예상되고, 법원경매시장에 상업용 및 공업용 물건의 증가가 눈에 띄고 아울러 낙찰가율의 하락 또한 예상된다. 주거용의 경우 경매물량의 증가와 함께 서울과 서울 중요 지역, 수도권의 물량 증가가 유의미한 수준까지 늘어날 것으로 예상된다.

그러나 시나리오 3에서도 주거용 부동산의 가격조정폭은 최대한이라 하더라도 2008년 금융위기 당시의 가격조정폭과 비슷하거나 그보다는 덜하지 않을까 예상한다. 이는 앞서 설명한 유동성이 아직 풍부한 상태여서 시장의 가격조정이 된다 하더라도 대기수요가 워낙 풍부한 상황이어서 시세가격 이탈선에서 나오는 매물이 금방 소화될 것으로 예상되기 때문이다. 그러나 상업용과 공업용 부동산의 가격조정폭은 오히려 2008년 금융위기 당시보다 심각할 것으로 예상한다. 이는 그렇지 않아도 산업구조의 개편으로 인한 중후장대 산업 및 오염원 배출산업이 쇠퇴하는 과정에 있었고, 코로나 사태는 이를 더 심화시킬 것으로 예상되기 때문이다. 아울러 상업용 부동산은 2020년 전체 매출에 걸쳐 심대한 충격이 있을 것이고, 유통 및 판매에 있어 새로운 방식과 플랫폼이 등장할 것으로 예상되어, 기존의 상업용 부동산이 가지는 수익성에 변화가 예상되기 때문이다. 즉, 기존의 기대되는 임대수익 구조가 어떤 식으로

든 변화할 것이며, 코로나 사태로 인한 비대면 서비스의 증가는 현시점에서 보면 임대면적의 감소가 필연일 것으로 예상되기 때문이다. 이 시점까지는 대한민국 주거용, 특히 아파트에 대한 패러다임은 '무너졌다', 또는 '전환되었다'라고 이야기하기에는 아직 이른 시점이라고 판단된다.

마지막 네 번째 시나리오, Global pandemic 코로나19 사태로 인한 불황의 장기화이다. 이 시나리오는 코로나19가 선진국과 개발도상국 모두에 널리 퍼져 있고, 2021년 2분기 이후의 백신의 보급을 예상하고 있다. 확산세의 감소는 그 시점부터로 예상된다. 이러한 상황에서는 공급망과 수요에 대하여 이야기하는 것이 어쩌면 의미가 없을지도 모른다. 이 단계에서는 본격적으로 정치적인 위기와 사회혼란, 안전불안까지도 언급이 되고 있으며, 세계 각국은 필연적으로 보호주의가 강화되어 무역 시스템 자체가 붕괴될 가능성이 높아, 우리나라에 있어서는 최악의 상황이 될 것이다. 이 시나리오에 따르면 2020년 4분기까지 전 세계 공급망의 60%가 재구성되어야 한다는 의견이 첨부되어 있고, 복구의 가능성은 있지만, 세계무역의 파편화와 보호주의의 증가가 뒤따르게 되어 앞서의 정치적 불안과 장기화된 깊은 불황으로 국제 협력 자체를 곤란하게 만들 가능성까지 내다보고 있다.

이 시점에서는 세계 각국의 수요 감소로 인한 수출경기의 하락으로 우리나라 경제의 펀더멘털 자체가 흔들릴 우려가 있을 뿐만 아니라 개개인의 심리적인 기저 자체가 무너져 있는 상황이 될 것이고, 상업용 부동산과 공업용 부동산의 가격 하락폭은 시나리오 3의 하락폭을 넘어 1997년 IMF 외환위기 당시의 하락폭을 상회할 것으로 예상된다.

그러나 주거용 부동산의 경우에는 예단이 쉽지 않은데, 워낙 풍부한 대기수요와 학습효과가 작용하고 있던 상황 및 유동성, 즉 기존의 견고한 패러다임과, 심리적 기저가 무너져 있는 상황에서의 힘겨루기를 통한 가격 저점의 형성이 어느 선에서 마무리가 될지 쉽게 결론 짓기는 어려워 보인다. 다만, 앞서 설명하였던 산업구조의 개편에 있는 공업용 부동산과 비대면 서비스의 확장 및 수익 구조의 변화가 예상되는 상업용 부동산의 하락폭보다는 깊지 않을 것으로 예상된다. 2008년 금융위기 상황과 비교하자면, 최소한 그 정도이거나 보다 깊을 것으로 보인다. 2008년 금융위기 당시, 부동산에서 가장 많이 회자되었던 이야기는 '버블세븐의 붕괴'였다. 지역에 따라 차이는 있으나, 서울 바깥이었던 용인과 평촌의 경우에는 하락폭이 서울의 4개구(강남, 서초, 송파, 목동) 대비 더 깊었다. 따라서 서울 주요 지역의 하락폭은 예상외로 높지 않을 수도 있으나, 수도권 외곽이나 지방의 경우 하락폭은 심각한 수준까지의 하락이 우려된다. 아울러 회복에 있어서도 서울 주요 지역의 회복세보다 확연히 느린 속도를 보여 줄 것으로 보여, 어찌 보면 지방의 불황이 더 깊고 오래갈 수 있을 것으로 예상된다.

그렇다면 시나리오 4에서는 대한민국의 부동산 패러다임이 무너졌다고 이야기할 수 있는 상황일까? 이는 현재까지의 이 코로나19 사태에 대한 대응 방법과 지속성에 따라 달라질 수밖에 없는 이야기이지만, 최소한 전환의 국면에 돌입했다고 말할 수는 있을 것 같다.

현재까지의 대응 상황

2018년부터 10년 위기설 등 세간에 뒤숭숭하게 위기에 대하여 회자되는 일이 자주 있었지만, 아무도 전염병이 위기의 원인이 될 줄은 예상치 못했다. 원인이 다르다고 하지만, 현 상황에서 과거 10년 간격의 두 위기의 대응 방식이 어떠했는지 요약해 보고, 현재까지 나온 각국의 코로나19 사태에 대한 대응방식을 비교해 보는 것은 의미가 있다.

1997년의 외환위기와 2008년 금융위기는 외환과 금융 부문의 위기가 실물로 전이되었다는 공통점이 있다. 두 번의 위기는 발생 원인에서 차이가 있으나 대응 방향은 큰 틀에서 비슷했다. 간단히 요약해 보자면, 1997년의 외환위기는 우리나라가 '도산'의 상황을 맞은 거나 다름이 없고, IMF구제금융, 미국과 IMF가 요구한 정책의 이행(긴축재정, 금융 및 은행부문의 건전성 제고, 자유변동환율제도 채택, 산업구조와 기업지배구조의 개혁, 전면적인 자본자유화, 노동계에 대한 조치 등)을 통하여 구제금융이 들어온 1997년 말부터 시작하여 기업 구조조정이 마무리되었던 2002년까지 약 4~5년의 기간을 통하여 이를 극복하여 나갔다. 좀 거칠게 표현하자면, 돈 빌려서 급한 불은 껐으나, 대신 현관과 창문까지 다 열어젖힌 셈이다.

이에 반해 2008년 금융위기는 그 위기의 원인이 내부가 아닌 외부에서 발생된 점이 1997년 외환위기와는 다른 점이고, 당시의 대응 중 가장 큰 효과를 거두었던 것은 통화 스와프를 통한 외환안정, 추경 등의 재정정책을 통한 유동성 공급이었다. 결국 두 위기 상황 모두 '돈'이 나온 주머니가 다를 뿐이지 결국 '돈'으로 해결했다는 점은 공통점이라 할 것이다. 그럼 지금까지의 우리나라와 각국의 대응책은 어떻게 진행되고 있는지 살펴보자.

위 대응책을 보면 가히 천문학적인 양적완화이다. 우리나라의 금리는 0%대에 돌입했고, 미국은 실제 금리가 없다고 보아야 할 지경이다. 즉, 우리나라와 미국의 대응책은 2008년 금융위기 당시의 대응책과 결이 같다. 발권력을 가진 미국은 연방준비제도를 통해 시장을 안정시키는 것이 급선무라고 생각했고, 이를 즉시 시장에 알렸다. 우리나라는 우선 외환안정을 위해 통화 스와프를 체결하였

표1. 코로나19(COVID-19) 대응 종합보고서

한국의 대응책

정책 성격	주요 내용
재정정책	• 11.7조 원 규모 추경예산 편성 • 특별재난지역 세금감면, 자발적 임대료 인하 대상 세액공제 • 100조 원 규모 민생·금융 안정 패키지 프로그램 발표(기업자금지원 및 금융 시장 안정 유지) • 소득 기준 가구당 100만 원의 긴급재난지원금 지급을 위한 2차 추경예산 편성계획
금융정책	• 기준금리 1.25%→0.75%로 하향 조정 • 환매조건부채권(RP) 무제한 매입 • 채권시장 안정 위한 국고채 매입 • 600억 달러 규모의 한·미 통화 스와프 체결

미국의 대응책

정책 성격	주요 내용
재정정책	• 83억 달러 규모의 1차 긴급예산법 통과(대응조치 강화) • 1,000억 달러 규모의 2차 긴급예산법 통과(실업지원, 유급휴가 지원) • 2조 달러 규모의 3차 긴급예산법 통과(가계 현금지원, 실업수당, 세금감면, 항공업계 등 지원)
금융정책	• 7,000억 달러(852조 원) 규모의 양적완화(국채 및 주택저당증권 매입) • 정책금리 인하를 통한 제로금리 수준 달성, 무제한적인 양적완화 선언(3. 24) • 한국과 호주 등 9개 국가와 통화 스와프 체결(6개월 기한) • 2조 3,000억 달러 규모의 새로운 양적완화 발표(4.9). 정크본드 및 CLO, MBS까지 매입 시사

출처: 코로나19(COVID-19) 대응 종합보고서, 국회입법조사처 2020. 4. 9(한국경제신문)

고, 이어 재정정책을 통하여 금융시장의 안정을 유도하고 있다.

그러나 앞으로의 길은 1997년 외환위기나 2008년 금융위기와는 전혀 다른 길이고, 가보지 않은 길이다. 참고로 위 정책을 통하여 미국이나 우리나라 모두 주식시장을 어느 정도 패닉 상태에서 되돌려 놓았으나, 수요 감소로 인한 기업의 피해는 이제부터 시작이다. 가보지 않은 길이다. 수요 감소와 관련하여 다음의 데이터들을 주목해 보자.

먼저 세계 최대의 소비국인 미국이다. 그림4의 그래프는 2020년 4월 9일자 미국의 실업수당 청구건수를 나타내며, 3주간 누적 신청자수는 1,680만 명으로, 전체 미국 노동인구 1억 6,500만 명의 10%에 육박한다. 공교롭게도 이날 미국의 대응책 중 마지막으로 2조 3,000억 달러의 양적완화가 발표되었다. 한쪽에서는 돈을 찍어내고 다 막겠다고 벼르고, 한쪽에서는 직장을 잃고 무너져 간다.

국내에서도 수요 감소에 따른 손실들이 직접적인 숫자로 나타나기 시작했다. 정유업계의 2020년 1분기 영업적자 규모는 2조 5,000억 원이고, 유가에 민감한 조선업계도 수주물량 감소가 불가피할

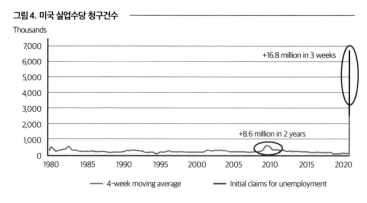

그림 4. 미국 실업수당 청구건수

출처: 김현석의 월스트리트나우, 한국경제신문 2020. 04. 10

부동산_코로나 위에 서 있는 부동산, 지금이 변곡점인가?

것으로 예상한다. 직격탄을 바로 맞은 호텔업계의 같은 분기 내 피해 추산액은 약 5,800억 원 수준으로 파악되는 상황이다. 항공·여행업계의 피해 또한 막심한데, 항공업계의 경우 1분기 매출 감소가 6조 원에 달할 것으로 예상한다. 한국여행업협회(KATA)의 여행정보센터 자료에 따르면 코로나19 첫 확진자가 나온 지난 1월 20일부터 4월 10일까지 각 지자체나 자치구에 폐업을 신고한 국내·국외일반 여행사는 192곳까지 늘어난 상황이다.

즉, 현재까지의 대응 상황은 금융시장의 안정책이었다고 봐야 하며, 실물경기의 코로나 사태로 인한 효과는 이제 나타나기 시작했다고 봐야 한다. 위 대응책에 대한 결과는 꽤 한참 지난 후에야 확인이 될 것이다. 코로나 사태는 분명히 국제적 수요 감소로 이어질 것이고, 우리나라의 부동산을 포함한 경제에 어떠한 파고로 몰려올 것인가에 대하여는 아직 아무도 모르는 상황이다. 다만 앞서 이야기한 4가지 시나리오를 통하여 기간에 따른 피해의 깊이를 유추할 수밖에 없을 것 같다.

4. 부동산 변화의 양상

앞에서 4가지 시나리오에 대하여 설명하였다. 아울러 현재까지 나온 우리나라 및 각국의 대응책에 대하여도 설명하였다. 현재까지 우리가 확인한 것은 금융시장 안정을 위한 대응책의 발표였으며, 향후의 실물경기, 특히 경기에 후행하는 부동산에 이것이 어떻게 반영될지는 아직 미지수이다. 4가지 시나리오를 통해 기간과 피해의 깊이를 유추하고, 그에 따른 대한민국의 부동산의 패러다임이 전환될 것인가에 대해 설명해 보자는 것이 지금까지의 흐름이었다. 이에 대하여 표로 요약하여 설명하면 다음과 같다.

표에서 보는 바와 같이 시나리오별 기간과 부동산의 위치에 따

표2. 시나리오별 부동산 양상(1)

구분	1997 외환위기 대비	2008년 금융위기 대비	서울 주요 지역	서울 중위권 및 수도권	지방
시나리오1	비교 불가	비교 불가	보합 후 상승	보합	조정
시나리오2	비교 불가	미세 차이	조정(미세 하락) 후 상승	보합 후 조정 또는 미세 하락	조정 후 하락,
시나리오3	미세 차이	유사	소폭 하락 후 상승	조정 후 하락	하락
시나리오4	유사	더 심각	조정 및 하락 (재상승여지)	하락	대폭 하락

붕괴영역

라 결과가 달라질 가능성이 매우 높을 것으로 보인다. 자세히 설명하면, 서울과 주요 지역의 부동산은 설사 시나리오 3~4까지 가더라도 일부 이탈자(또는 희생자)는 발생할 수 있으며, 절대적인 가격 하락은 있어도 상대적 가격의 하락폭은 그다지 크지 않을 것으로 보인다. 해당 지역의 부동산 소유자들은 코로나19 사태에 크게 영향을 받는 계층으로 보기에는 어려울 것으로 생각된다. 이탈되는 물량이 나오더라도 수량은 미미하며, 기대수요를 통하여 가격의 미세 하락은 있을 수 있을지언정 충분히 소화가 가능할 것으로 판단된다.

우려되는 상황은 서울 중위권 및 수도권과 지방의 부동산 물량으로, 만일 시나리오 3~4까지 가는 상황이 온다면 해당 지역의 부동산은 2020년 하반기와 2021년 상반기 동안 혹독한 가격 하락을 겪을 가능성이 높고, 그 가격 하락의 폭은 서울과 멀어질수록 깊을 것이다. 대출이자와 월세를 내고 있는 소득 중하위 계층에서, 전 세계적인 수요 감소로 인한 실직의 상황이 발생할지의 여부가, 붕괴영역에서 버틸 수 있느냐의 관건이 될 것으로 보인다.

결국, 앞의 표에서 가로 화살표의 아래쪽 시나리오와 세로 화살표의 오른쪽에 해당되는 부동산의 패러다임은 붕괴할 것이며, 가로 화살표의 위쪽과 세로 화살표의 왼쪽, 서울 주요 지역의 부동산의 패러다임은 유지되어 패러다임마저 양극화되는 상황이 벌어질 것이다.

향후의 정책 방향이 이 부분의 간극을 메우지 못하면, 코로나19 사태를 겪는 사이 부익부 빈익빈의 골은 지금보다 더 깊어질 것이다. 따라서 재난기본소득은 불가피할 것으로 보이며, 기본적으로 더 많은 피해를 받는 계층이 보다 배려되지 않을 경우, 시나리오 3과 4를 버틸 수 없을 것으로 보인다. 역설적으로, 재난기본소득이 필요 없는 계층은 시나리오 3과 4에서 더 많은 기회를 얻게 될 것은, 불편할 수도 있지만, 어쩔 수 없이 자명하다.

지난 2020년 4월 중앙방역대책본부에서는, "코로나19 발생 이전의 세상은 이제 다시 오지 않으며, 이제는 완전히 다른 세상"이라고 밝혔다. 비슷한 시기 〈뉴욕타임스〉에서는 미국에서 온라인 비대면 소비가 증가하였고, 여행, 쇼핑, 교통, 공연 산업의 소비가 확연히 줄어들었다고 했다. 이는 결국 산업구조의 개편과 동시에 우리가 부동산을 이용하는 상황과 수익구조에도 크게 영향을 미칠 것으로 보인다.

또한 전통적인 소비 방식의 서비스업종에 근무하던 근무자들과, 재택근무가 불가능한 현장근무자들, 공연·예술·스포츠업종 종사자들, 현장 교육 근무자들은 당분간 혼란을 겪거나 실직 상황에 놓일 가능성이 높아질 것이며, 종국적으로는 코로나19 사태의 희생자가 될 가능성이 높아진다. 즉, 코로나 사태는 우리 삶의 양상을 근본적으로 흔들어 놓았으며, 변화의 물결은 한해 동안 걷잡을 수 없을 것이다. 아울러 우리가 부동산을 이용하는 패러다임 자체를 흔들게 될 것으로 보인다.

거시적으로 볼 때 지금까지의 코로나19 사태에 대한 정황을 종합하여 보면, 향후의 세상은 가정, 가족, 또는 집이라는 공간이 이더 강화될 것으로 보이며, 정부가 제공하는 공공재의 공급 및 공공재의 범위는 더 넓어질 가능성이 보인다. 따라서 대면접촉이 필요한 상업적인 공간은 단기적으로나 장기적으로 공급의 역할에서 그 범위가 축소될 것으로 보이고, 수요의 변화로 인한 산업구조의 개편으로 인하여 공업용 부동산 또한 그 역할에 큰 변동이 있을 것으로 예상된다. 따라서 상업용 부동산과 공업용 부동산의 하락은 불

표2. 시나리오별 부동산 양상(2)

구분	주거용	상업용	공업용
시나리오1	보합 후 상승	조정 및 하락	조정 및 하락
시나리오2	보합	하락	하락
시나리오3	조정 및 하락	대폭 하락	대폭 하락
시나리오4	하락	붕괴	붕괴

붕괴영역

붕괴영역

가파르며, 기간이 길어지는 시나리오 3과 4에서는 그 진폭이 매우 깊을 것으로 예상된다. 아울러 수요 감소와 산업구조 개편으로 인한 대량실직이나 해고사태는 다시 주거용 부동산에 영향을 미칠 것이다. 그러나 주요 지역의 부동산에는 영향을 미치기 어려운 점을 고려할 때 상대적으로 주거용의 하락폭은 상업용과 공업용 부동산에 비해 깊지 않을 것으로 예상된다.

요약하자면, 큰 틀에서의 부동산 이용 패러다임은 코로나19 사태로 분명 전환점에 있다고 할 수 있으나, 대한민국 부동산이라는 시장으로 범위를 줄여서 보면, 앞서 설명한 견고하게 형성된 '오른다'는 패러다임은, 서울 주요 지역에서는 최소한 유지되거나 더 견고해질 가능성까지 있다. 강화된 역할로서의 '집'이라는 공간은, 공급이 제한되어 있는 서울 내 주요 지역의 경우 그 희소성이 또한 더욱 강화되어 가격에 반영될 것으로 보인다. 물론 시세 하락이 있을 수 있다. 그러나 입지열세에 있는 서울 타지역이나 수도권, 지방의 하락폭보다는 크지 않은, 여전히 상대적인 지위에서는 변동이 없는 상황을 보일 것으로 예상된다. 서울 중위권 및 수도권 지역은 입지에 따라 차이는 있겠으나, 시나리오 3과 4에서는 약세를 면치 못할 것으로 보이며, 지방의 부동산은 지방의 일부 지역을 제외하고는 주거, 상업, 공업용 부동산 모두 장기간의 약세가 우려된다.

단기적 생존게임_급매물, 부실채권, 부동산 경매시장

부동산 경매시장의 활황은 IMF 외환위기와 2008년 금융위기 때였다. 특히 IMF 외환위기의 고금리 시절, 급격히 늘어난 이자부담을 견디지 못한 부도기업과 개인의 부동산 경매처분 물건이 증가하며 경매시장은 몇 배나 물량이 늘어났었다.

은행도 담보대출 부실화로 달러가 부족해지자 유동화절차를 통하여 상당한 금액이 해외 IB에 매각되었고(당시 이러한 금융기관의 부실자산 처분을 위해 '자산유동화에 관한 법률'이 제정되었다), 기업구조조정이 이루어진 1999~2002년에는 기업 구조조정 채권으로 매각되기도 하였다. 2008년 금융위기에도 금융기관의 연체율 증가로 법원 경매물건의 증가가 두드러졌다.

현재 코로나 사태를 포함한 국가재난급 위기상황에서는 경기상황의 호전을 예상할 수 없다. 따라서 자금경색이 발생한 개인이나 법인이 급매물로 부동산을 내놓아도 좀처럼 매각되지 못하고 부실채권화되어 IB나 부실채권 전문 투자회사에 매각될 가능성이 높다. 유동화절차를 통해 부실화된 담보부 대출을 인수한 부실채권 투자자는 경매절차나 채권재매각으로 다시 부동산을 시장에 매각한다. 이때 환가절차로 가장 많이 이용하는 것이 법원부동산 경매절차다.

통상적으로 금융기관의 경매신청 시점은 연체일로부터 3개월 이후이며, 이후 금융기관에서 자체적으로 경매를 신청하거나 부실채권으로 매각한다. 따라서 코로나 사태로 인한 특별한 연체유예 조치가 없다면, 2020년 2월말 이후 3~5개월 간 연체가 누적된 차주들의 부동산은 중반기부터 경매신청이 되거나 부실채권 전문 투자기관에 매각될 것이다. 경매시장에서 매각기일이 지정이 되는 시점은 2020년 후반기나 2021년 상반기가 될 것으로 예상된다. 아울러 해당 시점은 시나리오 3과 시나리오 4 사이를 지나는 저점이 될 가능성이 높으며, 해당 시점에 부실채권 투자자나 법원경매시장을 통한 주요지역의 상업 주거용 부동산을 매입할 경우 코로나 사태의 회복시점에 상당한 투자이익을 얻을 가능성이 높다.

사실 국가에서 어떠한 정책을 펼치더라도 일정 비율의 부실채권이 발생하는 것은 막을 수 없다. 제1 금융권 기준으로, 정상적인 상황에서 우리나라의 부실채권 지도비율은 여신 전체의 1% 미만으로 유지되어 왔다. 2020년 5~6월이 지난 시점에서 제1 금융권의 부실채권 비율 증가정도는 현 상황의 심각성을 측정할 중요한 지표가 된다. 아울러 이 시점에서 3개월이 지난 2020년 3분기(9월 말) 기준 연체율과 2020년 연말의 연체율을 확인한다면, 코로나 사태의 진폭 정도와 2020년 하반기와 2021년 상반기의 부동산 경매물건의 증가율을 유추해 볼 수 있다.

나가며

2020년 4월 현재, 우리나라의 코로나19 방역 대책과 결과는 매우 성공적이며, 해외에 모범이 된 상황이다. 그러나 이와는 별개로 우리나라는 수출을 근간으로 하는 나라이기 때문에 코로나19가 세계경제에 미치는 영향을 지켜보지 않을 수 없다.

개개인의 현금흐름이 양호한 사람에게는 향후 2~3년, 운이 좋다면 1~2년 동안 좋은 시장이 열릴 것이고, 그렇지 못한 사람에게는 지옥이 열릴 것이다. 이 상황에서 부동산이나 금, 주식, 달러 투자의 선택은 본인의 몫이다. 그러나 기본적으로 위기의 속성은 가진 자에게 유리할 수밖에 없다.

어쩌면 부동산 시장의 양상은 우리 사회를 압축하여 그대로 보여 주는 사진이다. 이것이 긍정적인지 부정적인지에 대한 판단은 언급하지 않겠다. 분명히 부동산 가격 상승은 가지지 못한 계층에

163
———

게는 열패감과 상대적 박탈감을 불러 일으킨다. 아울러 청년세대에게 높은 부동산 가격은 심한 좌절감을 안겨 준다. 물론 불로소득이 있고, 부의 세습화도 그대로 방치할 수는 없는 상황이다. 그러나 누군가는 부지런히 노력하고, 시간을 아끼고 발품을 팔고, 수년간의 이자를 부담하며, 지키고 버티고 얻어 냈던 결과이다. 또, 누군가는 스스로를 자제하며 아끼고 모아서 얻어 낸 결과이다. 이를 흑백논리로 편가름을 할 수 있는 상황은 아니다.

코로나19 사태는 우리 삶의 양상을 바꾸면서 부동산에 대한 이용 방법, 수익구조를 바꾸는 큰 틀에서 패러다임의 변동을 야기할 가능성이 높으나, '집, 가족'의 위상은 더욱 강화되며, 결국 이는 대한민국 부동산 패러다임의 유지를 가져오지 않을까 생각한다.

중요한 것은 세 번째 위기가 왔고, 과거 두 번의 위기는 우리 사회에서 빈익빈 부익부의 골을 더 깊게 갈라 놓았으며, 이번 위기 또한 그럴 것이라는 점이다. 부디 개개인의 건강과 건승을 기원한다.

사회

사회적 거리두기 이후,
우리 사회는 어떻게 변하나?

들어가며

코로나19 사태는 우리가 사는 세상을 바꾸고 있다. 우리의 생각도 바꾸고 있다. 온 국민이 마스크를 쓰고, 그동안 이룰 수 없었던 유연근무제가 정부 권장으로 실행된다. 오프라인 사회에서 온라인 사회로 급속히 변하면서 우리도 어느새 비대면 거래 방식을 받아들이고 있다. 사람의 습관은 질겨서 '낯선 효율성'보다 '불편한 익숙함'에 머물게 마련이다. 그러나 지난 2월 25일부터 시행된 '사회적 거리두기'가 지속되면서 우리 사회가 돌이킬 수 없는 미래의 궤도에 올라탔다.

이 글은 '사회적 거리두기'가 코로나 이후 가져올 우리 사회의 변화는 무엇이며, 우리 사회에 필요한 일은 무엇인가를 점검한다. 팬데믹이 재앙이 되는가, 새로운 기회가 되는가? 그 가능성은 우리 자신에게 달려 있다. 우리가 사회문제를 어떻게 바라보고, 어떤 노력을 하느냐에 따라 미래의 궤도도 변한다. 그래서 미래 예측과 미래 기획이 모두 중요해진다. 이 글은 먼저 코로나19가 오늘 인류 사회에 퍼진 까닭을 자연의 이치에서 궁리해 볼 것이다. 오늘의 세계적 사태에 숨겨진 의미를 짚어 보고, 그 문제 해결의 실마리를 찾아서 우리가 할 일이 무엇인지를 곰곰이 따져 보고자 한다.

1. 미래 사회를 예측하고 기획하기

어둠의 눈과 지혜의 눈

"당신은 인류를 구할 수 있습니까? 혼자서는 이길 수 없습니다."

팬데믹이란 이름의 보드카드 게임이 2008년 처음 나왔다. 사스 이후 고안된 이 협동게임에서 참가자들은 모두 질병통제팀의 요원이 되어 세계로 퍼지는 전염병에 맞선다. 모두 하나가 되어 움직여야만 바이러스에 승리하는 게임이다. 게임의 구성과 스토리에 사회문제에 대한 관심이 녹아 있어서 마치 코로나19 사태를 예측한 듯하다.

2020년 2월 16일 〈워싱턴포스트〉는 "코로나19가 퍼지면서 바이러스 게임의 인기도 덩달아 퍼지고 있다"고 보도했다. 미국인들이 아직 코로나 사태를 체감하지 못하던 때였다. 한국 언론에서도 코로나19 사태가 고비를 넘자, 사회적 거리두기로 집 안에만 있는 가족들에게 팬데믹 게임을 추천했다. '재난 게임'이 불편하다는 시선도 있다. 갑자기 유명해진 디자이너 매트 리콕은 게임이 현실이 될 줄 몰랐지만, 소통과 협력으로 무관심과 두려움을 극복할 수 있다고 격려한다.

코로나19는 다른 나라의 불행을 업신여기는 곳을 향해 쏜살같이 퍼져 갔다. "우리는 잘하고 있다"는 잘난 척하는 말이 들리면 용케 알아듣고 쫓아갔다. 한국에서는 일본의 크루즈선 프린세스 다이아몬드호의 감염 사태를 홍보다가 대구의 신천지 사태가 터졌다. 유럽에서는 마스크를 쓴 아시아인을 비웃고 폭행하는 사건이 벌어진 후 바이러스가 확산되었다. 트럼프 행정부는 국제사회에서 중국을 따돌리려다가 초기 대응 시기를 놓쳤다. 국제 공조보다 '아메리카 퍼스트'를 외치던 미국은 세계 1위 감염국이 되었다. 코로나는 소통과 협력은커녕 '내 것 챙기기'에 바쁜 인류 사회를 향해 무차별 시간차 습격을 감행했다.

우리는 이제까지 보지 못한 '재난 영화'를 함께 찍거나 함께 보았다. 거리의 사람들이 모두 마스크를 쓰고, 학생들이 등교를 못하고, 공연과 회합이 취소되고, 같은 건물에 있으면서도 화상회의를 한다. 재택근무가 늘어나 교통체증도 사라졌다. 도시는 한산하지만, 업무가 폭증한 의료진, 택배원들은 저마다의 현장에서 사투를 벌인다. 국가 봉쇄, 도시 봉쇄에 가까운 상황에서도, 세계 곳곳의 '재난 영상'을 목격할 수 있다. '사회적 거리두기'에 익숙해져 더는 밀집 공간에서 버티기 힘든 신종면역결핍증이 생길 것 같다.

대공황을 능가한다는 코로나19 사태를 인류가 함께 경험하고 있는 데는 반드시 까닭이 있을 것이다. 눈앞에 벌어지는 현상을 차근차근 따져 그 의미를 밝혀낸다면, 코로나19 사태 이후 미래의 위기를 해소하며 더 좋은 사회를 만들어 갈 기회이다. 지금은 어둠 속에서 '지혜의 눈'을 밝혀야 할 때이다.

딘 쿤츠의 소설《어둠의 눈(The Eyes of Darkness)》은 중국 우한의 바이러스 창궐을 묘사한 덕분에 40년 만에 글로벌 시장의 베스트셀러로 떠올랐다. 언론에서는 "이 소설이 미래를 예견했다"고 부각시킨다. 바이러스에 '우한 400'이란 이름을 붙인 것은 섬뜩하리만큼 놀랍다. 그렇지만 작가가 오늘의 사태를 예측했다고 보이지 않는다. 만일 예언이었다면, 책을 광고하기에 앞서 따져 물었어야 한다. 40년 동안 불행한 사태에 대비하여 아무런 행동을 취하지 않은 까닭이 무엇인지. 코로나19의 세계적 충격 앞에서 묻지 않을 수 없다. "우리는 과연 미래를 아는 것의 중요성과 책임을 얼마나 깨닫고 있는가?"

사람들은 보다 나은 내일에 희망을 걸면서 미래를 알고 싶어 한다. 이 책도 그 욕구를 겨냥하며 편집되었다. 하지만 우리는 미래를 알 수 없다. 미래는 경험하지 않은 시간이다. 따라서 과거의 경험과 현재의 변화 방향을 연구하고, 자연의 이치를 통찰하면서 미래를 상상하고 기획한다. 그렇다면 미래는 어떻게 새로울 수 있을까?

시간여행을 하는 영화에서 미래는 경험된 정보이다. 2011년 개봉된 브라질 영화 〈미래에서 온 남자〉는 1991년을 살아가는 친구들에게 구글 주식을 사되, 2001년 9.11 테러 전에 팔라고 귀띔을 준다. 우리는 미래에 테러를 원치 않지만, 이 영화는 정작 9.11 테러를 막아 내는 일에 무관심하다. 애초에 코미디 판타지 장르가 사회문제를 소화하며 재미를 살리기 쉽지 않다. 사회범죄나 테러, 지구 종말에 맞서는 용기는 할리우드의 서스펜스 액션 영화에서 도맡은 상태이기도 하다.

영화 〈터미네이터〉, 〈어벤저스〉의 주인공들은 미래에 닥칠 인류의 위기와 적의 정체를 알고 있다. 그들은 우주 괴물과 로봇의 파괴력에 맞서 '마지막 전투'를 벌인다. 물론 '마지막'은 없다. 다음 시리즈에서도 미래는 여전히 적들이 지배하는 디스토피아다. 전투는 '네버 엔딩 스토리'이다. 그렇다면 코로나19 사태 이후 인류 사회에서 대안 없는 공상영화나 사회비판 영화가 얼마나 큰 재미와 감동을 줄 수 있을까? 누가 선제골을 날릴지 모르지만, 미래의 감동을 찾는 작가나 영화감독은 적어도 미래를 예측하고 새롭게 설계할 수 있는 능력자여야 할 것이다.

사람을 바르게 대하는 '좋은 바이러스'

우리는 저마다의 분야에서 미래의 새로운 변화를 위해 현재의 위기를 연구하고, 위기 극복을 위한 백신을 개발할 의무가 있다. 2006년 테드 강연에서 의사 래리 브릴리언트는 인도에서 면밀한 지역 조사를 바탕으로 천연두를 퇴치시킨 경험을 소개하며, 사스와 조류독감 이후 다가올 팬데믹을 예고했다. 나아가 '질병 조기 감지를 위한 국제 시스템'을 중립국에 세우고, 국제 시민이 연대하자고 제안했다. 2020년 그 강연이 다시 화제가 되고 있지만, 그 기획이 어떻게 실행되었는지는 확인이 되지 않는다.

글로벌 사회의 복합적인 위기에 대응하기 위해서는 시민, 전문가, 행정가, 모두의 리더십이 합쳐져 기획력과 실행력을 가져야 한다. 시민과 전문가는 생활 속 특정 분야에서 문제를 진단하고 그 해결책을 연구 개발한다. 그 위에 기획자는 자본·협력자·연구자를 모두 끌어당겨 새로운 사업의 필요성과 공공적 의의를 검토하고, 사회사업을 일으킨다. 기획자는 서로 다른 분야 간의 협업을 이끌고, 그 융합 에너지로 국경을 넘어 인류 사회의 진보를 촉진한다. 글로벌 시대의 지도자는 인류로부터 존경받을 수 있어야 자국민의 안전을 도모할 수 있다.

세계는 넓고 할 일은 많다. 중국발 미세먼지가 한국의 대기를 오염시키고, 한국의 김 양식장에서 사용한 소독제 플라스틱 용기가 일본 해안가의 쓰레기로 쌓이고, 후쿠시마 원전 오염물질이 태평양 기류를 따라 미국 동부 연안으로 흘러간다. 1994년 해양오염에 대응하기 위해 국제연합환경계획(UNDP)이 북서태평양보전·실천계획 프로그램을 채택하였다. 2001년 '아시아대도시네트워크(ANMC)21'이 발족하여 환경 대책, 산업 진흥, 도시기반 정비, 문화예술관광 진흥, 보건위생 협력 등의 공통과제를 선정하고 조사연구를 시도했다. 하지만 중국발 미세먼지에 대응하지 못하고 있으며, 동북아시아의 외교관계가 악화되면서 활동이 위축된 상태이다. 그 성과는 미약하지만 그 활동은 앞으로도 절실하다.

미래를 예측하는 일과 미래를 설계하고 기획하는 일은 성격이 다르다. 이를테면 4.15 국회의원 선거를 앞두고 정치 전문가들은 투표자의 성향, 각 당의 득표율, 정권의 통치능력 등을 가늠했다. 반면, 미래 기획자는 정당의 승패에 초점을 두지 않는다. 코로나 정국에서 정치가와 국민이 무엇을 하고 무엇을 하지 말아야 할지를 논제로 삼고서 미래에 필요한 정책을 스스로 찾게 한다. 정당의 조직이기주의를 견제하고, 국민의 주권의식을 고취한다. 지지할 후보자가 없다면, 백지투표로 주권을 행사할 수도 있다고 말한다. 미래 기획자는 달라질 세상을 알려 주는 것이 아니라, 달라질 세상을 바르게 살며 바르게 잡아 가는 법을 말한다.

코로나19 사태 이후, 미래를 기획하는 많은 사업이 일어날 것이다. 그중 몇 건은 누군가의 '표밭' 관리나 '한탕주의'를 위한 사업일지 모른다. 과거 우리는 허풍쟁이 사기꾼이 미래 지도자로 행세하는 모습을 많이 보았다. 그러나 세상은 변했다. 모든 것이 투명하고 바르게 돌아가는 자연의 이치 안에 우리가 살고 있다. 연구와 통찰 없이 사리사욕으로 사업을 시작한다면 아무것도 이룰 수 없다. 시간이 걸리더라도 반드시 스스로 책임질 사건이 일어난다. 소통 없는 권력 행사는 '갑질'로 걸러진다. 컴퓨터와 스마트폰에 모든 기록이 저장된다. '낮말은 새가 듣고, 밤말은 쥐가 듣는' 시대를 지나 인공지능이 부정과 비리를 뽑아내는 '눈과 귀'로 활약한다.

미래 사회의 기획에 필요한 협업과 융합은 자신과 타인을 바르게 대하는 실력에서 나온다. 미래의 능력자는 자신의 모순을 닦는 자기 성찰과 수련에서 출발하여 사회를 이롭게 할 실력을 겸비한다. 자신의 환경에서 스스로 모순을 깨우치고 어려움을 해결했던 경험은 사회에 '좋은 바이러스'를 확산시킨다. 내가 겸손하게 다른 사람을 존중할 때, 그가 나의 부족함을 채워 준다. 서로 다른 재주와 기술을 지닌 사람들이 서로를 존중하면서 일으킨 융합 에너지가 무엇을 만들지 아무도 모른다.

메르스 사태 당시 확산대응에 실패하여 곤욕을 치렀던 대한민국 의료업계와 질병관리본부는 코로나19 사태의 대응에서 세계적 모범 사례를 만들었다. 메르스의 경험을 살린 연구개발과 헌신적 책임감의 결과이다. 그들은 신속하게 진단 키트를 개발하고 드라이브 스루(drive-through) 선별 진료와 격리 치료의 시스템을 고안해서 세계로 내보냈다. 〈월스트리트저널〉은 정은경 중앙방역대책본부 본부장의 리더십과 협업에 주목하며 "조용하지만 능력 있는 2인자들이 있어 감사하다"는 정 본부장 발언을 인터뷰 기사의 제목으로 뽑았다.

정 본부장을 빛낸 것은 시민들의 힘이기도 하다. 네티즌들은 매일 브리핑 때마다 초췌해지는 그 모습을 트위터와 페이스북에 담고서 "힘내라, 고맙다"는 응원 메시지를 보냈다. SNS, 게임, 영화, 유튜브의 동영상은 '좋은 바이러스'를 퍼 나른다. '좋은 바이러스'는 공포와 혐오를 불러일으키는 사재기나 가짜뉴스에 대항할 유일한 백신이다. 글로벌 미래는 디지털 매체를 활용하여 다양하게 연결된 사람들이 만들어 간다. 소소한 일상에서부터 탄탄한 기획 작품까지 갖가지 문화 콘텐츠를 생산함으로써 '좋은 바이러스'를 세상에 전파한다.

글로벌 시대의 미래 기획자는 주어진 환경에서 출발하여 생각의 확장성을 키우고 상상력을 펼친다. 인류 역사와 자연의 이치를 궁구하면 미래의 위기를 극복할 지혜를 얻을 수 있다. 미래 사회는 '열린 가능성'이다. 어떤 사람들이 어떤 자세로 어떻게 융합 에너지를 내느냐에 따라 결과는 달라진다. 현실 문제를 진단하고 해법을 모색하며 실천하는 모든 과정이 달라진다. 그 사회 구성원의 노력과 실력만큼 미래를 변화시킬 수 있다.

2. 공생의 질서와 인간의 존엄성

팬데믹 위기, 아직 오지 않았다

21세기가 시작되며 바이러스가 유난히 극성이었다. 우리나라에도 2003년부터 사스, 신종인플루엔자, 메르스가 5~6년 주기로 엄습했다. 에볼라, 조류독감, 돼지열병까지 합치면 신종 바이러스가 거의 해마다 출몰한 셈이다. 그럼에도 일반 사람들에게 바이러스 전염병은 통제 가능하고, 자신과는 무관한 일이었다.

문제의 심각성은 지금부터이다. 바이러스는 빠르게 진화하고 빠르게 전염된다. 엄청난 노력과 투자로 코로나 백신을 개발해도 신종 바이러스가 출현하면 무용지물이다. 불행 중 다행으로 코로나

19는 치사율이 낮다. 그런 점에서 팬데믹(6단계)의 정점은 아직 도래하지 않았다. 세계적 유행병의 초기 단계(4단계)만 발생해도 "우리가 알던 세상이 정지되고 비행기도 뜰 수 없을 것"이라는 브릴리언트의 경고가 실제 펼쳐지는 광경을 목격했을 뿐이다.

2006년 당시 브릴리언트는 팬데믹의 최고 단계(6단계)가 오면 10억 명이 감염되고 1억 6,500만 명이 사망하고, 막대한 경제 손실이 발생할 것이라고 예측했다. 핵전쟁이 따로 없다. 백인의 정복 전쟁에서 총보다 균이 원주민을 멸종시킬 만큼 위협적이었다는 인류학자 재레드 다이아몬드의 논증이 더 현실감 있게 다가온다. 과연 인류는 5~6년 후에 더 강하게 진화된 바이러스의 습격을 백신 개발과 글로벌 방역 시스템으로 막아 낼 수 있을까?

역사와 생물학의 관계를 성찰해 온 유발 하라리는 "우리는 기아, 역병, 전쟁을 통제하는 데 그럭저럭 성공했다"고 말한다. 옛날 사람들은 인류의 난제를 '신의 기획, 자연의 폭력, 인간 본성의 일부'로 믿었지만, 이제 우리는 '통제하고 관리할 수 있는 문제'쯤으로 여긴다는 이야기이다. 실제 인류는 혼란 속에서 지식과 기술을 발전시키며, 새롭게 질서를 형성했다. 그렇다면 문명사회는 자연과 대립하고, 자연을 정복해 온 것일까? 아니면 문명사도 우주 자연의 품에서 진화하는 것일까?

바이러스가 인간에 미치는 영향을 생각해 보자. 인간은 야생동물을 가축으로 길들이고 잡아먹으면서, 야생동물을 숙주로 삼는 바이러스에 감염되고 면역체를 키워 왔다. 바이러스는 19세기 후반 과학자들이 붙인 이름이지만, 우리는 이미 '감기'나 역병으로 부르며 그 활동을 감지하고 있었다. 홀로 증식하지 못하는 바이러스는 '조건부 생명체'라고 한다. 감염체가 없다면 단백질과 핵산으로 이루어진 유기물이지만, 숙주에 감염되면 돌연변이와 진화를 일으킨다. 우리 몸에 면역이 생겨서 바이러스를 받아들일 준비가 되면 그 공격성은 사라진다. 우리 몸도 바이러스의 서식지이다. 아프리카의 인구과잉으로 야생동물의 서식지인 숲이 파괴되면 신종 바이러스가 우리를 공격할 가능성도 커진다. 미래에도 백신 개발보다 더 중요한 것이 우리 몸의 면역력이다.

생태계의 질서와 인구 문제

그렇다면 역설적으로 바이러스는 미래 사회에서 '공생'의 방법을 찾으라는 자연의 메시지가 아닐까? 인간과 자연, 생물과 무생물이 공존 공생하는 환경이 대자연이라면, 21세기 신종 바이러스는 대자연의 혼돈 속에서 끊임없이 진화하고 출몰하는 중이다. 인간 사회가 생태계를 교란시켜 바이러스를 막아 낼 도리는 없다. 전염병 팬데믹은 생태계의 복합적 요인들이 만나서 일어나는 자연현상이다. 우리가 우주 자연의 질서 원리를 잘 이해하고 생태계의 조화 속에서 살아갈 때 바이러스와의 전쟁도 멈춘다. 전쟁도 평화도 자연의 조건을 찾아가기 위한 활동이다.

자연 현상에 '선악'은 없다. '질량불변의 법칙'이 있을 뿐이다. 질량이 큰 별이 질량이 작은 별을 흡수하고 융합하여 더 크고 밝게 빛난다. 모든 생명체는 죽어서도 자연의 순환질서 안에서 존재한다. 유기물인가, 무기물인가의 차이일 뿐이다. 사람의 육신도 우주 물질인 동위원소로 이루어졌다. 육신은 죽어서 자연으로 돌아가고, 우리가 우주인이다.

인류사의 사건도 자연 현상처럼 돌연변이와 진화를 일으키는 복합 현상이다. 14세기 유럽에 번진 페스트는 당시 인구 30% 이상을 희생시켰다. 유대인, 한센병자, 유랑자에 대한 마녀사냥도 일어났다. 하지만 로날트 D. 게르슈테와 같은 역사학자들은 더 큰 반전의 계기를 읽어 낸다. 대재앙에 무력했던 가톨릭교회의 권위가 떨어지고, 르네상스와 종교개혁이 확산되기 시작했다. '지금을 즐기자'는 세속화 풍조가 생기는가 하면, 고행으로 속죄하려는 수도자도 늘었다. 또한 일손 부족 상태에서 임금이 상승하고 기술 발전이 촉진되었다. 근대화가 시작된 것이다.

바이러스가 인간과 더불어 역사를 바꾸었다. 전염병이 인구 과잉 문제를 해소하여 역사 발전의 새로운 조건을 만들었다는 인식은 인간 생명의 존엄성을 생각할 때 냉혹하기 그지없다. 윤리적 거부감으로 그러한 역사 인식을 거부하는 사람들도 있다. 생화학무기를 개발하려는 세력이 '인종 청소'를 기획하면서 생태계의 질서 유지로 정당화할 수도 있기 때문이다. 그러나 우리가 만물의 영장이라면, 죽음을 슬퍼하거나 공포를 상상하기에 앞서 바이러스를 능가하는 인간의 존엄성이 무엇인지 밝힐 수 있어야 한다.

우리는 저출산 초고령화 사회의 인구 문제에 직면하고 있다. 그러나 아프리카에서는 구조적 빈곤 속에서도 높은 출산율로 인구가 증가한다. 이러한 인구 불균형과 인구과잉은 사회문제만이 아니라 생태계의 질서에 관한 문제이기도 하다. 인공지능과 로봇은 일손 부족을 해소해 주지만, 인류 사회의 모순을 해결해 주지 않는다. 인간이 우주 자연계에서 무엇으로 존엄한 존재인지를 밝혀 주지 않는다. 코로나19 사태는 우리에게 생태계의 공생질서를 이루고 인간의 존엄성을 찾아내라는 자연의 메시지이다.

코로나19 사태는 면역력이 약한 노인층의 피해를 키웠다. 중대 재난지역으로 선포된 뉴욕에서는 냉동컨테이너에 시신을 보관하고 운반했다. 이탈리아에서는 병상과 산소호흡기가 부족하여 60대 이상 환자를 바닥에 방치했다. 스페인의 요양원과 양로원에서는 집단감염이 일어나자, 겁에 질린 요양사들이 탈출하여 노인들이 버려진 채 발견되었다. 모두가 합심하고 협력해야 하지만, 의료체계가 무너지고 공포심이 고조된 상황에서 고려장이 벌어진다.

모든 비상시에는 노약자가 더 많은 위기에 노출된다. 그런 만큼 사회적 약자를 위해 사회안전망과 의료체계를 강화해야 한다는 목소리가 드높다. 그러나 로봇이 수술하고 인공지능이 처방전을 내리게 될 미래에 국민세금으로 병원을 증설하는 것이 최선의 답일까? 요양원과 요양병원에서 무료하고 무기력한 삶을 연명하다가 집단감염으로 생을 마감한 노인들을 지켜보면서 우리는 과연 어떤 생각을 해야 할까?

베이비부머는 제2차 세계대전 후 전후부흥과 고도성장을 이끌며 후손을 위해 삶의 열정을 바쳤을 20세기의 대부(godfather)들이다. 베이비부머들이 과연 코로나 때문에 억울하게 생을 마감했을까? 일본의 유명한 희극 배우 시무라 켄이 죽자, 자숙 분위기에 젖었던 일본 국민들이 정부의 무대책을 꾸짖기 시작했다. 시무라의 죽음은 일본 사회에 전염병 문제의 심각성을 일깨웠다. 그 육신은 코로나19와 함께 자연으로 돌아갔지만, 그 이름은 사람들의 기억 속에 더 큰 고마움으로 각인되었다. 만일 우리가 모든 희생된 분들에게 감사할 일을 만들 수 있다면, 그 분들이 풀지 못한 숙제를 풀 수 있다면, 그 죽음은 존엄하게 기억되지 않겠는가.

3. 100세 인생, 기초부터 새롭게 인재를 키우자

"100세 인생을 행복하게 살아라."

희생된 분들이 남긴 숙제다. 오늘날 선진국에서는 굶주림보다 비만, 전염병보다 우울증, 전쟁보다 경쟁과 불통이 일상의 난제로 떠올랐다. 삶도 죽음도 행복한 사람들이 얼마나 될까? 현대인의 사망률 1위가 암이다. 매년 80여 만 명이 우울증으로 자살한다. 많은 사람들이 고혈압이나 당뇨병과 같은 만성 질병에 시달리거나, 경제문제와 인간관계의 스트레스에 우울해 한다. 가족, 친지의 단절 속에서 고독한 죽음을 맞기도 한다.

우리는 코로나19 사태에서 치사율을 낮추는 데 성공했다고 자랑

할 자격이 없다. 코로나19 희생자보다 자살자가 더 많다. 대한민국은 OECD 국가 중 자살률 1위로 꼽힌다. 2018년 우리나라에서 총 1만 3,670명, 하루 평균 37.5명이 스스로 목숨을 끊었다. 청년층과 노년층의 자살이 두드러지게 높다. 왜 이러한 통계가 나오는가?

자살 충동과 우울증은 사회에 암울하게 퍼지는 바이러스이다. 사회면 뉴스도 분노와 좌절 지수를 높이는 바이러스이다. 영유아기 꼬맹이들은 보호의 손길로부터 버려지거나, 폭행을 당한다. 디지털 시대의 청소년들은 아날로그 시대의 입시경쟁, 취업경쟁의 프레임에 갇혀서 스트레스를 쌓아 가며 '헬조선'을 외친다. 뒤틀린 현실에서 아이들은 주변의 약자를 괴롭히면서 악마를 흉내내기 시작한다. 이 아이들을 바르게 이끄는 손길은 어디에 있나?

어른들은 자기 가정, 자기 조직의 '밥그릇 챙기기'에 바쁘다. 어르신들은 '뼈 빠지게' 노력했지만, 보상도 존경도 받지 못한다. 아이들에게 어른들은 '라떼('나 때는 말이야'를 빗댄 말)'의 아이콘, '꼰대'일 뿐이다. "지갑은 열고 입은 닫아라"는 격언은 있어도, "사회 어른으로 할 일을 하라"는 충언은 없다. 복지 수급자가 되려는 사람은 많아도 복지 수급자에서 벗어나는 방안을 연구하는 사람은 적다.

밝은 미래를 기약하려면, 먼저 아이들에게 바르게 살아가는 길을 터주고, 어르신들에게 삶의 보람을 찾아드려야 한다. '자살률 낮추기, 100세 인생 재설계'를 위한 프로젝트를 당장 시작해야 한다. 마침, 코로나19 사태가 일상을 정지시켰다. 재택근무와 온라인 교육이 가능할 만큼 IT 인프라도 이미 구축되었다. IT 강국에서 새로운 사회 운용 시스템을 조성한다면 우리의 일상은 새롭게 시작될 터이다. 바이러스와 싸웠던 에너지를 이제 우리 삶의 기초부터 바로잡는 일에 쏟을 때이다.

코로나19 사태로 인한 휴교 조치와 온라인 수업 실시는 교육개혁의 시발점이 될 것이다. 교육이 '국가의 백년대계'라고 했듯이, 인생 100세의 큰 기획도 새로운 교육에서 출발한다. 〈코로나19 사태와 교육 혁신〉이란 유튜브의 인성교육 동영상을 참조하면서 미래의 교육을 구상해 보자. 교육부는 온라인 교육 전문 강사를 양성하고 교육 콘텐츠 연구를 지원하여야 한다. 학생들이 재미를 느끼는 수업을 공유하도록 개방함으로써 더 유익하고 흥미로운 콘텐츠가 개발 보급되는 조건을 만들어야 한다. 온라인 교육으로 지식을 함양한다면, 학교에서는 동아리 활동과 신체 수련, 주제 토론회와 체험 놀이 교육을 펼친다.

아이들은 '나는 누구인가'를 찾고, '나는 무엇을 해야 하는가'를 깨우칠 수 있어야 한다. 사람이기에 갖는 능력, 즉 '인간력'이 미래를 살아갈 원동력이기 때문이다. 인공지능은 인간의 조력자로 점점 더 유능하게 실력을 키우고 있다. 손목에 찬 인공지능 센서가 매일의 심신 상태를 점검해 주고, 나와 세상의 모든 정보를 연결하는 만물인터넷(Internet of Everything)이 나의 적성에 맞는 직업과 결혼상대자를 찾아준다. 그 편리를 활용하지만, 편리함에 젖어서는 기계의 노예가 된다. 아이들에게 기술을 뛰어넘는 사람의 실력을 최대한 키워 주어야 한다.

이를테면 '바르게 걷기'를 주제로 동영상을 만들거나 체험 학습을 할 수 있다. '바르게 걷기' 교육은 "복도에서 뛰지 마라, 계단 난간에서 미끄럼 타지 마라"와 같은 예절 교육이 아니다. 직립보행의 기본원리와 좌우 발을 '떼고-뻗고-딛기'를 하는 자세까지 배우고 익히는 것이다. 바르게 걸으면 온몸의 근육이 바로 잡혀서 허리와 골반, 내장 건강을 도모하기 때문에 노후에도 휠체어에 의존하지 않는 신체 건강을 유지할 수 있다. 또한 아동기부터 태권도와 같은 국민운동 프로그램을 개발하여 공유할 수 있다. 이를 기업이나 마을 공원에 보급하여 어린이와 어른이 함께하는 온 국민의 생활운동을 보장할 수도 있다.

온라인 수업으로 여유롭게 남는 초중고 학교 공간은 보육원과 유치원에서 활용한다. 영유아기의 아동에게는 100% 보호자의 손길이 필요하다. 국가는 보모와 강사를 지원해서 아동들이 골고루 보호받는 환경을 만들어야 한다. 사교육과 공교육이 충돌하기보다, 시민사회와 교육 전문가들이 교육 콘텐츠와 수업 지도 방식을 함께 연구 개발하는 협업과 융합의 시스템도 고안해 내야 한다.

미래의 교육 혁신

인공지능이 활약하는 미래에는 기초교육 기간이 축소될 필요충분조건이 형성된다. 따라서 온라인 교육이 정착되면, 6-3-3 초-중-고-대학교의 제도를 청소년의 성장발달과 사회발전의 수준에 맞게 개혁할 수 있다. 예를 들어 4-4-4 의무교육 제도를 실시하되, 마지막 4년의 고등교육은 실질적으로 대학의 1~2학년 단계교육 내용으로 채운다. 대학 입시를 폐지하고, 모든 학생이 고등학교 단계에서 대학의 기초 지식과 교양을 얻을 수 있도록 한다. 신진대사 왕성한 고교생이 입시 공부에서 벗어나 자유와 자율을 배우며 스스로 적성을 찾아갈 수 있도록 배려하는 것이다.

미래에는 누구나 연구원이 될 수 있다. 고교 과정에서 기초 대학교육을 마치면, 학생의 희망에 따라 사회 진출과 대학 진학이 가능하다. 현재의 대학은 전문 연구자를 양성하는 대학원대학과 연구소로 기능하게 된다. 기업이나 관광업 등 특정 분야의 현장에서도 끊임없는 연구와 혁신을 추진하기 때문에 굳이 대학이 교육을 독점하지 않는다. 산업-학교-지역사회가 결합하는 연구 플랫폼을 곳곳에 세워서 다양한 분야의 연구 활동을 매개하고, 지역의 균등 발전도 이룰 수 있다.

새로운 교육제도가 수립되면 입시 위주의 주입식 교육, 취업 위주의 대학 교육은 저절로 사라진다. 우리나라는 이미 대학입시 경쟁이 불필요한 상태이다. 2020년부터 고3학생 수(47만여 명)는 대입 정원(50만여 명)보다 적다. 현재의 유망 직업이 사라지는 만큼 미래 학생들에게 필요한 것은 상위 30% 안에 들어가기 위한 입시 경쟁이 아니다. 자신의 소질을 찾아서 재주와 능력을 키운 아이들이 사회 인재로 성장하도록 학교교육 제도와 교육 내용을 바꾸어야 한다.

청소년들이 인간관계나 갑을관계를 관찰하고 풀어 갈 해법을 토론하는 프로그램이 다양하게 개발되어야 한다. 지식사회에서는 다양성의 존중과 소통의 중요성을 강조한다. 하지만 실제 현실에서는 정치권에서 가정에 이르기까지 그 성공 사례를 찾기 어렵다. 오히려 인간관계의 이해다툼으로 고발 고소가 폭증하고 있다. 사춘기 아이들은 그 사회 모순을 그대로 흡수하면서, 스스로도 가족과 친구 관계에서 갈등을 느끼기 시작한다. 아이들이 부모의 고집과 기대에 반발하고, 친구의 따돌리기를 경험하지만, 무엇이 원인이고 해법인지를 바르게 분별하기 어렵다.

우리는 '손님은 왕'이라는 권리의식을 배우며 자란 어른들이 '진상 손님'으로 행세하는 모습을 보았다. 오늘을 사는 어른들에게는 사회적 약자나 피해자에 대한 인권 감성이 더 많이 필요하다. 하지만 내일을 살아갈 아이들에게는 사회적 약자나 피해자가 되지 않는 법, 사람에게 속지 않는 법을 가르쳐야 한다. 이를테면, 사기꾼을 욕하기보다 사기꾼에게 당한 사람의 문제가 무엇인지를 알아야 한다. 신천지 교회를 마녀사냥하기 전에, 신천지 교회에 이끌려 간 대학생들에게 부족했던 교육이 무엇인지를 연구해야 한다. 피해의식과 인권의식에 대한 분별이 쌓일 때, 아이들 스스로가 사회적 약자나 피해자가 아닌, 사회에 필요한 인재로 성장할 수 있을 것이다.

미래는 만물인터넷과 드론, 지면 위를 나는 자동차를 활용하며, 세계가 1일 생활권으로 연결되는 초연결(hyper-connected) 사회다. 젊은이들은 국제 사회를 무대로 저마다의 재능을 펼칠 수 있다. 청소년들이 남의 눈을 의식하며 경쟁하는 틀에서 벗어나, 넓은 세계에서 활약하는 자신을 찾아가도록 도와야 한다.

인재는 돈을 좇아 일자리를 구하지 않는다. 세계에 필요한 무엇인가를 생산한다면, 세계를 공유하고 세계인이 거래하는 시장을 운영할 수도 있다. 세상에 유익한 행위를 할 때 돈은 저절로 들어온다. 이를테면, 숙박공유업체인 에어비앤비는 전 세계에서 손님을 찾는 집주인과 숙소를 찾는 여행객을 연결시켰다. 호텔 하나 짓지 않고서 서로의 필요를 연결시킴으로써 공유경제의 네트워크를 확산시키는 플랫폼이 되었다. 동영상 공유업체인 유튜브의 플랫폼 기능은 두말할 필요가 없다.

자신이 세상에 필요한 존재인지, 세상이 무엇을 필요로 하는지를 아는 것이 중요하다. 아이들이 사회에 필요한 일을 하면서 인류 사회의 지도자로 성장하고 싶다는 의지와 포부를 품을 수 있다면, 교육의 반은 성공한 셈이다. 글로벌 사회의 인재가 되려면 언어 능력과 정보를 다루는 실력도 중요하지만, 상대의 어려움을 간파하고 풀 수 있어야 한다. 이번 코로나19 사태는 선진국의 어려움도 보여 주었다. 선진국의 복지체계와 경제시스템이 무너지고 있다면 우리는 무엇을 해야 하는가? 우리의 미래는 글로벌 사회의 미래와 연결되어 있다. 상대가 필요로 하는 것을 찾아내고, 그 속에서 우리가 잘할 수 있는 일을 찾아야 한다.

4. 온라인 사회, 인생의 황금 비율을 찾아라

재택근무가 늘다

'사회적 거리두기'가 시행된 후, 학교와 대기업, 중소기업에서 시차출퇴근, 재택근무, 원격근무, 선택근무를 포함한 유연근무제가 실시되고 있다. 그동안 고용노동부가 아무리 권장해도 이룰 수 없던 제도이다. 중소기업 중에는 정보통신업, 제조업, 행정, 전산업종이 주로 참여한다. 과학기술정보통신부와 교육부는 웹사이트 '학교온(On)'과 유튜브 채널 '원격교육 따라하기'를 통해 재택·원격 근무와 온라인 교육을 지원한다. 고용노동부도 중소기업에 간접노무비를 지원한다.

온라인 업무 프로세스가 자리를 잡으면 재택·원격근무가 점차 증가하리라 보인다. 아날로그 시대의 대량생산 시스템에서는 근무 시간에 '딴 짓'을 하거나, 근무지를 이탈하는 행위는 있을 수 없는 일이었다. 지식정보화가 이루어진 디지털 시대에도 기업과 직장인 모두 딱히 재택근무를 선호하지 않았다. '보는 눈'이 없을 때 근무 태만이 예상되고, 근무평가도 공정할 수 없으리라는 불신감이 서로 깔려 있었다.

실제 필자의 경험을 비추어 보아도, 서구나 일본의 근로 의식과 비교할 때, 한국인들은 근무 수칙을 지키기보다 요령 좋게 일하는 편이다. 하지만 진짜 생산성 향상은 형식적인 근무 태도보다 작업 능률에 있다. 일의 가치를 이해하고 스스로 의지를 내서 최선을 다해 즐겁게 일하는가의 태도에 있다. 특히 디지털 시대에 자란 젊은 세대는 재택근무로 더 즐겁게 자신의 능력을 펼칠 수 있으리라 기대된다.

4차 산업혁명은 중국이 앞서 있다. 코로나19 사태 이후 인공지능 기술이 앞선 중국은 재택근무와 원격진료·온라인 교육을 정착시키고, 위생문제도 개선할 것이다. 한편, 4월 7일 코로나19 긴급사태가 선언된 도쿄에서는 직장인 13%만이 재택근무에 들어갔다. 일본은 인공위성 발사로 늘어난 우주쓰레기를 치우겠다며 첨단 로봇을 개발하고 있지만, 여태 온라인 결제를 정착시키지 못했다. 은행 통장이나 결재 서류에 도장을 찍는 오래된 관행 때문이다.

소비의 변화와 새로운 일거리

만물인터넷을 활용한 맞춤형 소비도 활발해질 것이다. 지금까지 온라인 쇼핑몰은 중저가 제품이 많았지만, 이제 백화점에서 팔던 국내외 명품을 온라인으로 구매하게 될 것이다. 그러나 비대면 접촉이 증가하고 재택근무가 늘어나면, 명품의 소비욕구도 낮아질 가능성이 높다. 인공지능의 센서는 나의 동선과 취향에 맞게 모든 걸 척척 챙겨 주는 수행 비서이다. 이미 절반은 시작된 스마트한 일상을 떠올려 보자.

아침에 일어나면 커튼이 자동으로 열리면서 하루가 시작된다. 오늘은 설악산 리조트에서 대중 강연이 있다. 알람이 평상시보다 1시간 빨리 나를 깨운다. 어젯밤 폭설로 교통 정체를 예상한 것이다. 드론이 베란다 앞까지 아침 식재료를 배달해 주어, 간단히 야채 주스를 마신다. 현관을 나가면 엘리베이터가 대기하고 있다. 나의 동선을 파악한 엘리베이터가 지하 주차장에서 문을 열어 주면 자율주행 자동차에 탄다. 저녁에 돌아오면 아파트의 현관문과 엘리베이터가 자동으로 열리고, 우리 집에 들어오면 거실의 전등이 훤하게 나를 반겨 준다.

광고에서 보던 장면들을 떠올려 본 하루의 모습이지만, 몇몇 기능은 이미 실생활에서 접할 수 있다. 신축 아파트에서는 얼굴 인식을 뺀 자동 제어 시스템이 도입되어 있다. 하지만 카카오뱅크에서 얼굴 인식을 이미 도입한 상태다.

4차 산업혁명이 이끄는 사회변화는 가속화할 것이다. 그 시점이 언제일지 모르지만, 이제 시작된 재택근무도 언젠가 컴퓨터와 정보통신 관련 업무에만 허용될 날이 올 것이다. 그때에는 공장에서 자동화가 이루어지고, 인공지능이 교사와 교수, 변호사와 의사의 일을 대신한다. 그러나 낙심하지 않는다. 지금은 다들 사라지는 일자리를 걱정하지만, 그 변화는 사회 진보의 자연스런 흐름으로 받아들이는 것이 좋다. 대신 과학기술의 발달이 이끌 수 없는 분야에서 새로운 연구 개발을 추진해야 한다.

인공지능은 인간의 뇌를 물질과학으로 접근해서 밝혀 낸 것을 기계에 접목시킨 성과이다. 현대의 생명과학은 인간의 뇌를 물질 작용으로 연구한다. 정신과 전문의는 정신 질환을 뇌의 기억이나 기능 문제로 여기기 때문에 약물 치료에 중심을 둔다. 따라서 미래의 정신 현상에 대한 연구는 새로운 접근법을 요구한다. 사람들의 어려움을 들어주는 심리상담에서 나아가, 인공지능에 없는 정보, 인간의 영혼을 다루는 정신과학을 시작해야 한다. 그 밖에 국제 사회에 필요한 교육 콘텐츠의 개발, 관광사업의 아이템 개발, 식재료 개발과 대체의학 연구 등이 미래를 준비하는 새로운 일거리로 꼽는다.

근로자 의식에서 프리랜서 의식으로

재택근무는 우리가 노동자 의식에서 벗어나 자신의 가능성을 키우며 일할 기회를 제공한다. 출퇴근 시간의 혼잡을 뚫고서 사업장의 한 부품처럼 일하는 피곤한 삶은 사라질 것이다. 어차피 출근해서도 100% 업무에 집중하지 않으며, 재택근무에서 100% 이상 일할 수 있다. 구글에서 보여 주었듯이 재택근무는 지식 정보통신 산업 분야에서 창의성과 효율성을 높인다. 카페, 공원, 개인 연구실 등 근무 환경을 자유롭게 선택하고, 시간을 탄력적으로 사용하여 개인의 잠재력을 발휘할 가능성이 높아진다.

재택근무에서 주어진 자유는 먹고살기 위해 월급을 받는 근로자가 아니라, '나의 성장을 위해 공부하면서 우리 사회에 필요한 일을 한다'는 의식을 갖도록 한다. 회사에 필요한 인재이자, 자기 분야의 전문가로서 포부를 지니면서 마치 독립된 프리랜서의 감각으로 일을 할 수 있다. 출퇴근 시간을 절약하는 만큼 하루 업무의 30%는 자기학습의 시간에 할애할 수 있다.

자유로운 개인이 모여 서로의 의지와 능력을 합치면, '우리사주제=종업원지주제'의 운영 방식을 확대할 수도 있다. 1인 창업자가 증가하겠지만, 사람들과의 융합으로 힘을 키우면 더 좋다. 돈이 많아야 창업할 수 있는 것은 아니다. 오너와 직원이 모두 사주가 되는 공동사업을 새롭게 일으키면 된다. 그 품은 뜻과 실행 기획이 좋다면 외국의 투자자도 모을 수 있다. 미래의 초연결 사회에서는 인류에게 어떤 사업 아이템이 필요할지를 연구하는 사람들이 새로운 비전을 제시함으로써 주변의 도움을 받아 스타트업할 수 있다.

1인 가구와 '사회적 거리두기'

코로나19 사태로 재택근무와 외출금지령이 실시된 지역에서 가정 내 갈등과 스트레스가 늘어났다고 한다. 중국의 여러 도시에서 이혼이 급증하고, 파리와 빈에서는 가내폭력 문제로 전화상담이 늘었다. 아이들이 학교와 학원을 쉬고서 게임만 하니 삼시세끼를 대령하는 엄마들은 복장이 터진다. 아들의 아파트 마련에 자금을 보탰던 할머니는 며느리가 재택근무를 시작하자 마스크를 쓰고 공원을 배회한다. 한 달 넘게 가족들은 '사회적 격리'를 당하면서 너무 밀집해 있었다. '사회적 거리두기'는 가족 간 화목을 위해서도 필요했던 것이다.

코로나19 사태 이후 사회적 거리를 유지하는 생활양식은 확산될 것이다. 1인 가구의 증가는 가족 내 사회적 거리두기의 증가를 의미한다. 2018년 현재, 우리나라의 평균 가구원수는 2.4명이다(통계청 인구총조사). 1인 가구는 29.3%를 차지한다. 그중 30~40대는

31.8%로 제일 두텁다. 50~64세는 25.1%로 65세 이상 1인 가구도 이와 비슷하다. 20대 청년층과 노년층을 포함하여 1인 가구는 대도시의 무주택 서민생활자가 많다. 그 주거환경과 삶의 질이 좋아질 필요는 있다.

그러나 고도성장 시대의 취업, 결혼, 출산, 집장만, 자녀양육의 관행으로 이들의 삶을 '빈곤'이나 '사회적 고립'으로 보는 시선은 어딘지 불편하다. 생애 과정에서 청년의 독립과 노년의 사별은 자연스런 흐름이다. 30대 이상 비혼 인구의 증가도 '혼자'인 '지금'이 더 생리에 맞는 사람들이 늘었음을 의미한다. 경제 불황에서 연애, 결혼, 주택 구입이 어려운 'N포 세대'란 표현도 나왔다. 하지만 비혼은 '포기'나 '무능력'이 아니다. 비혼과 1인 가구의 증가는 지식사회에서 사람들이 '관계 의존'에서 '관계 독립'의 형태로 진화했음을 반영하는 자연스러운 흐름이다.

국가경쟁력을 위해 젊은 세대에게 결혼과 출산의 필요성을 주입한다면 '꼰대'가 된다. 노인 부양의 책임을 젊은 세대에게 전가한다면 따돌림을 당해 마땅하다. 인구 재생산과 종족 보존의 본능을 역설하는 그 문제의식은 동물적 강박관념에 머물러 시대 흐름을 읽지 못한다. 인구 감소가 시작된 나라에서 인공지능 로봇이 '후손 세대'로 태어난다. 앞으로 인간의 뇌기능을 장착한 기계인간이 모든 정보를 수집하고 학습해서 가장 능률적인 방법으로 우리를 도

197

울 것이다. 미래는 로봇이 가족과 사회 공동체의 일원이 되어 함께 진화하는 세상이 된다.

사회적 거리두기에서 '나의 영역'과 '우리의 영역'을 조화롭게 유지하는 지혜가 필요하다. 혼자 살든, 셋이 살든, 사회적 거리 안에서 소통능력을 키워야 한다. 혼자 있는 시간에는 독서, 동영상 감상, 포털 검색 등을 즐기며 나를 살찌운다. 그러나 '나의 가치'를 관계의 단절이나 사회적 격리에서 찾는다면, 오히려 '나의 에너지'를 잃어버리게 된다. 기혼자는 혼자의 영역을 가능한 한 30% 확보하고, 거꾸로 비혼자는 사람과 대면하는 영역을 30% 확보해야 한다.

인간관계는 과거에도 중요했지만, 로봇과 공존하는 미래에서도 핵심 문제가 된다. 미래의 인간력은 기계를 다루고, 사람을 대하는 능력이다. 기계는 명령어와 얼굴 인식만으로도 나의 요구를 충족시켜 주지만, 사람은 기계처럼 나의 요구를 수용하지 않는다. 인공지능 기술을 개발하는 능력자라 해도 사람을 기계처럼 다룬다면 외로워질 수밖에 없다. 사람의 에너지를 얻어서 융합하려면 사람을 대하는 실력이 제일 중요해진다.

비대면 영역의 확장, 대면 관계의 활력

코로나19 사태로 '비대면(untact)'이라는 신조어가 유행했다. 이 방식은 앞으로 의료계의 원격진료, 제조업과 음식점 등의 마케팅,

금융권, 공연 문화계에서도 더 활발하게 도입될 것으로 예상된다. 우리는 이미 온라인 구매, 온라인 뱅킹, 온라인 서류 전형, 인터넷 강의, 화상회의, 인터넷 카페, 유튜브에서 비대면 접촉을 경험하고 있다.

2000년대부터 1인 가구가 꾸준히 증가한 사실도 1인 미디어의 발전과 맞물리는 현상이다. 블로그, 페이스북, 트위트, 인스타그램은 개인이 자신의 메시지를 보존하고 발신하는 고유한 공간 '집'이다. 세계로 통하는 길 위에 있는 이 집 '사랑방'에서 우리는 불특정 다수와 정보를 공유하고 소통한다. 그러나 우리 사회에는 사이버 공간의 소통을 불신하거나, '대면' 방식을 중시하는 아날로그의 감성이 완고하게 버티고 있었다. 1인 미디어를 연 집주인도 '메신저'로서의 자각이 느슨한 경우가 많았다.

이제 온라인 사회로의 이행 속에서 기업과 소비자 사이에서 데이터와 클라우드의 강점을 활용한 '비대면 = 언택트' 방식이 더욱 확장될 것으로 보인다. 이미 국내외 대표 기업과 혁신기업들이 재택근무와 온라인 쇼핑, 원격 화상회의 등을 위해 소프트웨어 서비스 형태의 솔루션을 채택하고 있다. 마케팅 분야에서도 고객과 시장변화를 실시간으로 읽고 대응하는 장점이 높게 평가되는 가운데, 시스템 구축 없이 신속하고 유연하게 운영할 수 있는 SaaS(SW 서비스) 형태의 솔루션이 주목받고 있다고 한다. 은행의 통장 개설도 비대면으로 가능하게 된다. 이미 카카오뱅크가 비대면 거래 시장을 주도하고 있다.

그렇다면 대면 소통은 어떤 방식으로 변화할까? '사회적 격리' 상태에서 나타난 코로나 블루는 사회적 동물의 DNA가 발신하는 긴급구호요청 신호다. 공연장과 전시장, 스포츠센터, 외식, 여행, 집회 활동이 모두 정지되면서 많은 사람들이 우울감을 호소했다.

그림1. 1인 가구, 고령화. 미혼인구

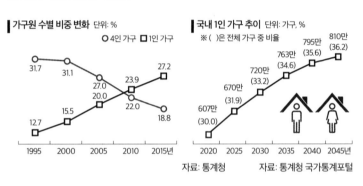

│ 가구원 수별 비중 변화 단위: %

○ 4인 가구 □ 1인 가구

31.7 31.1 27.0 23.9 27.2
12.7 15.5 20.0 22.0 18.8

1995 2000 2005 2010 2015년

│ 국내 1인 가구 추이 단위: 가구, %

※ ( )은 전체 가구 중 비율

607만 (30.0) 670만 (31.9) 720만 (33.2) 763만 (34.6) 795만 (35.6) 810만 (36.2)

2020 2025 2030 2035 2040 2045년

자료: 통계청   자료: 통계청 국가통계포털

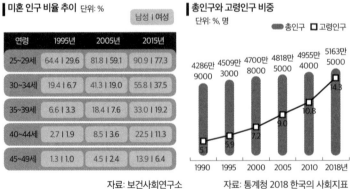

│ 미혼 인구 비율 추이 단위: %

남성 | 여성

연령	1995년	2005년	2015년
25~29세	64.4 l 29.6	81.8 l 59.1	90.9 l 77.3
30~34세	19.4 l 6.7	41.3 l 19.0	55.8 l 37.5
35~39세	6.6 l 3.3	18.4 l 7.6	33.0 l 19.2
40~44세	2.7 l 1.9	8.5 l 3.6	22.5 l 11.3
45~49세	1.3 l 1.0	4.5 l 2.4	13.9 l 6.4

자료: 보건사회연구소

│ 총인구와 고령인구 비중

단위: %, 명

총인구 □ 고령인구

4286만 9000 4509만 3000 4700만 8000 4818만 5000 4955만 4000 5163만 5000

5.1 5.9 7.2 9.0 10.8 14.3

1990 1995 2000 2005 2010 2018년

자료: 통계청 2018 한국의 사회지표

사회_사회적 거리두기 이후, 우리 사회는 어떻게 변하나?

벚꽃이 만개하자, 집 안에서 갑갑증을 호소하던 사람들이 정부의 만류에도 불구하고 봄나들이를 나왔다. 사회 활동이 제약되면서 우울감이 증가하는 것은 인간의 생리 곡선을 보여 준다.

미래 생활에서 누구든 온라인의 사회적 관계망에서 자신의 영역을 확장하는 것이 중요하다. 앞으로 우리는 집에서 넷플릭스로 영화를 보는 시간이 늘어날 것이다. 그렇지만 뜻과 취미가 맞는 사람들이 서로 융합하는 사회 활동도 다양하게 개발할 것이다. 대면 접촉이 가능한 오프라인에서 동호인들이 모여 삶의 활력을 충전한다면 우리의 삶이 더욱 즐겁고 탄력적으로 변화할 수 있다.

비대면 관계가 증가하는 미래에는 대면과 비대면의 영역을 3 대 7로 조율하면 좋을 것이다. 디지털 세대는 비대면 영역의 비율을 70%로 확장시키는 것이 충분히 가능하다. 그러나 50대부터는 비대면 소통방식에 능통하도록 더 노력할 필요가 있다. 은퇴 후의 삶에서 사회적 활력을 얻고 제2의 스타트업을 하기 위해서도 인터넷과 SNS를 통한 비대면 소통 능력을 키워야 한다.

5. 지금의 절박함이 새로운 문화 콘텐츠를 만든다

영상 콘텐츠 만드는 연예인

코로나19 사태로 서울에 거주하는 7만여 명의 문화예술인들은 현재 경제난과 정신적 스트레스의 이중고를 겪고 있다. 문화 공연이 재개되면 형편이 풀리겠지만, 지금은 새로운 기회이다. 위기가 지나면 반전도 있다. 세상을 탓하고 원망하는 사람은 아래로 떨어지고, 세상에 필요한 일을 찾아서 하는 사람은 위로 올라간다. 떨어진 사람의 에너지만큼 올라간 사람의 에너지가 커진다. 세상은 진보하고, 질량은 보존되기 때문이다.

지금의 절박함이 새로운 문화 콘텐츠를 만드는 힘이 된다면, 미래의 자신은 어쩌면 더 많은 사람들에게 희망을 주는 주인공이 될지 모른다. 유튜브라는 동영상 플랫폼과 디지털 기술의 발전으로 문자, 사진, 음성만이 아니라 영상 언어를 보존하고 전달하기 쉬운 환경이 되었다. 온라인 교육에서는 영상이 가장 소통하기에 유리한 미디어이다. 문화예술인만이 아니라 교사·교수·사교육 강사도 영상 언어를 만드는 메신저로 변신할 필요가 있다. 유튜브에는 영상을 촬영하고 편집하는 기술, 유튜브에 채널을 개설하는 법까지 모두 소개되어 있다. 모르면 네이버의 지식인이나 유튜브에 물어 보는 세상이다.

이 모든 시스템의 기본 철학은 지식의 공유와 상생이다. 돈벌이를 위해 영상을 만든다면 실패할 것이다. 공유경제는 '돈이 돈을 번다'는 자본의 셈법이 진리가 아님을 알려 주었다. 지능로봇은 '인간은 노동하는 존재'라는 계급의식이 억지임을 알려 주었다. 로봇이 노동을 하는데 사람이 어찌 노동자로 살아갈 수 있는가? 사람은 지식을 생산하고 공유하는 존재이다. 이러한 본성에 충실하면 결과가 따른다. 돈을 욕심내고 노동의 대가를 따진다면 스트레스가 따른다. 우리는 세상을 배우고 세상에 필요한 일을 익혀 가면서 어른이 되어 간다. 우리의 삶에 녹아든 지식과 경험이 인류문화의 공공자산이다. 지식을 공유하면서 우리는 서로에게 도움이 되는 상생을 실천한다.

자신의 특이성과 진정성을 세상에 내놓고 공유하려는 자세가 중요하다. 블로그와 페이스북, 트위터도 세상과 소통하는 공간이다. 한 발 더 나아가 자신의 이름으로 유튜브 채널에 꾸준히 영상을 올린다면 우리는 이미 '글로벌 연예인'이다. 코로나19 사태의 긴장감 속에서 '미스터트롯' 열풍이 일어났을 정도로 우리 국민들은 끼가 충만하다. 하지만 흥행이 오래가지 않는 법도 알고 있다. 반짝 인기에 시들지 않으려면, 우리 사회의 어려움을 풀고 즐거움을 나눈다는 다짐이 필요하다. 연예인은 더불어 사는 인간의 본성에 충실한 감동의 메신저로 자라나야 한다.

'우리 국민이 모두 연예인'이다. 은퇴자도 자신의 지식을 사회에 환원할 의무가 있다. 미용사는 머리 만지고 화장하는 법을 영상으로 알려 준다. 모델은 영상 코디로 변신한다. 유튜버 스타는 보는 사람의 시각에서 자신을 연출하는 연예인이다. 인기를 얻으려는 자에게는 구설수가 따른다. 자신의 영상 메시지는 공유경제의 근간이다. 자신의 재주와 지식을 세상에 펼쳐서 널리 유익하게 쓰일 수 있도록 누구나 꾸준히 연구한다면 거기에서 수익도 창출된다. 우리의 말이 누군가의 어려움을 풀어 주고 희망을 줄 수 있다면, 우리는 세상의 멘토가 될 수 있다.

머지않아 인공지능이 동시번역의 수준까지 따라잡을 것이다. 다양한 여러 사람들이 교류하면서 공유한 정보는 세계로 확장된다.

많은 사람들의 관심과 공감으로 더 큰 에너지가 합쳐지면, 자신의 메시지가 우리의 메시지로 확장된다. 방탄소년단과 그 팬덤 아미(Army)가 그랬듯이, 우리의 메시지는 놀라운 확장력으로 세상에 퍼지는 '바이러스'가 된다. 바이러스가 사람들을 감염시키듯이, 모든 메시지는 세상을 변화시킬 수 있다. 그 메시지가 오만과 편견이었다면 세상을 분열시킬 것이고, 존중과 겸손이었다면 세상을 융합시킬 것이다. 앞으로 세상에 필요한 문화 콘텐츠는 정신과학에서 밝혀 낼 인간 이해를 필요로 하게 된다. 인공지능이 갖지 못한 인간다움을 찾는다면 인류의 멘토가 될 수 있다.

글로벌 사회는 증오 감정을 치유할 멘토를 기다린다

비상시에는 국가의 통제력이 커지고 사회적 연대도 끈끈해진다. 그러나 신종 바이러스의 발생 자체를 통제할 수 없듯이, 코로나19로 드러난 글로벌 사회의 문제는 쉽사리 해결될 수 없으리라 보인다. 코로나19에 대한 공포심이 확산하면서 인류 사회의 오래된 병리 현상인 계층, 인종, 세대 간 갈등이 속속 드러나고 있다. 자영업자의 몰락 위기, 일용직 근로자들의 실직 위기는 계층 간 위화감을 쌓아가고 있다. 일자리 문제는 국경의 장벽을 높이려는 보호무역주의, 외국인에 배타적인 인종주의로 흘러갈 위험이 있다.

코리아와 코로나를 구분하지 못하는 영어권에서는 아시아를 감염의 진원지로 보면서 '코리아'를 조롱한다. 트럼프 대통령은 '차이나 바이러스'를 탓하다가, '아시아계 미국인'을 혐오하는 사회 범죄를 우려하게 되었다. 중국에서 미국을 바이러스의 진원지로 여기는 가짜뉴스가 퍼지자, 유튜브에는 중국이 신종바이러스를 일부러 유포했다는 음모설도 떠돈다. 영국에서는 5세대 이동통신(5G)이 코로나19를 확산시킨다는 가짜뉴스에 5G 기지국과 통신탑이 불타는 어이없는 사건이 벌어졌다. 헝가리, 에티오피아에서도 외국인을 바이러스 유포자로 혐오하는 발언이 외신을 통해 들려온다.

　세대 간 갈등 양상도 불거졌다. 미국에서는 10대의 SNS에서 코로나19를 부머 리무버(boomer remover)로 표현하며 베이비부머에 대한 혐오 감정을 드러냈다.[1] 밀레니얼 세대는 "우리는 베이비부머를 필요로 하는가?"라고 묻는다. 2019년 8월 5일에 유튜브에 게시된 코미디 "Do We Really Need Baby Boomers?"는 "바이러스는 노인들에게 위험하지만, 기후 변화는 우리 모두에게 더 위험하다"고 한다. 당시 베이비부머가 독감 바이러스로 희생된 사실에 "끔찍하다"고 말하지만, 그 제목은 오히려 기후 변화에 대한 책임을 베이비부머에게 묻는 듯하다. 동영상의 댓글에서는 화장실 휴지를

---

[1] 2020년 3월 13일 미국 〈뉴스위크〉는 '부머 리무버'가 6만 5,000개 이상 트윗에 언급됐다고 보도했다. 미국 백악관의 공개 데이터에 따르면 확진 판정자는 각 세대에 골고루 퍼져 있다. 25세 이하 11%, 25~45세 17%, 45~65세 21%다. 고령자인 65~85세 22%, 초고령자들인 85세 이상은 24%가 '확진 판정'을 각각 받았다.

사재기하는 베이비부머 세대를 야유하기도 한다.

일본의 젊은 엄마들이 모이는 SNS에서는 '활동적인 고령자'가 바이러스를 감염시키고 있다는 분노가 공감을 얻었다. 60대와 70대 노년층이 발열 증상에도 스포츠센터를 출입하고, 국내 여행을 다닌다고 한다. 평소 아이들이 시끄럽게 군다고 꾸짖던 고령자에 대한 원망과 아이들에게 바이러스를 옮길 수 있다는 공포가 엄마들의 공분을 자극했다. 젊은 층은 노인 사망률이 높아지면 부양 부담이 줄어든다고 SNS에서 속닥거린다. 세계 곳곳에서 기성세대는 젊은이들이 사회적 거리두기에 아랑곳없이 주말 파티를 즐기며 감염을 확산시킨다고 비난한다.

코로나 바이러스는 희생자의 영혼에 상처를 남기지 않는다. 오히려 살아 있는 사람들끼리 서로에게 뿜어 낸 독기가 서로의 영혼에 상처를 남긴다. 영혼의 상처가 치유되지 않으면 더 큰 증오와 폭력을 키우게 된다. 처벌과 규제는 문제의 싹인 감정의 혼란과 영혼의 상처를 다루지 못한다.

가까운 미래에 암은 완치되지만, 치매와 우울증 같은 정신질환은 더욱 증가할 것이라고 한다. 현재 일어나고 있는 왕따, 외로움, 미움, 폭언, 자살 충동은 미래 생활을 더 어둡게 만드는 바이러스이다. 이러한 정신질환의 백신을 연구하여 사람들의 어려움을 풀어 주는 메신저가 인류의 멘토가 될 것이다. 가해자도 아픈 사람들이다. '아픈 사람'이 왜 아프게 되었는지를 깨닫도록 이끄는 멘토, 상처 입은 사람에게 응답하는 메신저가 절실히 필요할 사회이다. 사람들의 상처를 만지고 치유하려는 문화 콘텐츠, 교육 콘텐츠를 만들어 내는 연예인, 그들이 미래의 지식사회를 이끄는 인재들이다.

의료

성공적인 방역체계 이후,
의료 선진국으로 가기 위한 해법은?

들어가며

1948년에 세계보건기구(WHO)가 설립된 이후 팬데믹을 선언한 경우는 1968년 홍콩독감, 2009년 신종플루, 그리고 이번 코로나바이러스 감염증-19(코로나19, COVID-19)가 세 번째다. 최근 유럽과 미국에서 신규 환자가 급증하면서 코로나19의 기세가 맹위를 떨치고 있는 반면, 국내에서는 신규 환자의 증가속도가 둔화되었다. 하지만 아직 속단하거나 안심하기에는 이르다. 지금까지 인류가 그래왔던 것처럼 더 발전된 의료시스템으로 지혜롭게 이 위기를 잘 극복하리라 믿는다.

최근 우리나라를 제외한 수많은 나라에서 사재기를 한다는 뉴스

의료_성공적인 방역체계 이후, 의료 선진국으로 가기 위한 해법은?

가 자주 등장한다. 미국과 유럽에서도 의료물품뿐만 아니라 기초 식료품, 생필품 등을 사재기 하는 모습이 자주 보도된다. 외국인들은 대부분 한국인이 감정적이라고 생각해 온 탓에 차분하고 이성적으로 코로나19 사태에 대처하는 대한민국의 상황을 보며 매우 의아해 한다. 그러나 필자는 한국인의 이성적인 행동방식의 주원인이 의료의 접근성에 있다고 본다. 즉, 세계 최고 수준의 의료 환경으로 인해 환자들은 감염이 되어도 쉽게 병원에 갈 수 있고 충분히 치료받을 수 있다는 믿음이 있다. 하지만 우리는 이성적일까? 우리나라가 사회, 경제, 복지, 의료 등 모든 분야에서 이성적인 사고와 행동방식을 보이고 있을까?

우리나라에서는 우리의 훌륭한 의료의 접근성을 이성적으로 잘 받아들이기보다는 오히려 이를 악용하여 이 병원 저 병원을 돌아다니며 의료 쇼핑을 하는 등 비이성적인 행동방식을 보여 왔다. 지역 거점병원을 신뢰하지 못하고 수도권으로 이동해 진료를 보았던 점을 고려하면 의료에 있어 비이성적인 행동방식은 최근에 변화되었다고 보기 어렵다. 개인적으로 코로나 이후 의료 시스템의 변화도 중요하지만, 환자 개개인이 병에 대해 정확히 인지하고 이성적인 행동방식을 취하는 것이 보건·의료 분야에서 가장 중요한 요소이다.

위의 물음에 답을 하려면 국내외 의료 환경과 과거 우리나라의 감염 사태를 살펴봐야 한다. 보건 · 의료 체계에서 의료의 접근성은 매우 중요한 요소이다. 따라서 이를 중심으로 이야기해 볼 것이다. 코로나 사태 이후 중앙정부의 보건 · 의료 정책에도 변화가 예상된다. 하지만 대중의 이성적인 행동방식에 따라 정책이 영향을 받으므로 이에 대해서도 논의할 것이다.

마지막으로 지금까지 감염에 대한 우리나라 환자의 행동방식과 코로나 사태 이후에 예상되는 변화 양상에 대해 알아보고자 한다.

1. 한국의 의료 경쟁력은 어느 정도일까?

한국 보건 · 의료의 현실

코로나19가 빠르게 확산되면서 우리나라의 의료체계와 의료 경쟁력은 세계적으로 주목받았다. 우리나라 보건 · 의료의 가장 뚜렷한 특징은 탁월한 의료 접근성이다. OECD 국가 중 대한민국의 최첨단 의료장비 비율은 다른 국가에 비해 매우 높은 편이며, 의사 개개인의 능력 또한 뛰어나다. 하지만 우리나라의 뛰어난 의료 체계를 맹목적으로 받아들이기보다는 정량적이고 객관적인 정보를 확인할 필요가 있다.

세계 의학의 중심은 제2차 세계대전을 지나면서 독일에서 영국과 미국으로 넘어 갔다. 물론 독일 의학도 세계의 중심에 있긴 하지만, 미국이 모든 분야에서 의학의 정점에 있다는 사실은 부인할 수 없다. 1980년대만 해도 우리나라에서 수술이 불가능한 환자들은 대부분 거액을 들여 미국으로 건너가곤 했다. 하지만 지금은 상황이 바뀌었다. 오히려 교민들이 우리나라에 들어와 수술을 받고 돌아가는 경우가 많다. 최근에는 미국뿐만 아니라 러시아나 중앙아시아, 중동의 환자들이 수술을 받기 위해 우리나라로 입국하는 경우가 많아졌다.

의료 수준의 정점을 보여 주는 장기이식의 예를 보면, 우리나라의 간 이식 성공률은 90%가 넘는다. 이는 세계 최고의 성공률로, 우리나라의 이식외과 전문의가 미국의 대형병원에 주요 스카우트 대상이 될 정도다. 이러한 높은 의료 수준 외에도 높은 전문의 비율, 높은 인구당 병상 수, 저비용의 사회의무보험 제도 등은 뛰어난 의료의 접근성을 이루는 요소이다.

2016년 보건복지부의 발표에 따르면, 인구 1,000명당 총 병상 수는 12.0병상으로 OECD 국가 중 일본(13.1병상)에 이어 두 번째이며, 65세 이상의 고령인구를 대상으로 하면 인구 1,000명당 36.4병상으로 OECD 국가 중 가장 많다. 2019년 기준으로 17개 광역단위 행정구역에 총 42개의 상급종합병원과 314개의 종합병원이 포진되어 있다. 면적당으로 비교해도 얼마나 많은 종합병원 이상의 병원이 있는지 알 수 있다.

반면 우리나라의 의료 인력은 OECD 국가 중 낮은 편이며, 실제 임상진료 의사 수는 턱없이 부족하다. 인구 1,000명당 의사의 비율은 2016년 기준 2.3명으로 OECD 국가 중 하위에 속한다. 그러나 전체 의사 중 전문의 비율은 매우 높다.

보건의료서비스를 살펴보자. 영국, 호주, 북유럽 국가들은 공공통합모델을 취해 전적으로 공공의료기관에서 보건의료서비스를 제공한다. 반면 우리나라는 민간의료기관에서 공공의료서비스를 제공하고 있다. 특이한 점은 우리나라는 공공의료기관과 민간의료기관이 동시에 서비스를 제공한다는 점이다. 그러면서도 진료절차가 복잡하지 않아 의료의 접근성이 뛰어나다.

의료의 접근성은 보건·의료에서 매우 중요한 개념이다. 서양, 특히 영국에서는 의료의 접근성을 지역사회 보건의 가장 중요한 요건이라 인식하고 주요정책으로 다루어 왔다. 조지 버나드 쇼의 희곡 '닥터 딜레마(The Doctors Dilemma, 1906)'를 보면 영국인이 얼마나 의료의 접근성을 중요하게 생각해 왔는지 알 수 있다. 이 작품은 한정된 치료제로 누구를 먼저 치료할지에 대한 의사의 고뇌를 그리고 있다. 작품 속에서 제기된 제한된 의료인력과 제한된 치료제의 문제를 고려해 볼 때 의료의 접근성은 충분한 의료인의 수, 충분한 병원, 충분한 치료제, 환자의 이동 편리, 환자의 의료비용 부담 능력 등 여러 가지 조건이 있어야 이룰 수 있는 문제이다.

코로나19라는 신종 바이러스 감염의 특성상 현재까지 치료약은 개발되지 않았지만, 우리나라는 충분한 전문의료 인력, 충분한 안심진료소 운용, 교통의 발달, 그리고 확진자의 무상치료라는 의료 정책까지 합쳐져 최상의 의료 접근성을 보이고 있다. 이러한 뛰어난 의료 접근성 덕분에 우리나라의 환자는 코로나19에 감염되더라도 치료받을 수 있다는 믿음이 심어진 것이다.

외국 보건 · 의료 현실

사실 해외의 의료 접근성은 매우 좋지 않다. 심지어 외국에 나갔던 유학생이나 교민조차도 크고 작은 수술을 위해 우리나라로 돌아오는 경우가 많으며, 국내 의료보험 혜택을 받지 못하더라도 우리나라에서 치료받는 것이 경제적이라고 말한다. 외국은 의사당 진료 환자 수가 우리나라보다 훨씬 낮지만, 진료 절차가 까다롭고 복잡하며 의료진이 불친절해서 환자 본인이 의료 지식을 직접 찾아봐야 하는 경우가 많다. 그래서인지 외국인 환자를 접하면 의외로 많은 의료 지식을 갖춘 경우를 보게 된다.

미국은 우리나라와 달리 민간의료보험이 의료의 큰 틀이다. 이는 의료서비스와 민간의료보험 사이의 상호협력을 통해 의료재원과 효율적인 서비스를 달성하려는 목적이다. 이에 따라 의료재원과 서비스 남용을 제한하고 있으며, 경증 질환에 대한 개인 부담률이 높으며, 주치의 제도와 개인 부담별 민간보험의 보장성 차이가 특징이다. 미국의 경우에는 전통적인 자본주의 사회답게 본인의 소득 수준에 맞는 보험료를 기반으로 의료 행위의 낭비를 막는 효율적인 의료관리를 시행해 왔다.

반대로 의료서비스를 공공재로 받아들이고 공공의료기관에서 공통된 의료서비스를 제공하는 영국의 경우에는 환자의 개인 부담률은 낮지만 중증도별 접근성의 차이를 두고 있다. 또한 의사당 환자 진료 수를 철저하게 제한하고 있어 형평성의 문제는 없지만, 미국과 마찬가지로 의료의 접근성은 떨어진다.

서양의 국가 중 가장 우수한 의료체계를 유지하고 있는 나라는 독일이다. 이를 방증하듯 독일은 이번 코로나19로 인한 사망률이 가장 낮은 나라로 보고되고 있다. 2020년 3월 26일 기준으로 코로나19로 인한 사망률이 이탈리아는 10.09%인데 독일은 0.55%이니 얼마나 큰 차이를 보이는지 알 수 있다. 물론 이탈리아나 다른 유럽의 경우 노쇠한 고령층에서 코로나19의 유병률이 높은 이유도 있지만, 독일의 체계화된 의료체계의 장점을 무시할 수는 없다. 독일은 유럽에서 최고의 의료인력 및 병상을 확보하고 있고 건강보험으로 보편적 의료복지를 유지하고 있어 다른 서양국가에 비해 의료의 접근성이 뛰어나다. 2017년에 발간한 OECD의 'Germany

County Health Profile'을 보면 의료비 지출액이 국내총생산에서 차지하는 비율, 의사와 간호사 인력과 병상 확보율은 EU에서 최상위권임을 알 수 있고, 의료지출에서의 개인 부담 비율이 유럽 EU 회원국 중 제일 낮다고 보고하였다. 이러한 독일의 의료체계의 힘은 현재의 낮은 코로나19 사망률과 직결된다. 독일에서도 사재기 현상이 없는 것은 아니지만 다른 서양국가에 비해서 상대적으로 사재기를 하지 않는 것도 독일의 우수한 의료의 접근성과 연관이 있다.

또 하나 눈여겨볼 점이 있다. 독일이 세계에서 가장 낮은 코로나19 사망률을 보이고 있지만, 정부와 언론은 이를 자랑하지 않고 있다. 메르켈 총리는 서둘러서 경계를 풀거나 안일한 희망을 주지 않고 지속적인 긴장을 강조한다. 독일의 코로나19의 극복 과정은 눈여겨볼 필요가 있다. 독일은 코로나19와 관련된 의료 접근성 문제 외에도 국경 부분 통제나 국민의 이동 제한 등 모든 방역 정책을 정치인이 아닌 감염의학 전문가들에게 전적으로 맡긴다.

필자는 스탠퍼드 대학교 의과대학 병원 연수 당시 우리나라에 비하면 평균 재원일 수가 현저히 낮은 점에 충격을 받았다. 전립선암 절제술이나 신장 절제술을 보면 우리나라는 일주일에서 길게는 10일 정도 입원치료한다. 하지만 스탠퍼드에서는 수술 다음날 환자가 퇴원하는 것을 보고 매우 놀랐다. 이는 응급 환자보다 '우선권'이 없기 때문인데, 환자들은 대부분 자신이 우선권이 없다는 사실을 받아들인다. 과연 우리나라 환자들에게 조기 퇴원을 권할 수 있을까?

의료인뿐만 아니라 일반 국민도 치료의 불평등이라는 현실 문제를 인식하고 사회적 약자가 우선되어야 한다는 사실을 받아들여야 한다.

단순히 사재기를 하지 않는다고 해서 우리가 코로나19에 이성적으로 대처하고 있다고 생각하기는 어렵다. 반대로 서양에서 사재기를 많이 한다고 해서 그들이 코로나19에 대한 공포감으로 이성을 잃었다고 생각할 수도 없다. 어떤 면에서는 먼저 기초 생필품을 챙겨 놓고 나서 사회적 거리를 스스로 두려는 생각이 이성적인 판단일 수도 있기 때문이다.

2. 메르스 사태 이후 나타난 의료 환경의 변화

과거 감염병의 교훈

2003년의 사스(SARS, 중증급성호흡기증후군)와 2015년의 메르스 (MERS, 중동호흡기증후군)이 발생했던 당시를 살펴보자. 사스로 인한 전 세계 감염자가 8,096명이었을 때 국내 감염자는 4명이었고 사망자는 없었다. 반면 메르스의 경우 국내 감염자 수는 186명이었고 그중 36명이 사망하여 치사율이 34.4%에 해당할 만큼 매우 높았다.

메르스를 겪으면서 우리나라의 방역체계와 의료체계는 개선되었다. 코로나19 감염이 현재진행 중이고 언제 끝날지 알 수 없지

의료_성공적인 방역체계 이후, 의료 선진국으로 가기 위한 해법은?

만, 우리나라가 다른 나라와 비교해서 선제적으로 방어할 수 있었던 이유는 메르스를 겪으면서 여러 정책에 변화가 생긴 덕분이다. 그중 질병관리본부의 감염병 감시체계 활성화, 병원 이용문화 개선, 감염관리 활성화 체계 개선, 응급실 이용문화 개선 등은 주목할 만한 변화이다.

메르스 감염 사태 이후, 정부는 질병관리본부를 감염병의 컨트롤 타워로 격상시켜 실시간 전염병 감시를 확인하고 긴급상황센터를 신설하였다. 질병관리본부에서는 국내외 감염병 동향을 주간별로 철저하게 보고하여 국내 감염 사태는 물론 국외 감염 사태 동향도 함께 확인한다. 수년 전 메르스 감염 사태 당시 질병관리본부는 메르스에 노출된 모든 병원의 명단을 공개하였는데, 결과적으로는 노출 병원의 명단을 공개한 것이 추가 환자의 발생을 막는 데 결정적 역할을 한 것으로 밝혀졌다.

하지만 병원 명단 공개는 당시 우리나라 국민 의식 때문에 적지 않은 파장이 있었다. 메르스 감염 당시 환자와 접촉한 의료기관 종사자의 감염이 많았는데, 메르스 감염 병원 명단을 공개하자 해당 병원의 의료인 자녀를 등교하지 못하게 하는 등 사회적인 문제가 발생하기도 하였다.

이번 코로나19의 대처방안에서 다른 나라와 확실히 차별된 정책은 병원 정보 공개뿐만 아니라 확진자나 접촉자의 정보와 노선 정보를 공개했다는 점이다. 이 정책은 사생활이 노출이 되는 등 양날의 검이라는 문제가 있지만, 국가비상사태에서 공익을 위한다는 명분으로 시행되었다. 하지만 본질과 다르게 확진자 노선 정보가 노출되어 불필요한 구설수를 만들고, 이로 인한 확진자의 2차 피해가 있기도 했다.

메르스 사태 이후 병원 문화도 개선되었다. 특히 메르스 사태 전만 해도 꽃이나 화분을 가져가는 등 병문안 활동에 제제가 전혀 없었다. 그러나 메르스 환자 186명을 분석해 보면 가족이나 간병인, 방문객이 전체 환자의 38%를 차지해 메르스 사태 이후에는 면회에 철저한 제한을 두고 있다.

간병문화 개선을 위해서 병원에서 24시간 간호 서비스가 제공되는 간호간병 통합병동도 등장하였다. 일반인이 마음대로 출입할 수 없도록 모든 병동에 자동 잠금장치도 설치되어 있다. 또한 과일이나 화분, 꽃은 원천적으로 병원 내 반입이 금지되어 있으며, 상당수의 병동을 간호간병 통합 서비스 병동으로 대체하고 있다.

가장 주목할 점은 응급실 환경 개선이다. 메르스 사태 당시 이른바 슈퍼 전파자가 응급실에서 수많은 환자를 감염시켰다. 이런 점을 고려해 보면 응급실 내 감염 확산을 막기 위해 의료진이나 환자 사이의 간격을 유지하는 것은 중요하다. 그런데 메르스 사태 이후 진료구역을 명확히 구분하고 침상 간 간격도 넓히는 등 종합병원의 응급실 환경이 개선되었다.

질병관리본부 외에도 보건복지부와 지방자치단체의 주체적인 참여와 행동도 빼놓을 수 없다. 메르스 사태를 겪으면서 질병관리본부의 위상이 재정립되었지만, 한편으로 감염 전파력의 방역 측면에서는 보건복지부와 지방자치단체의 적극적인 지원과 참여가 동반된 위기대응의 중요성도 알게 되었다. 덕분에 이번 코로나19 사태가 발생하자 지방자치단체에서 확진자나 접촉자 관리를 위한 의료시설, 격리시설, 인적 물적 자원에 대한 준비 등 행정적인 업무를 주체적으로 시행했다. 이는 대한감염학회, 대한의료관련감염관리학회, 대한항균요법학회가 공동으로 제시한 코로나19 대정부 권고안에도 포함된 내용이다.

코로나19 사태를 겪으며 가장 많이 변한 점은 감염관리 체계의 확립과 신속하고 정확한 역학 조사이다. 메르스 사태 당시에는 감염병 환자를 대면할 때 많은 의료진들이 감염 교육이 되어 있지 않아 기본 보호도구도 착용하지 않은 채 진료를 보는 경우가 많았다. 메르스 사태를 겪으면서 우리나라는 감염학회를 중심으로 감염 분야 전문의사의 진료를 활성화하였고, 감염관리에 전담할 수 있는 의사와 간호사를 중심으로 감염관리실 설치를 활성화하였다. 코로나19 사태 전에도 감염관리실의 설치를 통해 의료진들이 진료 때 마스크를 착용하는 횟수가 많이 늘었으며, 손씻기 등을 통한 감염

방지 노력이 많이 증대되었다.

메르스 사태 이후에 질병관리본부와 예방의학회는 체계적인 역학 조사관의 관리와 교육을 시작하였으며, 그 결실을 이번 코로나19 사태를 통해서 맺고 있다. 우리나라의 역학 조사관의 역사는 2003년 사스 관련 역학 조사 때부터 시작되었으니 벌써 많은 시간이 흘렀다. 하지만 그동안 전문 역학 전문가로 구성된 역학 조사관이 아니고, 군 복무 대체인력인 공중보건의사로 구성된 역학 조사관이어서 사명감과 경험이 부족한 한계점이 있었다. 역학 조사관의 역할은 전염병의 원인 파악 및 확산 방지를 위해 매우 중요하다. 일반인은 전염병에 감염된 환자를 치료하는 임상의사의 역할만 중요하게 생각할 수 있으나, 그에 못지않게 역학 조사관도 중요하다. 대부분의 역학 조사관은 의사 출신이고 전염병 유행에 대한 역학 조사를 수행할 때 현장 상황을 신속히 파악해야 하는 중요한 역할을 수행한다.

메르스 사태 당시 일부 학자들이 메르스 환자의 데이터를 취합하여 서로 경쟁적으로 논문에 실으려는 헤프닝이 벌어지기도 하였다. 하지만 이번 코로나19 사태에서는 공적인 목적을 위해 모두 열심히 일하는 모습이다. 물론 코로나19 사태가 종식되려면 상당한 시간이 소요되어야 하지만, 현장에서 뛰는 의사와 간호사 등의 헌신적인 노력과 끊임없이 의료진과 일반 국민에게 감염병의 대처방안을 교육해 온 감염병 전문가들의 노력 덕분에 그나마 우리나라의 코로나19 사태는 더 나쁜 길로 접어들고 있지 않은 것이다.

외국과의 정책 차이, 집단 면역

코로나19 사태 이후 우리나라는 적극적인 선별검사와 국경의 개방을 유지하는 방역 정책을 시행하고 있다. 물론 현재 코로나19 사태에 대한 우리나라의 정책이 올바른지 아닌지를 평가하기에는 아직 이른 시기이다. 우리나라는 인구밀도가 높고, 모임도 잦아 사회적 거리 두기가 완벽하게 이루어지기란 쉽지 않다. 하지만 강력한 사회적 거리 두기 정책을 시행해 신규 코로나19 확진자 증가 속도를 늦추고 있다. 사회적 거리 두기는 우리나라와 다른 나라 모두 강력하게 권고하고 있지만, 접촉자나 무증상자에 대한 적극적인 선별검사에서 차이가 난다.

사스, 메르스, 코로나19 모두 코로나 바이러스로 인한 감염증으로 아직까지는 백신이나 치료제가 없어서 증상을 완화시키는 치료 위주로 대응하고 있다. 우리나라와 달리 외국에서 적극적으로 무증상자에 대한 선별검사를 하지 않는 이유는 집단 면역의 개념을 적용하기 때문이다. 집단 면역이란, 취약 계층만 격리한 채 건강한 사람들 사이에 바이러스가 퍼지게 해 대다수가 면역력을 갖게 하는 것을 말한다. 어차피 치료에 결정적인 역할을 하는 백신이나 치료제가 없는 한 집단 면역은 충분히 매력적인 가설이다. 하지만 잘못하면 걷잡을 수 없이 확산되어 치사율을 높일 위험이 있다. 미국의 감염병 전문 보건학자들은 집단 면역에 반대하고 있다. 반대하는 근거로는, 첫째로 코로나19에 감염된 적이 있더라도 다시 걸리지 않는다는 보장이 없고, 둘째로 감염자가 많아지면 의료 체계 부담이 커질 수밖에 없으며, 마지막으로 저위험군 감염자가 늘어나면 필연적으로 고위험군 감염자도 늘어날 수밖에 없기 때문이다.

스웨덴은 국민의 이동권을 제한하지 않고, 집단 면역 정책을 고수하고 있다. 영국과 네덜란드도 초기에는 집단 면역 정책을 시도하였으나 바이러스가 확산되자 정책을 바꾸었다. 영국 정부는 코로나19 초기의 정책 방안으로 보건 전문가로 이루어진 전문가의 조언 아래 집단 면역 방침을 발표했었다.

우리나라는 강력한 감시와 사회적 거리두기를 시행해 성과를 거두고 있다. 하지만 궁극적으로 일반 시민들의 이성적인 행동방식이 함께 동반되어야 더 큰 효과를 볼 수 있다. 외국 유학생과 유학생의 가족이 2주의 자가격리 기간에 제주도로 여행을 해서 물의를 일으킨 적이 있다. 물론 확진자로 판정되기 전이었지만 자가격리 방침을 어긴 것은 사실이다. 이성적으로 판단하면 병의 잠복기인 안전한 격리 기간이 2주임을 인지했어야 하고, 설사 정부 방침을 몰랐거나 정부 방침이 없다고 하여도 스스로 인지하여 자가격리했어야만 했다. 이렇게 실제로는 병 앞에서 우리가 이성적인 행동방식을 보이기는 것은 쉽지 않은 일이다. 자국 국민의 이성적인 행동양식에 신뢰가 없다면 정부 정책으로 집단 면역을 시행하기란 불가능하다. 높은 이성적인 시민 의식과 더불어 인구밀도가 높지 않고 대부분 1인 1가구인 스웨덴에서 집단 면역을 통해 이 사태를 극복하겠다는 그들의 정책은 허무맹랑한 이야기만은 아니다.

그렇다면 왜 이런 집단 면역이라는 이슈에 대해 많은 학자들이 의견 충돌이 있는 것일까? 집단 면역이란 용어는 애초에 자연 감염 현상을 일으키는 용어였다. 홍역과 관련해서 생긴 용어로 전체 인구의 60%가 자연 감염을 통해 면역이 생기면 그 집단에서 홍역이 사라진다는 뜻이었다. 이러한 집단 면역의 개념은 서구에서는 예방 접종을 거부하는 근거로 사용되기도 하였다. 우리나라에서도 신종 감염병 중앙임상위원회를 통해 집단 면역의 중요성이 제기된 바 있다. 홍역과 같이 코로나19에 대해서 인구의 60%가 면역력이 생겨야 종식이 가능하다고 밝힌 바 있다. 집단 면역의 핵심 포인트는 감염이 확산되도록 방치하자는 이야기인데, 이에 대해 질병관리본부는 현재의 코로나19의 치사율을 고려하면 감염이 확산되었을 때 많은 인구가 희생된다는 점을 분명히 하며 반대하고 있다.

집단 면역 이슈 외에도 외국과 비교하여 우리나라 코로나19 정책의 가장 큰 차이점은 정책의 주체가 전문가 집단이 아니라는 사실이다. 이는 메르스 사태 때에도 지적되어 왔던 일인데, 비록 질병관리본부의 위상을 격상시켰지만 방역대책의 주체가 정치적인 입장이 앞서는 비전문가 집단이라는 점은 매우 아쉽다. 앞에서 언급한 대로 독일은 감염 통제뿐만 아니라 국민의 이동 제한과 국경 폐쇄 여부 등의 문제를 질병통제기관인 로베르트 코흐 연구소(Robert Koch Institute)에서 결정하고 진행한다.

2013년에 개봉된 재난영화 〈감기〉에서는 바이러스 감염증 확산 사태에 감염병 전문가가 아닌 정치인에 의해 감염병 관리와 방역 체계가 이루어지면 얼마나 무서운 일이 일어날 수 있는지 잘 보여 준다. 이 영화는 조류 독감 바이러스로 인한 감염 확산을 그렸는데, 빠른 감염 속도와 100%에 가까운 치사율이라는 사상 최악의 바이러스를 맞아 정부는 2차 확산을 막기 위해 도시 폐쇄라는 결정을 내린다. 감염병 전문가가 조기에 능동적 도시 폐쇄를 제안했지만 정부는 사태가 악화되고 나서야 군사력을 동원해 완전 도시 폐쇄를 시행한다. 가상의 사태이긴 하지만, 정치인이나 일반 시민 모두 감염병에 대해 제대로 인지하지 못하는 상황에서 감염병 전문가의 의견이 묵살되었을 때 최악의 상황을 맞이할 수 있음을 여실히 보여 준다. 이는 실제로도 일어날 수 있는 일이다.

국민의 행동방식 차이

우리나라 환자와 서양 환자 사이에는 질병에 대한 인지와 의료 이용 형태, 그리고 의사와 환자 역할에 대한 시각차는 분명히 존재한다. 코로나19 사태와 같은 팬데믹 시기에 우리 국민은 과연 어떻게 행동해야 할까? 다행히도 우리는 수년 전 메르스 감염 사태에 의해 일종의 예방접종이 된 덕분인지 이번 코로나19 자체에 대한 맹목적인 두려움은 없다. 반면에 바이러스 질환의 특성상 언젠가는 종식이 될 것이라는 합리적인 믿음이 생긴 듯하다. 또한 감염병 전문가들의 정확한 의견이 언론과 방송에서 수시로 노출되어 시민들이 인지하고 있으며, 질병관리본부에 대한 신뢰도 강해졌다.

이번 코로나19 감염 사태를 계기로 질환에 대한 시민 인식이 객관적으로 변하고, 건강 관련 행태를 추구하는 방향도 이성적으로 변했으면 하는 바람이다. 사실 아직도 우리나라 환자는 질병과 치료에 대해 감정적인 부분이 크게 작용한다. 능동적인 환자의 역할을 포기하고 수동적인 역할만 수행하려는 경우가 대부분이다.

외국 환자들은 대부분 본인의 질환에 대한 정보, 치료 과거력, 복용 중인 약물 정보를 가지고 다닌다. 하지만 우리나라 환자는 이런 경우가 드물다. 환자가 스스로 수동적인 의사와 환자 관계를 지향하여 모든 것을 의사에게 의존하는 행동방식을 고수하기 때문이다. 외국 환자의 경우에는 치료 방침에 능동적으로 대처하고 자신의 의사 표시를 적극적으로 한다.

평소 건강에 대한 관심이 많아 병원 방문을 수시로 하는 점도 우리나라 환자들의 문제이다. 조금이라도 의심되는 의학적 소견이 발견되면 적극적으로 치료하기를 원한다. 하지만 외국 환자의 경우 건강한 시기에는 병원을 자주 방문하지 않고 스스로 건강에 대한 공부를 통하여 몸을 챙기는 데 집중한다.

영국은 병실을 선택할 때 우리나라와 달리 환자 마음대로 1인실, 2인실, 혹은 다인실을 결정하는 것이 아니라 오로지 의료진의 결정에 따라 병실을 배정받는데, 환자들은 이러한 결정에 이의를 제기하지 않는다. 영국뿐만 아니라 독일, 프랑스, 스위스 등 많은 유럽 국가도 비슷한 상황이다. 환자와 의사 간의 신뢰가 상당히 두텁기 때문에 환자들이 의료진의 결정에 반발하는 경우가 거의 없다.

3. 코로나 감염 이후의 보건·의료 변화

백신 개발은 2020년 하반기?

현재 치료 백신이 없는 상황에서는 이론적으로 집단 면역이 치료 방향일 수 있다. 다만 집단 면역의 개념은 일반화되기 어려운 면이 존재하기 때문에 몇몇 국가를 제외하면 지지하지 않는 정책이다.

최근에 미국에서는 기하급수적으로 증가하는 코로나19 감염확산 현상에 대하여 봉쇄와 자가격리에 따른 4가지 추정모델을 발표하였다. 이는 '봉쇄 및 자가격리 없음(Free-for all)' '감염자 차단을 위한 봉쇄(Attempted quarantine)' '중등도의 자가격리(Moderate

그림 1. 봉쇄와 자가격리에 따른 4가지 추정모델

■ 건강한 비감염자　■ 감염자　■ 완치자

봉쇄 및 자가격리 없음

감염자 차단을 위한 봉쇄

중등도의 자가격리

고도의 자가격리

자료: 워싱턴 포스트

distancing)' '고도의 자가격리(Extensive distancing)'의 4단계이다.

　'봉쇄 및 자가격리 없음'은 현재 스웨덴에서 시행하고 있는 것처럼 감염자에 대한 차단과 일반인의 자가격리를 전혀 하지 않은 모델로 집단 면역을 실험적으로 적용한 것과 같은 모델이다. 이론적으로는 가장 빠르게 감염자가 증가하나 완치자 증가 속도도 빨라 빠른 감염 종식을 기대할 수 있다. 하지만 코로나19의 감염 속도와 치사율을 고려하면 치사율도 함께 올라갈 수밖에 없기 때문에 이상적인 모델이라 할 수는 없다.

　'감염자 차단을 위한 봉쇄'는 완벽한 봉쇄가 지속되기 쉽지 않

의료_성공적인 방역체계 이후, 의료 선진국으로 가기 위한 해법은?

기 때문에 결국 감염자가 증가한다. '중등도의 자가격리'나 '고도의 자가격리'는 감염자의 증가 속도를 줄이면서 지역사회에 건강한 비감염자를 지속적으로 유지시킬 수 있다. 또한 '고도의 자가격리'를 하였을 때 '중등도의 자가격리'보다 훨씬 효과적이다. 여기서 궁극적으로 '고도의 자가격리'를 유지하려면 중요한 것은 시민 개개인의 이성적인 행동방식이다. 정부에서 강제적으로 자가격리를 시킨다고 하여도 한계가 명확하기 때문에 시민 개개인의 능동적 참여가 절대적으로 필요하다.

코로나19의 치료제와 백신이 없는 상황에서 관심을 받고 있는 치료는 '혈장치료'이다. 과학적으로 입증된 치료 방법(치료제, 백신, 혹은 다른 질환의 치료제이나 임상 연구로 코로나19 감염에 효과가 입증된 경우)이 아니면 중증환자에게 혈장치료를 시도하는 것이 최후의 치료 방법 중 하나이다. 과거 메르스 사태에서도 국내에서 완치환자의 혈장을 통해 아홉 차례의 혈장치료가 시도된 바 있다. 국내에서 현재 코로나19 치료 방침에 혈장치료에 대한 방침 내용은 없지만, 과거 메르스 치료 방침을 적용하여 중증환자를 대상으로 시도 중이며, 미국과 중국에서는 이미 활용 중에 있다.

그렇다면 실질적인 치료제, 즉 과학적으로 입증된 치료제는 언제쯤 소개될까? 치료제를 거론하기에 앞서 우리가 알아야 할 사실은 우리는 여전히 코로나19에 대해서 확실히 모른다는 사실이다.

감염학자조차도 "코로나 바이러스에 속하나 본 적이 없는 바이러스이기 때문에 치료 경과와 재발, 그리고 치료제 개발에 대해 확답하기 어렵다"는 이야기를 한다. 또한 완치 확진자 중에 재감염되는 사례가 있어 1차 항체가 형성되어 치료된 이후 지속적인 치료 여부가 필요한지에 대해서도 추가 연구가 필요한 실정이다.

그럼에도 현재 백신 관련 총 3건의 임상시험이 진행 중이다. 최근에 미국의 제약사이자 의료기기 생산 판매사인 존슨앤존슨이 2020년 9월 임상시험을 시작해 내년 초에는 10억 명분의 백신을 출시할 수 있다고 한다. 미국의 바이오기술 기업 모더나(Moderna)도 미국 국립보건원(NIH) 산하 국립알레르기감염연구소(NIAID)와 함께 'NCT04283461'이라는 이름의 백신을 개발하여 빠르면 올해 안에 치료제를 소개할 수 있다고 발표하였다. 중국의 선전 제노-면역의학연구소(Shenzhen Geno-Immune Medical Institute)도 임상 1상을 진행하고 있으며, 2023년 7월 종료를 목표로 하고 있다.

실제 치료를 위한 백신 개발은 앞으로도 상당 기간을 기다려야하기 때문에 연구자들은 다른 질환의 치료 목적으로 쓰이는 약제중 코로나19 치료 가능성이 있는 후보물질의 임상시험을 진행 중이다. 현재(2020년 3월 18일 기준) 전 세계적으로 97건의 치료후보물질 임상시험이 진행 중이다. 치료후보물질 중 에볼라 치료제인 '렘데시비르'와 HIV 치료제인 '칼레트라'로 각각 5개 임상시험을 진

그림 2. 치료 후보물질의 임상시험 진행 현황

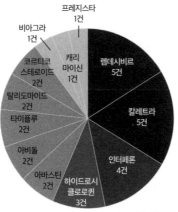

프레지스타 1건
비아그라 1건
코르티코 스테로이드 2건
탈리도마이드 2건
타미플루 2건
아비돌 2건
아바스틴 2건
캐리 마이신 1건
렘데시비르 5건
칼레트라 5건
인터페론 4건
하이드로시 클로로퀸 3건

[2020. 3. 18일 기준 총 97건. ClinicalTrials.gov]

행하고 있으며, 항바이러스 제제인 '인터페론'이 4개의 임상시험 연구를 진행 중이다. 그 외에도 말라리아 치료제(하이드로시클로로퀸), 항암제(아바스틴), 독감 치료제(아비돌, 타미플루), 신종플루 치료제(아비간), 다발골수종 치료제(탈리도마이드), 호르몬 치료제(코르티코 스테로이드), HIV 치료제(프레지스타), 항생제(캐리마이신), 발기부전 치료제(비아그라) 등도 임상시험을 진행 중이다. 2020년 5월이면 임상연구가 종료되어 유용한 치료후보물질 발굴이 조기에 현실화될 가능성도 조심스럽게 기대해 볼 수 있다.

국내에서는 3건의 임상연구가 식품의약품안전처(식약처)에서 승인을 받아 시작되었다. 지금까지 식약처의 승인은 전문 조사관 인

그림 3. 코로나 치료제 임상시험 완료 일자

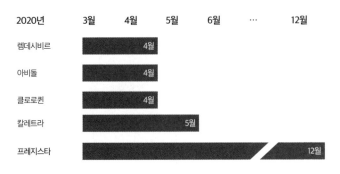

[2020. 3. 18일 기준. 국가임상시험지원재단(KoNECT)]

력 부족이 가장 큰 걸림돌이었다. 전문 조사관 1명이 너무 많은 일을 담당해야 하니 임상연구 승인 및 허가가 늦어질 수밖에 없었다. 이애 대해 수많은 연구자와 제약회사가 개선점이 제기하였는데, 코로나19 사태 이후 식약처의 제도와 인력보완을 통한 개선이 있을 것으로 기대해 본다.

유형별 의료 체계의 변화

메르스 사태 이후 정부 정책에 의해 감염관리에 변화가 많았지만, 아직까지도 감염 전문병원이나 충분한 음압 병동 확충에는 변화가 필요하다. 구체적인 감염관리 대책은 질병관리본부와 감염전문가와의 의견 조율을 통해 이루어지겠지만, 코로나19 사태 이후에 가장 두드러진 변화는 감염관리 외에도 의료의 전반적인 체계에서 감지된다.

대부분의 병원은 코로나19 사태를 겪으며 심한 타격을 받았다. 평소 환자의 50~60% 정도만이 내원하여 진료를 받고 있으며, 대부분의 수술이 연기되거나 취소되었다. 이는 모든 병원에 해당하는 이야기이다. 하지만 여기서 주목할 점은 상급종합병원을 비롯한 대형병원의 타격보다 규모가 작은 종합병원과 일반병원의 타격이 훨씬 클 것이라는 점이다.

우리나라의 의료체계는 일반의원 진료 후 의뢰서가 있어야 종합병원 이상의 병원을 방문할 수 있다. 하지만 외국처럼 의료체계가 명확히 구분되거나 유형별로 정립되지 못해 궁극적으로 의료기관을 맘대로 선택할 수 있다. 물론 우수한 기술력을 가진 의료진과 사회의무적 건강보험제도로 의료 접근성이 높다. 하지만 의료 전달체계가 유형별로 정립되어 있지 않아 의료기관을 마음대로 선택할 수 있으며, 궁극적으로 경증환자까지도 대형병원이나 상급종합병원에 환자가 집중되어 의료서비스 제공의 효율성이 떨어진다.

대형병원과 상급종합병원 환자 쏠림 현상이 지속되면 본래의 중증환자 진료에 전념할 수 없는 상황이 지속될 것이다. 경증환자의 잦은 진료의 반복은 의료진의 업무 부담만 가져올 뿐만 아니라 실제 치료가 급한 중증환자의 의료 접근성을 떨어뜨릴 수 있어 이에 대한 정부의 실질적인 대책이 필요하고 이루어질 것으로 판단된다.

증상별 지역거점병원 활성화

메르스 사태 이후 정부는 국가지정격리병상을 체계화하고, 감염전문병원을 도입하였다. 하지만 이번 코로나19 사태처럼 확진자 수가 많고 사태가 장기화될 경우를 대비한다면 종합병원 이상 급병원의 원활한 병실 확보가 전제되어야 한다. 물론 정부 정책으로 종합병원 이상 급에서 원활한 병실 확보 대책을 마련하고, 경증환자의 종합병원 이상 급의 병원 방문을 막는 대책을 마련할 것이다. 하지만 현재는 환자 이동을 막기란 거의 불가능하다. 그렇기 때문에 환자 개개인의 이성적인 행동방식이 다시 한 번 강조된다. 경증 질환이라면 종합병원보다는 개인병원을 이용하하는 것이 원활한 의료체계를 위하여 도움이 된다.

우리나라는 종합병원 이상 병원 쏠림 현상 외에도 교통의 발달로 인한 지역 간 이동 현상도 매우 특징적인 현상이다. 외국의 의료체계는 해당 지역의 중증도 질환이 지역거점병원에 모인다. 이에 반해 우리나라는 지역거점병원을 건너뛰고 서울 대형병원으로 이동한다. 건강보험심사평가원에서 공개한 'HIRA 빅데이터 브리프'에 따르면 암 환자의 절반가량이 상급종합병원을 이용해 진료를 받고 있으며, 비수도권 환자일수록 의료기관을 이동하는 횟수가 높은 것으로 확인되었다. 특히 30대 초반의 연령대일수록, 그리고 전남과 경북 지역의 요양기관 평균이동 횟수가 높았다. 그러나 서울과 지방 사이에 의료질의 차이가 없는 점을 고려하면 이러한 현상은 매우 안타깝다.

의료체계에서 지역거점병원의 역할은 매우 중요하다. 2005년 미국의 뉴올리언스를 휩쓸었던 허리케인 카트리나는 지역거점병원의 역할이 얼마나 중요한지를 다시 한 번 일깨워 주었다. 카트리나의 여파로 뉴올리언스의 지역거점병원이 제 기능을 못하게 되었을 때 그해뿐만 아니라 이후 수년간 이 지역 전체 사망률이 미국 전체 사망률을 훨씬 앞질렀다. 지역거점병원은 해당 지역 중증도 질환 치료의 최전선이기 때문이다. 국내에서처럼 중증도 환자가 서울과 지방을 오가며 진료하고 궁극적으로 지방의 지역거점병원에서 사망한다는 점을 고려하면 올바른 의료정보와 관리체계는 이루어질 수가 없다. 정부가 지역 간 이동을 제한할 수 있는 조치를 내세울 것으로 생각되지만, 먼저 지역거점병원을 신뢰하는 환자와 시민의 성숙한 모습이 절실하다.

최근 외국에서는 환자의 거점병원 이동 현상이 감소하는 경향이 있다. 그러나 우리나라는 여전히 거점병원에 환자가 넘쳐나고, 서울 대형병원 이동도 여전히 존재한다. 고난이도 수술을 많이 하는 병원일수록 수술로 인한 임상적 결과가 좋다는 사실은 오랫동안

정설로 여겨졌다. 미국과 유럽도 고난이도 수술, 특히 암수술의 경우 수술을 많이 하는 병원, 즉 지역거점병원으로 이동하는 현상이 두드러졌으나 최근에는 이 추세가 감소하고 있다. 외국에서 이동하는 현상이 감소된 주 이유는 로봇 수술의 등장 때문이다. 여기서 중요한 것은 외국의 환자는 로봇 수술의 등장으로 병원 간, 그리고 의사 간 수술 실력의 차이가 많이 줄어들었다는 것을 정확히 인지하고 있다는 사실이다. 실제로 로봇 수술 등장으로 많은 연구를 통해 수술하는 의사 간의 실력차가 줄어들었음이 이미 증명되었다. 미국과 유럽은 로봇 수술의 등장으로 과거의 지역거점병원 집중화가 완화되는 현상(de-centralization)이 나타나고 있다. 이에 반해 우리나라는 지역 간 이동의 주요 원인 중 하나가 로봇 수술을 받기 위함이다. 아직도 우리나라 환자는 로봇 수술 등장의 의미 및 표준화된 술기의 진행으로 실력의 차이가 크지 않다는 사실을 인지하지 못하고 있는 것이다.

코로나19 사태처럼 기하급수적으로 증가하는 전염병에 대비하려면, 그리고 또 다른 신종 전염병에 대비하려면 지역 간 이동은 최소한으로 줄이고, 경증환자의 종합병원 이상 급의 병원 방문도 자제해야 한다. 중증도 질환을 보는 종합병원 의사는 경증환자 진료에서 배제해 의료 부담을 줄이고, 평소 감염병에 대한 대응역량 향상을 준비해야 한다. 메르스 사태에서 봤듯이 응급실을 비롯한 종합병원의 경우에는 감염자 노출로 인한 2차 감염의 위험이 크다는 점을 고려하면 감염에 대해서 수시로 교육이 이루어져야 한다.

질환 중증도에 따라서 환자의 유형을 차별화하여 그에 맞는 등급의 병원에서 진료하고, 가급적 지역 간 이동을 줄이는 것이 앞으로 정부에서 취할 방침이다. 하지만 종합병원이 경증환자까지 관리해야 운영되는 구조로 맞추어져 있는 것은 아닌지 우려된다. 우리나라에서는 의료기관이 대부분 민간기관이고 의료서비스를 공공재의 성격으로 받아들이는 데 익숙하지 않기 때문에 이익 추구를 법으로 막을 수는 없다. 원격진료는 아직 시험단계지만, 불필요한 병원 방문을 줄일 좋은 대안이 될 수 있다.

요양병원 관리의 현실화

우리나라는 OECD 국가 중 고령화 속도가 가장 빠른 나라이다. 사회가 빠르게 고령화되면 건강한 젊은 층의 생산인구가 줄어들지만, 반대로 건강에 취약한 고령층은 빠르게 증가한다. 일하는 사람은 적어지는데 요양해야 할 고령 인구는 계속 늘어가는 구조이므로 이는 심각한 사회경제적 부담이 된다. 이번 코로나19 사태에서도 특정 종교에서의 집단감염 외에 가장 문제가 된 것은 요양병원과 폐쇄병동의 집단 감염이다. 기하급수적으로 빠르게 퍼지는 감염일수록 불이익을 당하는 계층은 노년층과 취약계층이다. 이론상 집단 면역이 맞다고 하더라도 시도할 수 없는 이유는 노년층과 취약계층의 치사율을 감당할 수 없기 때문이다.

우리나라의 출산율은 OECD 국가 중 가장 낮은 수준인데 극단적인 고령화 사회로 변하고 있다. 65세 이상의 초고령층과 45~64세의 중장년층이 가파르게 증가하지만, 44세 미만도 가파르게 감소하는 극단적 고령화 사회의 형태이다. 우리나라는 인구 고령화로 인해 만성질환 유병률이 증가했는데, 65세 이상 노인 인구 중 20.7%가 2개 이상의 만성질환이, 60.5%가 3개 이상의 만성질환이 있다. 건강보험 진료비 통계에 따르면 2015년 국내 65세 이상 노인 인구 진료비는 21조 3,615억 원으로 전체 진료비의 36.8%를 차지한다. 고령화 속도에 따라 노인 인구의 진료비 부담은 더욱더 증가할 것으로 생각된다.

이렇게 초고령화 사회를 앞두고 고령층의 의료비 부담 문제 해결은 우선시되어야 할 사안이다. 하지만 중요한 사실을 알아야 한다. 전반적으로 우리나라의 건강 수준은 지속적으로 향상되고 수명도 늘어났지만, 인구가 고령화되면서 건강한 삶을 유지할 수 있는 삶의 질은 상대적으로 떨어지고 있고 더 떨어질 것으로 예측된다. 또한 우리나라 사회가 양극화로 진행되면서 건강의 형평성과 보건의료의 형평성 문제도 더욱 심각해질 것으로 예상되어 이에 대한 대책이 요구된다. 2017년 OECD 보고서에 의하면 우리나라고령층의 빈곤지수 비율은 다른 국가에 비해 평균 2~5배 정도 높다.

우리나라 정부도 초고령화 사회의 현실을 앞두고 실제로 노인의 의료비용 부담에 대한 많은 연구를 시행하고 있으며, 이번 코로나 19 사태를 계기로 보다 더 현실적인 고령층에서의 요양병원 현실화 대책이 이루어질 것으로 생각된다.

4. 앞으로 보건·의료의 방향

인공지능의 역할

최근의 연구 사업에서 가장 핵심적인 부분 중 하나가 ICT 융합 분야이다. 보건·의료 분야에서도 전 영역에 걸쳐 ICT 융합 연구가 진행되고 있으며, 그중 핵심적인 역할이 바로 인공지능(AI)이다. 인공지능은 빅데이터, 사물인터넷, 서비스 로봇, 클라우드 등과 함께 보건·의료 분야의 ICT 융합 정책을 선도하고 있다.

코로나19 사태 이전에도 비감염성 질환인 만성질환의 치료에 있어서, 특히 고령층의 치료에 있어서 많은 연구가 진행되어 왔다. 주기적으로 감염성 질환이 반복하여 감염을 일으키기는 하지만, 금세기 들어 코로나19 정도의 팬데믹 감염은 없었기 때문에 많은 보건학자들은 비감염성 만성질환, 즉 고혈압, 당뇨, 치매, 암 등의 질환의 치료와 관리가 중요하다고 생각해 왔다. 〈더 랜싯(The Lancet)〉을 비롯한 주요 의학저널에서 이러한 만성질환의 사회적 부담의 문제점을 지적하고, 또한 만성질환의 치료에 있어서 의료의 접근성에 소득 수준별로 차이가 있는 점을 지적해 왔다. 이러한 만성질환의 치료와 관리에 있어서 의료의 접근성을 개선하기 위해 인공지능 분야에서 많은 연구가 진행되어 왔다.

이번 코로나19 사태에서도 인공지능은 여전히 큰 힘을 발휘하고 있다. 세계보건기구보다 빨리 인공지능이 코로나19의 감염 사태를 예측한 것은 이미 널리 알려진 사실이다. 캐나다의 인공지능 의료 플랫폼 업체인 블루닷(Bluedot)은 세계보건기구보다 9일이나 먼저 위험성을 감지한 것이다. 호흡기 바이러스 감염질환의 일반적인 특성상 겨울에 정점을 찍고 기온이 올라가면서 날씨가 따뜻해짐과 동시에 그 위세가 떨어졌던 사스나 메르스 사태를 고려해 볼 때 인공지능을 이용하여 코로나19가 언제부터 확산세가 누그러지고 사회가 다시 정상적으로 돌아갈 수 있을지 분석하는 시도가 나라별로 계속 진행될 것이다.

인공지능은 이러한 감염 추이에 대한 예측뿐만 아니라 유용한 치료 후보물질을 발굴하고 치료 백신에 필요한 약물분자조합을 찾아내는 데 이미 결정적인 역할을 하고 있다. 보통 치료후보물질을 발굴하는 데만 해도 대략적으로 보통 1만 개의 후보물질을 검토하고, 전임상 실험과 임상실험을 거치는 등 최소 10년이 넘게 시간이 걸릴 수도 있다. 하지만 인공지능을 이용하면 한 번에 100만 건 이상의 논문을 검색할 수 있다. 인공지능은 단순히 많은 논문 검색을 통하여 치료후보물질을 찾아내는 데 그치지 않고 직접적으로 특정 분자 및 분자 구조가 효과가 있을지를 밝혀내는 데도 그 힘을 발휘하고 있다. 미국의 스타트업 인실리코 메디슨(Insilico Medicine)과 영국의 스타트업 베네볼런트AI(BenevolentAI)라는 회사가 이미 인공지능을 이용하여 최적화된 치료후보물질을 발굴 및 최적화 분자 구조를 찾아내고 약제 개발을 진행하고 있다.

코로나19 사태를 겪으면서 다시 한 번 알게 된 사실은 바이러스 감염이 만성질환이 있는 환자나 고령층에서 취약하다는 사실이다. 따라서 만성질환의 관리는 지역사회 보건의 가장 중요한 의료 항목 중에 하나이다. 이미 국내외 제약 및 바이오 회사들이 ICT 기술을 융합하여 인공지능을 이용한 디지털 헬스케어 사업에 힘을 기울이고 있다. 추후에는 정부 주도로 현재 선보이고 있는 만성질환 중 심장질환 및 뇌졸중 외에도 모든 만성질환에 대하여 ICT 융합기술을 접목한 환자관리 사업을 시행할 것으로 보인다.

인공지능 기술이 발전하면서 의료계에서는 실제 진단 과정에서 인공지능이 의사의 역할을 대신하는 기술이 소개되고 있다. 아직은 제한적이긴 하지만, 위 및 대장 내시경 때 발견되는 용종의 조직검사 및 갑상선 조직검사에서는 그 정확성이 증명되었다. 물론 많은 의사들은 인공지능 기술이 의료 현장에 많이 소개되어도 실제 그 안에서 의사의 역할은 여전히 존재한다고 믿고 있다. 하지만 전공의 지원 순위를 보면 최근 들어 인공지능에 영향을 받을 것으로 예상되는 병리과와 영상의학과의 순위가 하락한 것을 볼 수 있다. 젊은 의사들의 경우에는 인공지능 기술이 의료 행위에 영향을 미친다는 것을 간접적으로 받아들이고 있는 것이다. 그럼 일반 시민 및 환자들은 어떨까? 인공지능 기술이 의료 전반에 조만간 보편화된다면 우리는 인공지능 기술을 더 신뢰할 것인가 아니면 의사의 판단을 더 신뢰할 것인가?

병을 인식하고 치료를 결정할 때 우리는 인공지능에 대해 어떤 시각을 가져야 할까? 아직 인공지능 기술이 의료현장에서 보편화되지 않아서 단정적으로 말하기는 어렵지만, AI보다 IA(Intelligence Amplification, Intelligence Augmentation, 지능 증폭)가 더 중요하다. 인공지능을 제대로 사용하여 지적 판단력을 증가시키는 것이 중요함을 강조하는 말이다. 놀랍게도 이 개념은 컴퓨터의 개발 초기인 50년대와 60년대부터 발달한 개념이다. 컴퓨터의 초기 모델 등장에 따른 자동화 기기들로 인해 인간의 판단력이 저해될 것을 우려해

당시 학자들이 자동화 기술은 우리의 이성적 판단력을 증가시키는 데 사용해야지 자동화 기술 자체를 맹신해서는 안 된다는 점을 강조하면서 생긴 개념이다. 인공지능의 등장으로 우리가 병에 대한 인지와 치료 방향에 대한 정확한 판단에 도움을 받을 수는 있겠지만, 섣부른 맹신보다는 본인의 이성적인 판단을 이끄는 데 하나의 도구로 사용해야 한다는 점이 중요하다. 데이터를 통해 받아지는 정량적인 수치의 정보는 기본적으로 정성적인 판단에는 약점이 될 수 있으므로 이성적인 판단을 위해서는 환자 스스로가 간접 경험적인 정보를 파악하고 의사의 직관적인 해석 또한 참고해야 한다는 뜻이다. 우리가 이성적인 행동방식을 보이지 않는다면 우리나라 사람들이 환자-의사 관계에서 맹목적인 수동적 관계로 지내온 것처럼 환자-인공지능 관계도 수동적인 관계가 될 수 있음을 알아야 한다.

의료 빅데이터 구축

이번 코로나19 사태 전에도 의료 빅데이터를 만성질환 관리 및 치료에 이용하려는 시도가 계속되어 왔었고, 코로나19 이후에는 만성질환 외에도 새로운 감염질환의 가능성 및 대책과 관리를 위해 이러한 의료 빅데이터를 이용할 가능성이 크다. 실제로 이번 코로나19에서도 치료후보물질을 도출해 내는 과정에서도 의료 빅데이터와 인공지능이 큰 역할을 한 사실을 주지해 볼 필요가 있다. ICT 기술과 인공지능 기술을 통해 시간과 장소에 제약 없이 만성 질환 환자의 건강 상태 관리 및 맞춤형 의료 서비스가 가능하려면 의료 빅데이터가 있어야 한다. 우리나라 정부는 코로나19 사태 전부터 의료 빅데이터 구축을 위해 여러 가지 사업을 진행하고 있고, 코로나19 사태 이후에도 이러한 노력은 지속될 것으로 보인다. 특히 국민건강보험 자료를 이용한 건강보험공단 데이터와 병원 간의 실제 의료 데이터를 공통된 방식으로 모으는 공통 데이터 모델이 대표적인 빅데이터 사례이다. 또한 한국보건의료원이 중심이 되어 특정 질환들을 대상으로 질병 중심 환자의 데이터를 전향적으로 모으는 사업 또한 활발하게 진행 중이다. 의료 빅데이터의 존재 이유는 궁극적으로 공익적인 목적으로 환자 맞춤형 진료를 하기 위함이다. 의료 빅데이터가 구축됨에 따라 ICT 기술과 인공지능을 이용하여 임상의사결정지원시스템(CDSS, Clinical Decision Support System)을 이용한다면 앞에서 지적한 맹목적인 의존적 의사-환자 관계에서 이성적인 관계를 도모할 수 있다. CDSS는 환자를 진료할 때 예방, 진단, 치료, 처방 그리고 예후의 각 단계에서 임상의의 의사결정을 도와주는데 이 과정에서 환자 혹은 보호자와 충분한 정보 공유가 가능하다.

우리나라는 사회의무보험으로 모든 인구가 의료보험에 가입되어 있고, 또한 청구한 데이터가 모두 기록되고 있어서 이를 이용한 연구가 활발하다. 그러나 기본적으로 연구용으로 모여진 데이터 시스템이 아니라서 실질적인 임상정보는 누락되어 있고 환자 맞춤형으로 사용하기에는 한계가 있다. 공통 데이터 모델은 실질적인 의료정보를 파악할 수 있는 큰 장점이 있지만, 각 병원에서 사용하는 의료 프로그램의 이질성 문제를 극복하기가 쉽지 않은 단점이 있다. 질병 중심의 환자 데이터는 전향적 연구를 기본으로 하여 데이터가 장기간 추적되기 때문에 CDSS에 적용이 가장 편한 장점이 있지만, 모든 질환을 다룰 수 없고 또한 질환의 모든 치료를 다룰 수 없는 단점이 있다. 인공지능 분석을 위해 실제 데이터의 축적에 이질성이 없어야 하지만 실제 의료 환경에서는 그렇지 않기 때문에 CDSS가 보편적으로 이루어질 수 없는 어려운 면이 있다. 즉, 의사마다 여러 가지 이유로 똑같은 조건의 환자가 와도 치료하는 방법, 약 등 권고하는 치료 방향이 다르기 때문에 너무 이질적인 데이터가 모인다는 사실이다. 이상적인 CDSS가 만들어지기 위해서는 현재 진료 체계가 모두 진료 지침에 정확하게 따르는 똑같은 수준을 유지해야 한다. 이를 통해 이질적이지 않은 데이터가 쌓이고, 순도 높은 데이터를 통해서 실제 도움이 될 수 있는 인공지능 분석 결과의 접근이 가능하다. 앞으로는 이러한 한계를 극복하려는 정부 주도의 데이터 사업이 지속될 것으로 생각된다.

의료 빅데이터 구축 사업에서 가장 중요한 이슈 중에 하나는 개인정보보호법의 테두리를 벗어나는 일이다. 기본적으로 외국과 마찬가지로 우리나라도 개인정보보호법에 의해 보건의료 연구에 많은 제약을 받고 있다. 국내에서도 병원 간의 데이터가 공유되고 있지 않으며, 병원과 건강보험공단 및 통계청 간에도 데이터 공유는 이루어지고 있지 않다. 다만 중앙행정기관 및 소속기관, 대통령령으로 정하는 국가기관 및 공공단체가 과학적 연구를 진행하는 경우 제한적으로만 데이터 공유를 허용하고 있다. 여기서 과학적 연구란 기술의 개발과 실증, 기초 연구, 응용 연구 및 민간투자 연구 등을 말하는데, 공공의 이익을 목적으로 하는 보건·의료 연구도 이에 해당한다. 필자의 경우 건강보험공단 데이터를 이용하여 많은 보건·의료 연구를 시행해 왔지만, 엄격한 개인정보보호법과 보건의료기본법으로 인해 많은 행정적 절차를 거쳐 연구 진행이 가능하였다. 한 가지 주목할 점은 이번 코로나19 감염 사태에서 개인정보보호법의 테두리를 벗어나 개인의 위치 정보 공개가 유례없는 빠른 결정으로 이루어졌다는 점이다. 위치 정보 공개를 통한 긍정적인 효과가 없었다는 의견은 아니나 이를 결정하는 과정이 좀 더 신중했어야 했고, 더 중요한 사실은 이 과정의 중요성을 일반 시민들도 인지하고 있어야 한다는 사실이다.

외국과 달리 코로나19 사태에서 우리나라만이 이렇게 유례없이 동선을 공개할 수 있었던 것은 사실 메르스의 교훈 덕분도 있지만, 보건의료 분야에서 개인정보 처리 관련 법제 분석이 나라별로 차이가 있기 때문이다. 다른 나라와 비교해 보면 우리나라는 개인정보 처리의 적법 요건으로서 동의 원칙과 동의 면제의 요건 두 가지모두 법제 수순이 약하다는 뜻이다. 우리나라는 '정보 주체의 동의 필요'를 동의 원칙의 내용으로 삼고 있지만, 미국은 동의가 아닌 원칙적인 정보 주체의 승인이 필요함을 내용으로 하고 있다. 영국과 다른 EU 국가의 경우에도 우리나라처럼 '정보 주체의 동의 필요'가 아닌 '명백한 동의 필요' 혹은 '명백한 긍정적 동의 필요' 등으로 동의의 수준을 한층 더 높게 한 내용을 포함하고 있다. 즉, 우리나라가 가장 약한 수준의 개인정보 처리의 적법 요건으로서 동의 원칙을 가지고 있다. 동의 면제의 요건에서도 우리나라가 가장 간단한 동의 면제 요건을 제시하고 있다. 이러한 법제 내용의 차이 때문에 코로나19 사태에서 우리나라가 신속하게 개인정보 공개를 결정했을 가능성이 크다.

개인정보보호법을 지키기 위해 외국에서는 개인정보 비식별화 정책을 시행해 오고 있으며, 국내에서도 시행하고 있다. 개인정보 보호와 동의 면제 수준도 제일 까다로운 미국의 경우, 재미있는 사실은 필자가 미국의 의료 빅데이터를 이용하기 위해 행정적 절차를 준비할 때 불과 A4 용지 한 장 분량의 양식만 간단하게 필요하다는 사실이다. 연구에 필요한 데이터 이용 절차도 매우 사용자 편의 위주로 되어 있다. 이에 반해 우리나라는 동의 면제 수순의 내용이 간단한 데 비해 의료 빅데이터를 이용할 때 굉장히 많은 행정적 절차와 시간이 따르는 것은 조금 아이러니하다. 이번 코로나19 감염 사태를 계기로 보건 의료 빅데이터 사용에 대한 행정적 절차가 좀 더 간편해지는 방향으로 정책이 바뀔 가능성도 있어 보인다.

민간보험 서비스 활성화

우리나라 건강보험제도의 가장 큰 단점은 기본적으로 저부담과 저보장의 구조를 유지하고 있다는 점이다. 또한 부담의 기준이 기본적으로 소득 수준을 기준으로 하기 때문에 소득이 많은 사람은 건강보험 부담률이 높지만 보장되는 부분은 같은 것도 문제점으로 인식되고 있다. 일본에서는 최근 이러한 문제점을 개선하기 위해 적정 부담과 적정 보장의 제도 개선이 의료전달체계 개선과 함께 이루어지고 있다. 소득이 높은 사람이 많이 부담하고 보장은 소득에 상관없이 한다는 정책의 취지는 나쁘지는 않으나, 평균적으로 더 많이 부담하게 되는 의료비는 공공 부분에서 지출이 확대되어야 한다는 것이 필자의 생각이다. 우리나라는 보장성 관점에서 보면 공공 부분의 보장이 매우 낮게 유지되고 있는 것을 알 수 있다. 이는 초고령 사회를 맞이하면 노령층의 의료 보장 문제가 더 심각해질 것이므로 빨리 개선되어야 할 사항 중에 하나이다. 공공 부분의 보장이 증대되려면 의료보험 이용자가 의료기관을 자유롭게 선택하는 것을 개선하는 정책이 필요하다. 불필요한 병원 방문뿐만 아니고 같은 질환으로 여러 병원을 방문하거나 지역 간 이동하는 것은 불필요한 의료 보장을 증가시키므로 궁극적으로는 공공 부분의 보장이 약해지는 것이다. 아무리 정부가 정책을 이 방향으로 시행한다고 하여도 궁극적으로는 성숙한 일반 시민의 의식 및 병에 대한 이성적인 행동방식이 동반되어야 실효성을 거둘 수 있다.

의료 보장이 적은 부분을 극복하기 위해 우리나라 사람들은 민간보험을 많이 이용하고 있다. 최근에는 '실비보험'이라 불리는 실손의료보험의 수요 증가로 실손의료보험을 제2의 국민의료보험이라고 부르기까지 한다. 2015년 기준으로 실손의료보험은 3,200만 건 정도의 엄청난 계약 건수를 보이고 있다. 보험 계약 액수는 정확히 추정하기 힘들지만, 대략 3조 원 정도의 액수라고 추정된다. 실손의료보험은 실제 환자에게 부담이 되는 입원료와 수술비의 대부분을 보장해 주고 있고, 중증도가 낮은 질병의 약값까지도 보장해 주어서 큰 인기를 끌고 있다. 하지만 이러한 실손의료보험은 매년 계약을 갱신해야 하는데, 그 이유는 실제 발생한 의료비를 개인별로 다시 계산하여 재계약하기 때문이다. 여기서 가장 큰 문제는 고령층의 경우 시간이 지날수록 병원 방문이 필요한 경우가 많은 데 실손의료보험의 비용 부담이 지속적으로 증가될 수 있다는 것이다. 또한 민간 병원의 영리에 따른 낭비적 요인 및 비급여 진료의 방치 등의 잠재적 위험이 크다. 따라서 초고령층 사회로 가고 있는 우리나라의 경우에는 국민건강보험에서 공공 부분의 보장을 확대하는 것이 시급하다.

외국과 달리 우리나라는 주치의 제도가 체계화가 되어 있지 않다. 의사의 비율도 일반의의 비율보다 전문의의 비율이 훨씬 높아 환자의 중증도를 구분해 주고 적정한 의료전달체계를 유지할 수 있는 일차 진료의 역할이 거의 마비되어 있다고 할 수 있다. 이번 코로나19 사태를 겪으면서 필자가 근무하는 병원뿐만 아니고 다른 종합병원들도 많은 환자가 감소한 것을 몸으로 체험하고 있다. 당장은 병원 운영에 심각한 악영향을 줄 것이 확실하지만, 궁극적으로는 종합병원의 역할은 중증의 환자만 보는 것이 맞기 때문에 지금처럼 여유 있게 운영되는 것이 옳지 않나 생각한다. 정부가 이 문제를 해결하기 위해 수도권 상급종합병원에서 중증진료에 대한 수가 보상을 높이고, 경증진료 수가 보상을 낮추는 정책이 시행되고 있다. 이는 의료전달체계를 개선하려는 단기대책 중 하나로 상급종합병원의 교유의 기능을 회복시키려는 데 그 목적이 있다. 의료기관별 외래일수 점유율을 2008년과 2018년을 비교하면 상급종합병원은 4.1%에서 5.6%로 상승한 반면 의원은 81.3%에서 75.6%로 떨어졌다. 이는 우리나라의 의료 접근성이 좋은 장점이 단점으로 작용하고 있다는 좋은 증거이다. 상급종합병원으로의 접근성이 좋기 때문에 궁극적으로는 경증환자와 중증환자 모두 안전하고 적정한 진료를 보장받기 어렵고, 의료자원이 비효율적으로 활용되고 있는 것이 현실이다.

앞에서 말한 정부의 의료전달체계 개선을 위한 단기대책은 실효를 거둘 수 있을까? 필자가 보기에는 단기적으로는 성과를 거둘 수 있어도 근본적인 개선은 어렵다고 생각한다. 경증환자의 구분도 의사가 진단을 어떻게 붙이느냐에 따라서 중증으로도 될 수 있기 때문에 개선에 한계가 있을 가능성이 크다. 그리고 중증환자라고 하여도 단순 약만 처방받는 사람이 차단되지 않으면 궁극적으로는 의료전달체계 개선은 이루어지기 쉽지 않다. 예를 들어 전립선암으로 치료가 완치된 사람도 전립선비대증으로 약만 처방받는 환자의 경우 대부분은 전립선암의 중증 진단을 가지고 종합병원 이상에서 단순 약물치료만 필요한 전립선비대증을 치료받고 있다. 또한 단순 주기적인 추적검사 혹은 건강검진 수준의 추적검사의 경우에도 종합병원 혹은 상급종합병원의 이용 외에 개인병원을 적극적으로 이용해야 한다. 우리나라의 의료체계는 종합병원 및 상급종합병원 모두 경증의 환자는 물론 단순 추적검사 혹은 건강검진 수준의 추적검사 환자도 모두 수용해야 병원의 운영이 간신히 돌아가는 구조가 유지되고 있다. 따라서 단기간의 의료전달체계의 개선보다는 장기적인 안목에서의 개선이 필요하며, 궁극적으로는 환자의 이성적인 행동방식의 변화가 제일 중요하다.

독일을 방문하였을 때 독일 의사에게 필자가 "환자가 붐비지 않는 것이 인상 깊다"고 했을 때 "붐비는 것이 이상하고 경증환자가 종합병원에 오는 행동방식이 이상하다"고 대답한 것처럼 단순히 약만 타러 종합병원에 방문하거나 경증의 증상으로 종합병원에서 치료를 받으려는 행동방식은 이성적이지 않은 것이다. 우리나라는 의료의 접근성이 뛰어나지만 이성적으로 접근해야 실제로 의료가 꼭 필요한 환자에게 '적절한 불평등'의 기회가 갈 수 있는 것이다.

나가며

이번 코로나19 감염 사태를 겪으면서 우리는 다시 한 번 감염병의 무서움을 깨닫고 있다. 하지만 메르스 감염 사태의 교훈으로 우리나라의 감염병 관리체계 및 방역체계는 많이 개선되어 왔으며, 그 결과 이번 코로나19 사태에 슬기롭게 대처하는 큰 힘이 되고 있다. 그러나 명심해야 할 것은 이 코로나19와의 전쟁이 끝난 것이 아니며, 마치 우리나라가 이 전쟁에서 승리한 것처럼 너무 이른 정복감에 도취되어서는 안 된다. 또한 외국에서 생활용품 사재기 현상이 만연한 데 비해 우리나라에서는 그런 현상이 일어나지 않는다고 해서 우리가 이 감염병에 대해 이성적으로 대처하고 있는 것처럼 착각해서도 안 된다. 언제나 그랬듯이 이번 감염 사태와 관련하여 우리가 잘한 것은 무엇이고 잘못한 것은 무엇인지 그리고 더 잘할 수 있었는데 놓친 것은 무엇인지 깊이 생각해 보아야 한다. 우리가 잘한 것만 칭찬하는 언론 외에 우리의 아쉬운 점을 지적한 언론도 눈여겨보고 무엇보다도 감염병 전문가의 의견에 귀를 기울여야 한다. 의사인 필자 또한 감염병 전문가가 아니기 때문에 이번 코로나19 관련 모든 정보에 대해 감염병 전문가의 의견에 귀를 기울이고 있다.

이런 팬데믹 상황에서는 감염과 방역의 주체는 정치인이 아닌 감염병 전문가가 되어야 함을 일반 시민들도 알아야 한다. 또한 이번 코로나19 감염 사태를 계기로 우리가 정말 이성적인지, 우리가 병에 대한 인지가 객관적인지, 이성적인 행동방식을 보여 왔는지 반성하고 살펴보아야 한다. 다른 나라의 정부 정책 및 일반 시민의 사재기 현상을 섣부르게 비판하기보다 우리가 정말 잘하고 있는지에 대해서 충분히 많은 생각을 할 필요가 있다. 마지막으로 이 순간에도 국민의 안전을 위해 최선을 다하는 질병관리본부와 국민에게 올바른 정보와 교육에 앞장서고 최선의 감염 정책을 공표하는 감염병 전문가들에게 고마움을 느낀다.

정치사회

연대할 것인가
각자 도생할 것인가?

---

1. 각자도생에서 연대로

2020년 3월 26일 밤 9시 5분 청와대. 문재인 대통령이 집무실 책상에 놓인 모니터 두 대 앞에 앉아 있다. 모니터 안에는 주요 20 개국(G20) 정상들의 모습이 보인다. 도널드 트럼프 미국 대통령, 시진핑 중국 국가주석, 아베 신조 일본 총리, 블라디미르 푸틴 러시아 대통령, 에마뉘엘 마크롱 프랑스 대통령, 앙겔라 메르켈 독일 총리, 보리스 존슨 영국 총리 등 주요 선진국 정치인들이 총출동했다.

이들이 모니터 앞에 앉은 이유는 G20 특별 화상 정상회의에 참석하기 위해서다. 2008년 G20 정상회의가 출범한 이래 화상회의가 열린 것은 처음이다. 더없이 바쁜 각국 정상들이 화상채팅에 나선 이유는 무엇일까? 신종 코로나바이러스 감염증(코로나19)에 대한 국제 공조방안을 모색하기 위해서다. 이들을 불러 모은 이는 누구인가? 바로 문재인이다.

G20 특별 화상 정상회의가 열리기 약 2주 전, 문재인은 마크롱과 전화통화를 했다. 마크롱의 요청이었다. 마크롱은 전화통화에서 한국의 코로나19 대응과 극복에 대해 '경의'를 표했다. 그러면서 한국의 대응 방식을 "배우고 경험을 공유하고 싶다"고 말했다. 이에 문재인은 한국의 경험을 "국제사회와 적극 공유할 의사가 있다"며 "G20 차원에서의 특별 화상 정상회의 개최도 좋을 것"이라고 제안했다. 마크롱은 공감했고, 2주 후 G20 정상들은 모니터 앞으로 모였다.

한국의 대통령이 부른다고 주요국 지도자들이 만사 뿌리치고 달려오는 상황을 본 적이 있는가? 이는 한국 외교사에서 전례가 없는 일이다. 마크롱뿐만이 아니다. 발등에 불이 떨어진 전 세계 지도자들이 앞다퉈 한국 대통령과의 전화통화를 요청했다.

찬사는 이어졌다. 저스틴 트뤼도 캐나다 총리는 전화통화에서 한국을 "배우고 싶다"며 학구열을 불태웠다. 페드로 산체스 스페인 총리는 한국에 의료물자 지원을 요청했다. 스테판 뢰벤 스웨덴 총리는 한국을 "성공적인 코로나19 대응 사례"라고 추켜세웠다. 정점은 트럼프가 찍었다. 트럼프는 문재인에게 의료장비 지원을 요청했다. 주한미군이 한국을 지켜 주고 있으니 돈을 더 내라고 하는 상황이 아니다. 미국이 일으킨 국제분쟁에 한국군을 보내 뒤치다꺼리를 하는 상황도 아니다. 미국 대통령이 긴급하게 전화를 걸어 한국 대통령에게 '체면 불고하고' 무엇인가를 부탁하는 상황은 한미관계에서 전례가 없는 일이다.

청와대에 따르면 통화는 트럼프의 '긴급 제안'으로 이뤄졌다. 트럼프의 요청에 문재인은 미국 식품의약국(FDA)의 승인절차가 필요할 수 있다고 답했다. 트럼프는 "오늘 중으로 승인될 수 있도록 즉각 조치하겠다"고 말했다. FDA의 승인절차는 까다롭기로 유명하다. 절차를 무시하면서까지 의료물품을 요청한 까닭은 그만큼 다급했기 때문이다. 또 한국의 방역 능력이 그만큼 세계 최고 수준임을 방증한다.

세계 각국이 한국의 방역 모델을 배우려는 이유는 무엇일까? 직관적으로 생각할 수 있는 가장 단순한 대답은 한국의 방역 모델이 먼저 나왔기 때문이다. 중국에서 코로나19 사례가 처음으로 보고된 일자는 2019년 12월 8일이다. 이보다 앞선 것이 거의 확실하지만, 최소한 세계보건기구(WHO)의 공식 발표는 그렇다. 중국에서 첫 사례가 보고된 후 100여 일이 지난 2020년 3월 11일, WHO는 코로나19를 '글로벌 팬데믹(global pandemic, 전 세계 대유행)'으로 공식 선언했다.

한국은 매를 먼저 맞았다. 2월 18일, 31번째 확진자가 발견된 후 감염자는 폭발적으로 증가했다. 각국은 앞다퉈 한국인의 입국을 제한했고, 언론과 정치권의 비판이 쇄도했다. 하지만 대한민국 정부는 자신만의 방역 모델을 구축해 위기를 성공적으로 극복했고, 이 과정에서 외신들의 찬사가 쏟아졌다. 시간은 흘러 한국의 하루 확진자 수는 줄었고, 반대로 미국과 유럽의 감염자는 기하급수적으로 늘었다. 미국 존스홉킨스대학의 통계를 기준으로 보면, 전 세계 확진자는 G20 화상 정상회의를 전후해 50만 명을 넘겼다. 그로부터 불과 2주 후인 4월 9일 확진자는 150만 명을 돌파했고 사망자는 8만 8,000명을 넘겼다. 미국 감염자 수가 중국을 추월했고, 이탈리아를 비롯한 유럽 여러 나라가 중국에 근접하거나 추월했다. 중동과 남미, 아프리카도 예외는 아니었다. 세계가 전대미문의 위기에 봉착했다. 코로나19는 지리적으로 전 세계에 걸쳐 발생했다. 전파 속도는 사스나 메르스보다 빠르고, 사망률은 신종인플루엔자(H1N1)보다 높다. 유례 없는 전파 속도와 치명률에 세계는 긴장했다. 이에 대한 대책 마련이 시급했다. 이런 상황에서 한국이 코로나19의 '해결사'로 등장했다. 전 지구적 위기를 해결하기 위한 국제 공조를 한국이 주도하게 된 것이다.

한국보다 시간상 앞서 제시된 중국식 방역 모델은 '찬밥 신세'였다. 중국은 코로나19가 본격 확산하자 이동을 제한하고 공장 문을 닫는 등 폐쇄적 조치를 취했다. 세계의 공장으로 불리는 중국 경제가 돌아가지 않자 전 세계 생산 활동이 삐걱거렸다. 후베이(湖北)성 우한(武漢)을 중심으로 정체불명의 폐렴이 발생했다며 중국이 WHO에 보고한 날짜는 2019년 12월 31일이다. 우한의 의사들이 2019년 11월부터 신종 바이러스의 위험을 경고했으나, 오히려 처벌을 받은 것으로 알려졌다. 중국 정부는 바이러스 위험을 인지하고도 5주가량이 지나서야 WHO에 보고해 사실을 은폐했다는 비난을 받고 있다.

이와 달리 세계가 한국을 칭송한 이유는 여러 가지이다. 신속하고 많은 검사와 투명한 정보공개, 개방적 자세 등이 대표적이다. 이 중 〈뉴욕타임스〉는 한국의 '개방성'에 주목했다.[1] 기사는 평소 붐비던 대구의 중심가가 코로나19 사태로 한산해졌지만, 상점들이 여전히 생업을 영위한다는 점에 주목했다. 한국 정부가 주민들에게 예방 조치의 필요성을 적극 권고하면서도 장사를 위해 상점 문은 열어 두도록 한다며, 이는 중국 우한에서 정부의 이동제한 조치로 1,100만 주민들의 집에 바리케이드를 친 것과는 극명한 대조를 이룬다고 전했다. 도시 기능을 유지하면서도 감염자를 적극적으로 찾아내는 한국식 방역 모델이 효과를 본다면 이는 전 세계적으로

---

1 코로나바이러스 위기 가운데, 한국의 도시는 중국과 달리 개방을 시도했다(In Coronavirus Crisis, Korean City Tries Openness, a Contrast to China)_ 2020년 2월 25일자 기사.

정치사회_연대할 것인가 각자 도생할 것인가?

바이러스가 확산하는 와중에 민주사회의 '본보기'가 될 수 있다고 신문은 전했다.

국경 폐쇄가 답일까?

코로나19의 빠른 확산은 세계화에 기인한다. 국경 간 사람의 이동은 과거와 비교할 수 없을 정도로 많고 빠르다. 감염병은 국적은 물론, 인종, 성별, 나이 등을 따지지 않는다. 모두가 피해자가 될 수 있고 어느 나라도 예외일 수는 없다. 이동제한이나 국경봉쇄가 감염병을 막는 해법이 될 수 없는 이유다. 국경을 닫는다고 해도 감염국에서 돌아오는 자국민을 막을 수는 없는 노릇 아닌가? 해외 입국자의 대다수는 자국민이다. 가족이 해외에 있는데 잠재적 감염원이므로 입국을 막는다면 가만히 있을 사람이 어디 있나? 정부가 할 짓도 아니다. 위기의 순간에 국민의 생명과 안전을 지키는 것이 정부의 역할이다. 불법 이주자들은 어떻게 하나? 아픈 것도 서러운데, 잡히면 형사처벌을 받거나 추방될 수 있다. 이들의 선택지는 숨는 것밖에 없다.

감염된 채 이곳저곳을 다니며 바이러스를 전파하고, 방역당국은 감염원을 찾지 못해 당혹스러울 수 있다. 애초 우리는 이동제한이 의미 없는 시대에 살고 있다. 한국의 개방적 방역 모델이 해외에서 높은 평가를 받는 이유다. 한국도 사태 초기에는 입국을 일부 제한했다. 중국 전역은 아니지만 우한이 위치한 후베이성에 대해 입국을 제한했다. 그 외 지역에 대해서는 입국절차를 강화하는 방식으로 대응했다. 한국이 모든 입국자에 대해 강제 자가격리 조치를 시행해 실질적인 입국제한이라는 평가도 있다. 하지만 이 조치에는 내외국인 간 차별이 없다. 해외에서 들어온 모두를 포괄한다. 이는 해외유입에 따른 감염확산을 막기 위한 불가피한 조처로 볼 수 있다.

WHO는 이동제한에 대해 "효과가 없다"고 단언한다. WHO의 권고안에 따르면, 이동제한은 방역활동에 필요한 물자이동을 막고, 경제활동에 지장을 주며, 사회경제적으로 부정적 영향을 초래할 수 있다. WHO는 '입국금지'도 "효과적이지 않다"고 말한다. 입국을 금지하는 대신 여행자들에게 예방수칙이 담긴 메시지를 지속적으로 보내고, 건강확인서 제출을 요구하고, 여행자의 동선과 이들과 접촉한 사람을 추적하는 게 더욱 효과적이라고 권고한다. 바로 한국이 취한 조치들이다. 입국을 막는 대신 입국절차를 강화해 잠재적 감염원을 적극 찾아내고, 이후에도 자가진단 앱 등을 통해 관리한다. 한국의 방역 모델을 모든 나라에 적용할 수는 없다. 한국과 비슷한 수준의 방역 역량과 IT 인프라, 경제력 등이 뒷받침돼야 가능하다. WHO도 이동제한이 '일시적으로 유용한' 경우가 있다고 했다. 애초 국경 간 인적 이동이 거의 없거나 방역 능력이 '제한적인' 나라, 즉 북한과 같은 나라가 이에 해당한다. 하지만 WHO가 밝힌 대로 효과는 일시적이다. 인적 이동이 거의 없을 뿐이지 전혀 없는 것은 아니기 때문이다.

코로나19가 중국을 넘어 다른 나라로 확산해 갈 때 각국은 문을 걸어 잠그고 이동을 제한하는 방식을 택했다. 사람과 물건의 이동을 완전히 차단하는 국경폐쇄도 있었다. 국경 간 자유로운 이동을 보장하는 이른바 '세계화'를 이끌었던 서방 선진국도 비슷한 행태를 보였다. 이러한 폐쇄적 대응은 '각자도생'의 추세를 뚜렷이 반영한다. 필자는 '냉전'이 와해되면서 각자도생의 시대가 열렸다고 주장한다. 과거 냉전하에서는 미국과 소련 중 하나를 선택해 줄만 잘 서면 근근이 밥은 먹고 살 수 있었다. 그 대가로 일부 자유가 제약됐지만, 상관없었다. '형님'만 믿고 가면 안락한 삶이 보장될 것만 같은 시대였다. 90년대 냉전의 두 축이 사라지고, 미국 주도의 세계질서도 힘을 잃으면서 각자가 자기 살 길을 모색하는 각자도생의 시대는 막이 올랐다. 코로나19 발생 후 각국은 특정 도시나 지역을 봉쇄하고, 심지어 국경까지 폐쇄하며 '고립'의 길을 걸었다. 미국과 소련 같은 '든든한 배경'이 사라진 결과이다. 구심점이 없으니 중심을 못 잡고 우왕좌왕한다. 각자도생이 여전히 진행형임을 나타낸다. '누구도 우리를 돕지 않는다'는 위기감이 고개를 들었다. 국경을 폐쇄한 후 기다리면 안전해질 것이라는 '착각'도 사태 초기에 팽배했다.

연대와 협력을 설파하는 한국, 연대 정신의 소환

각국의 초기 대응을 이해하지 못할 바는 아니다. 발등에 불이 떨어졌다. 발이 타들어 가는데 무엇이 눈에 보이겠나? '생존본능'이 발동한다. 호들갑을 떨면서 불 끄는 일에만 열중한다. 체면이고 나발이고 없다. 이러다 죽을지도 모른다는 생각이 든다. 공포는 극에 달한다. 그러다 문득 이런 생각이 든다. '내가 너무 호들갑 떤 거 아냐? 그 정도는 아니었는데. 사회적 체면과 지위가 있지. 너무 모양 빠지게 군 거 아냐?' 선진국이라는 양반들이 넥타이를 고쳐 매고 옷깃을 여민다. 얼마 전까지 했던 자신의 행동을 돌아보고는 얼굴이 화끈거린다. 외국인을 문 앞에서 내쫓고, 심지어 혐오와 분노의 감정을 쏟아 붓던 모습이 떠오른다. 동시에 떠오르는 이미지가 있다. 연대와 협력의 진리를 설파하고, '정치적 올바름'을 외치는 준수했던 과거의 모습이다. 그런데 한국 정부에서 그 모습이 보인다. 자세 하나 흐트러지지 않고 꼿꼿하게 앉아서 연대와 협력을 설파하고 있다. 이동제한이 아닌 강화된 입국절차를 통해 "바이러스 유입을 방지함은 물론 입국 외국인들의 안전을 함께 도모하자"고 세계를 설득하고 있다. 위 발언은 문재인이 마크롱과의 통화에서 했다.

위기는 연대를 강화했다. 캐나다와 독일 총리는 코로나19 확진 자와 접촉해 자택에서 자가격리 중인 상황에서도 G20 화상회의에 참석했다. 영국 총리는 화상회의 이튿날 확진 판정을 받았다. 감염자의 폭발적 증가 우려 속에 각국 정상은 '각자' 갈 길이 바빴다. 이런 상황에서 머리를 맞댔다. 이유는 무엇인가? '각자' 해결할 수 없기 때문이다.

2. 위기는 패러다임을 바꾼다

대공황 이후

냉전의 패러다임은 미국과 소련을 중심으로 한 연대였다. 연대라는 단어가 거슬린다면 '패거리 질서' 혹은 '조폭 정치'라 부를 수도 있다. 이 연대는 불완전한 연대다. 냉전하에서 각국은 진영을 나누고 '편 가르기'를 했다. 냉전이 와해된 탈냉전 시대의 패러다임은 각자도생이다. 자기 밥값은 자기가 해결해야 한다. 이런 상황에서 연대의 고리는 약해진다.

2008년 글로벌 금융위기는 '연대의 정신(spirit of solidarity)'을 소환했다. 그 결과가 G20 협의체다. 미국에서 촉발된 금융위기가 세계경제를 결딴냈다. 미국 행정부와 중앙은행이 돈을 쏟아 부었지만 위기는 쉽사리 진정되지 않았다. 세계 최강대국으로 평가받던 미국이 제아무리 용을 써도 도리가 없었다. 세계화가 진행된 상황에서 한 국가, 한 정부의 개입만으로는 문제를 해결할 수 없다. 각국은 이미 연결돼 있다. 국경 간 사람의 이동이 자유롭고 물적 이동에 제한이 없다. 각국의 금융시장은 모두 연결돼 있고, 실물경제도 그렇다. 한 국가의 힘만으로는 단일 사안도 해결하기 어렵다. 세계화의 결과다. 금융위기는 이런 현실을 적나라하게 드러냈고, G20 협의체가 출범하는 계기가 됐다. 하지만 약발은 오래가지 않았다. 금융위기가 패러다임을 바꿀 만큼의 위력은 없었다. 각자도생의 패러다임은 여전히 강력했고, 이런 맥락에서 트럼프의 '미국 우선주의(America first)'와 전 세계적 우경화의 흐름이 도래했다.

위기는 패러다임을 바꾼다. 큰일을 겪으면 개인의 인생관이 변하듯 큰 위기를 겪으면 그 시대를 살아가는 집단의 인식체계가 변한다. 문제는 위기의 파괴력이다. 위기가 발생할 때마다 패러다임이 수시로 바뀌지는 않는다. 시험 성적 떨어졌다고 세상이 끝나지는 않는다. 하지만 당사자에게는 세상이 끝난 듯한 위기로 다가올 수 있다. 어떤 위기는 중하고 어떤 위기는 그렇지 않다는 말이 아니다. 고통스럽지 않은 위기는 없다. 극복하기 쉬운 위기도 없다. 그래서 '위기'라 부른다. 필자의 주장은 패러다임을 바꿀 정도로

'거대한' 위기가 있다는 것이다. 위기를 과소평가하면 대응 시기를 놓쳐서 더 큰 위기를 불러올 수 있지만, 위기를 과대평가하면 지나친 공포를 불러와 오히려 더 큰 혼란과 위기로 이어질 수 있다. 코로나19는 어떤 위기를 불러올까? 전망에 앞서 과거 패러다임의 변화를 불러온 '대공황(Great Depression)'부터 살펴보자.

1929년 10월 미국의 주가가 대폭락하면서 시작된 대공황은 미국을 비롯한 세계경제를 무차별적으로 파괴했다. 기업 도산이 이어지고 실업률은 치솟았으며, 세계적으로 수천만 명이 직장을 잃고 거리에 나앉았다. 일자리 '씨가 마르자' 그나마 있던 직장에서는 월급을 대폭 삭감했다. 일할 사람은 넘쳐 났다. 일자리는 없고 월급도 줄자 소비침체는 극심했고, 공장에 재고가 넘쳤다. 과잉재고를 처리하지 못하자 더 많은 공장이 문을 닫았고, 더 많은 사람이 직장을 잃었다. 무료급식소의 긴 줄을 기다려 끼니를 때우고, 은행 앞의 긴 줄에서 기다렸지만 은행이 파산해 예금을 찾지 못했다. 거리에는 부랑자가 넘쳤고, 구걸하는 사람도 지천에 깔렸다. 민심은 흉흉했고 희망은 없었다. 기댈 데가 없는 사람들은 세상에 없는 존재에 의존하기 시작했다. 바로 슈퍼맨이다. 슈퍼맨은 대공황이 다시 극성을 부린 1938년에 등장했다. 희망을 잃은 사람들이 만들어 낸 가상의 구세주인 셈이다.

대공황은 패러다임의 변화를 불러왔다. 개인의 삶이 파괴되자

정치사회_연대할 것인가 각자 도생할 것인가?

시장경제에 대한 회의론이 커졌고 극단적인 정치세력이 등장했다. 대공황 이전 미국에서는 정치적으로 공화당이, 경제적으로 자유방임주의가 득세했다. 모든 것을 시장에 맡기자던 자유방임주의는 대표적 시장가격인 주가가 폭락하면서 설 자리를 잃었다.

　대공황의 발생 원인에 대해서는 여전히 의견이 분분하지만, 필자는 자유방임주의가 한계를 드러냈다는 데에 한 표를 던진다. 대공황의 충격파로 시장은 작동하지 않았고, 정부의 시장 개입을 주장하는 '케인스 학파'의 시대가 열렸다. 영국의 경제학자 존 메이너드 케인스는 정부가 돈을 쏟아 부어 '없는 수요'라도 만들어서 공급과잉을 해소하자고 주장했다. 대공황을 해결하지 못하던 공화당은 쇠락했고, 민주당 출신인 프랭클린 루스벨트 미국 대통령이 1932년 집권해 그 유명한 '뉴딜정책'을 펼쳤다. 정부가 재정을 투입하는 뉴딜정책 덕분에 대공황을 극복하기 시작했으나 슈퍼맨이 등장한 1938년에 다시 불황을 맞았다. 2차 불황의 원인에 대해서도 의견이 분분하지만, 필자는 루스벨트가 균형재정을 이유로 정부지출을 줄였기 때문이라는 주장에 한 표를 던진다. 정부가 시장에 개입하더라도 '출구전략'을 제대로 짜지 않으면 낭패를 볼 수 있다는 사실을 보여 준 사례이다. 미국이 대공황을 극복하면서 정치의 주도권은 민주당으로 넘어갔고, 루스벨트는 미국 역사상 전무후무한 4선에 성공했다.

대공황은 세계적으로 엄청난 파장을 일으켰다. 세계무역은 절반 이상 감소했고 실업자는 세계적으로 수천만 명에 이르렀다. 미국에서 시작된 위기가 전 세계에 무차별적인 변화를 초래했다. 대공황에 의한 글로벌 경기침체가 무려 10년 넘게 지속되면서 개인의 삶은 궤멸됐다. 희망을 찾지 못한 사람들은 국가를 슈퍼맨으로 보기 시작했다. 개인보다 국가를 우선시하는 전체주의와 배타적 민족주의가 등장했고, 이는 제2차 세계대전의 도화선이 됐다. 세계대전이라는 큰 위기는 패러다임의 변화를 초래했고, 이는 냉전을 탄생시켰다. 불완전한 연대 속에서 '편 가르기'를 하던 냉전은 1990년대에 붕괴됐고, 탈냉전의 시대가 왔다. 그러면서 각자도생의 시대는 열렸다. 2008년 글로벌 금융위기라는 또 다른 위기가 찾아오자 패러다임은 전환점을 맞이한다. 2008년 노벨 경제학상 수상자인 폴 크루그먼으로 대표되는 '신케인스 학파'가 신자유주의를 몰아내고 정부의 시장개입을 주문했다. 미국 정치의 주도권도 민주당으로 넘어갔다. 하지만 각자도생의 패러다임은 여전히 강력했다. 미국에서는 트럼프의 미국 우선주의가 등장했고 전 세계적으로 우경화 현상이 두드러졌다.

그렇다면 코로나19는 패러다임의 변화를 가져올까? 각자도생의 시대를 끝내고 연대의 새 시대를 열 수 있을까?

긍정적인 시나리오

필자는 코로나19에 대한 치료제와 백신이 결국 나올 것으로 본다. 시기를 특정할 수는 없으나 '희망' 섞인 언론 보도들을 종합하면 올해 안에는 출시될 것으로 '믿고 있다.' 코로나19 사태를 전망하기 어려운 이유가 여기에 있다. 치료제가 언제 나올지 알 수 없고, 백신 개발 자체가 가능한지조차 불확실하다. 향후 사태가 어떻게 전개될지 장담하기 어렵다. 하지만 필자는 인류의 생존본능을 믿는다. 코로나19는 사스와 메르스보다 확산 속도가 빠르고, 신종 인플루엔자보다 치명률이 높다. 과거 어느 감염병보다 공포가 크다. 각국은 치료제 개발에 안간힘을 쓰고 있다. 살아남기 위해서이다. 결국 치료제는 개발될 것이라는 '막연한 믿음'을 가진 이유이다. G20 화상 정상회의는 이런 믿음을 더욱 굳히게 했다. 회의 후 발표한 성명에서 각국은 백신의 개발, 제조, 유통을 위해 공조하기로 했다. 세계 최고의 역량을 지닌 나라들이 뭉쳤으니 기대를 걸어볼 만하다. 또 각국은 관련 정보를 투명하게 공유하고, 의약품 제조능력을 확대해 필요한 곳에 널리 공급하기로 했다. 이는 감염확산을 억제하는 데 도움이 된다. 연대가 강해야 생존확률이 높아진다. 세계는 연결돼 있다. 한 나라도 빠짐없이 모두 해결해야 감염병이 종식된다.

국제공조를 통한 해결책이 나온다면 역설적으로 각자도생의 패러다임은 유지된다. 치료제가 올해 안에 나오면 코로나19 사태는 대공황이나 제2차 세계대전과 같은 위기로는 발전하지 않을 것이다. 전염병 위기는 백신만 나오면 상황이 종료된다. 각국의 코로나19 확산도 결국 진정될 것으로 예상한다. 한국과 달리 중국, 이탈리아, 인도 등 각국은 상황에 맞게 나라의 일부 또는 전체를 봉쇄했다. 이미 지역 확산이 전개된 상황에서 개방적 태도를 유지하기는 어려웠을 수 있다. 한국식 방역 모델을 '벤치마킹'한 독일은 성공을 거뒀다. 대대적인 검사 확대와 접촉자 추적으로 확진자는 급증했으나, 다른 유럽 국가에 비해 사망률이 낮았다. 미국도 극복할 것으로 본다. 미국은 시스템의 나라다. 리더십의 부재로 초기 혼란을 겪었지만, 엄청난 자금과 물량을 동원해 극복할 것이다. 미국에서 확진자가 초기 급증한 점을 봐도 엄청난 검사가 이뤄졌음을 알 수 있다. 아프리카와 남미 등 역량이 부족한 나라들도 있다. 코로나19 사태가 진정돼 여유가 생긴 나라들이 이들을 도울 것이다. 한국도 여러 나라에 방역물품 여유분을 수출하고 있다. 이렇게 연대의 정신은 소환될 것이다.

G20 화상회의 성명에서도 연대의 정신을 강조했다. 하지만 이는 일시적 현상일 것으로 본다. 2008년 금융위기는 연대의 정신을 소환했다. 하지만 금융위기가 진정된 후 각국은 언제 그랬냐는 듯 각자도생의 길을 걸었다. 연대의 기억은 흐릿해졌다. 미국과 중국

은 무역전쟁을 벌였고, 일본은 한국에 수출규제를 가했다. 코로나 19 사태가 정점을 찍고 각국이 진정 국면에 접어들면 연대의 정신은 또 다시 자취를 감출 수 있다. 미국과 중국은 무역전쟁을 재개하고, 한일 간 무역마찰도 다시 수면 위로 떠오를 수 있다. 결국 위기가 발생하면 연대하고 이후에는 결별하는 양상이 반복될 가능성이 크다.

코로나19 확산이 진정되면 세계 경제는 빠르게 회복할 것으로 전망한다. 각국이 대규모 경기부양책을 쏟아 냈기 때문이다. G20 화상회의 성명에 따르면 G20에 속한 20개국이 쏟아 부은 돈만 5조 달러가 넘는다. 달러당 1,200원이라고 가정했을 때 6,000조 원에 이른다. 한국의 국내총생산(GDP) 약 1조 6,000억 달러의 3배가 넘고, 올해 한국 전체예산의 12배에 달하는 어마어마한 규모이다. 7조 달러가 넘는다는 보도도 있다. G20 화상회의가 열린 다음 날 CNN은 미국과 유럽, 중국, 일본, 인도 등 주요국이 경기침체를 막고자 투입한 재정·통화 부양책의 총액이 7조 달러에 육박한다고 전했다.

미국은 역사상 최대라는 2조 2,000억 달러 상당의 부양책을 내놨는데, 이는 미국 GDP의 10%에 달한다. 미국 중앙은행인 연방준비제도는 무제한 양적완화 조치에 돌입했다. 기준금리를 '제로' 수준으로 낮추고 달러화를 제한 없이 공급하겠다는 것으로, 2008

년 금융위기 당시 상한선을 정했던 것보다 강력한 조치이다. 독일은 1조 유로(약 1,300조 원)에 이르는 초대형 부양책을 내놨다. 이를 위해 1,500억 유로(약 200조 원)의 추가경정예산을 준비했다. 한국의 코로나19 1차 추경은 11조 7,000억 원이다. 2차 추경에 비슷한 규모의 재정이 쓰여도 20조 원 안팎이다. 독일의 경제 규모가 한국의 2.5배쯤 되는데, 추경 규모는 10배나 된다. 영국은 3,300억 파운드(약 500조 원) 상당의 대출보증과 함께 자영업자의 월평균 수익 80%가량을 보장하는 보조금 지급 계획을 발표했다.

연방준비제도의 벤 버냉키 전 의장도 빠른 경기반등의 가능성을 피력했다. 버냉키는 대공황 전문가로, 금융위기 당시 연방준비제도의 수장이었다. 버냉키는 3월 25일 미국 CNBC에 출연해 코로나19로 인한 경기침체는 "대공황과 매우 다른 동물"이라고 말했다. 이 동물에게는 대공황 당시와 비슷한 "일부 패닉과 변동성의 느낌"이 있지만, 대공황보다는 "대형 눈폭풍이나 자연재해에 훨씬 가깝다"라고 규정했다. 자연재해가 발발하면 어떤 일이 생기나? 경제가 마비되고 사람들이 엄청난 고통에 시달린다. 하지만 자연재해는 끝나기 마련이고, 이후 복구를 마치면 경제는 빠르게 활력을 되찾는다. 때로는 건설경기가 살아나 경기 급반등을 불러올 수 있다. 버냉키는 코로나19 사태로 "정말 무서운 경제지표"를 볼 수 있지만, 경기하강은 "매우 급격하고 짧을 수 있다"며 이런 상황을 향후 1∼2분기 동안 볼 수 있다고 전망했다. 코로나19로 급격한 경기침체를 경험하겠지만, 짧은 시기에 반등하는 'V자형' 회복이 가능하다는 말이다. 그는 기업과 고용이 아주 심각한 피해를 입지 않으면 "꽤 빠른 반등"도 가능하다며 대공황이나 대침체 같은 "장기침체"는 나타나지 않을 것으로 내다봤다.

최악의 시나리오, 그리고 각자 도생

최악의 시나리오도 가능하다. 코로나19 사태가 진정되지 않고 감염의 일상화가 향후 수년간 지속돼 유례없는 위기로 발전한다. 치료제가 없는 상황에서 일부 국가가 코로나19 극복을 선언했다가 해외 유입으로 재유행에 직면한다. 각국은 문을 더욱 단단히 걸어 잠그고, 이런 상황에서 감염된 밀입국자가 들어와 '조용히' 지역사회 감염을 일으킨다. 방역당국은 감염원을 찾지 못해 혼란에 빠지고, 서로에 대한 불신이 깊어지면서 혐오범죄가 증가한다.

이런 경우도 있다. 초기 방역 실패로 지역사회 감염이 이미 진행됐으나, 이를 은폐하거나 축소하는 경우이다. 일본이 그렇다. 아베는 사태 초기 '무(無)대응'으로 코로나19에 대응했다. 일부 지역에 비상사태를 선포했지만 지나치게 늦은 감이 있다. 아베의 올림픽 연기 결정 이후 일본에서 확진자가 빠르게 늘어난 점을 주목할 필요가 있다. 아베가 올림픽 개최를 위해 코로나19 검사를 일부러 적게 했다는 의혹을 뒷받침하기 때문이다.

〈블룸버그〉에서 힌트를 얻을 수 있다.[2] 기사는 세계 인구의 4분의 1을 차지하는 인도, 인도네시아, 파키스탄이 인구수에 비해 검사자 수가 지나치게 적다는 점에 주목했다. 인구 100만 명당 검사자 수는 인도가 33명, 인도네시아가 26명, 파키스탄이 68명이다. 한국은 1,100명으로 단연 돋보인다. 일본은 어떤가? 100만 명당 229명에 그쳤다.

인도와 인도네시아, 파키스탄의 상황이 심각하다는 점에 동의한다. 방역 역량이 부족한 아프리카와 남미의 경우도 마찬가지이다. 하지만 이들에게는 극복 가능성이 있다. 코로나19 사태가 진정된 나라로부터 도움을 받을 수 있기 때문이다. 일본은 다르다. 일본은 세계 3대 경제국으로 방역 역량과 경제력 모두를 갖추고 있다. 하지만 시스템이 작동하지 않는다. 아베가 집권한 후 시스템이 작동한 적이 있었는지 모르겠다. 역량 부족과 은폐는 엄연히 다르다. 향후 많은 나라가 코로나19 극복을 선언할 즈음에 일본에서 코로나19 '핵폭탄'이 터질 수 있다.

치료제가 없는 상태에서 감염의 일상화가 수년간 지속된다면 이는 세계 경제의 파탄을 의미한다. 대공황과 같은 장기침체가 도래

---

2 낮은 검사율로 세계 4분의 1이 바이러스 '깜깜이' 상태에 머물다(Low Testing Rates Leave Quarter of World 'Blindfolded' on Virus)_2020년 4월 3일자 기사.

정치사회_연대할 것인가 각자 도생할 것인가?

한다면 사람들은 희망을 잃고 '가상의 구세주'를 찾을 수 있다. 그 것은 슈퍼맨과 같은 만화 속 주인공일 수 있고, 아돌프 히틀러와 같은 '미치광이'일 수 있으며, 전체주의와 같은 이데올로기일 수 있다. '가장 최악'은 제2차 세계대전과 같은 전 지구적 전쟁이다. 물론 전쟁 가능성은 '제로'라고 감히 주장한다. 핵무기가 존재하는 상황에서 주요국 간 전쟁은 곧 인류멸망을 뜻한다. 이런 상황은 올 리도 없고 와서도 안 된다.

전쟁까지는 아니더라도 엄청난 경제파탄을 경고한 사람이 있다. 비관적 경제전망으로 유명한 누리엘 루비니 뉴욕대 교수다. 2008 년 금융위기를 예측했고, 항상 비관적 전망을 해서 '닥터 둠(Dr. Doom)'으로 불린다. 루비니는 2020년 3월 25일 〈야후파이낸스〉와 인터뷰에서 코로나19 사태로 인한 경기침체가 대공황보다 더 심각 한 '대(大)대공황(Greater Depression)'으로 '쉽게' 변할 수 있다고 경 고했다. 최근 GDP의 '수직 하강'이 몇 년, 몇 개월이 아닌 단 3주 만에 발생했다며 경기순환 곡선이 알파벳 'I'자를 그렸다고 말했 다. 그는 짧은 경기침체 후 급반등하는 'V'자형 회복은 희망사항일 뿐이라며 V자형보다 침체기가 길어진 후 회복하는 'U'자형도 아 니고 급격한 침체가 지속되는 'L'자형도 아닌 'I'자형이라고 진단 했다. 하지만 루비니도 코로나19 사태의 핵심이 감염병 저지에 있 음을 인정했다. 그는 경제와 금융시장을 위한 '핵심'이 감염확산에 대처하는 것이라며 감염확산을 막지 않으면 '침체'가 아닌 '공황'의 여건이 조성될 것으로 예측했다.

필자는 코로나19가 머지않아 진정되고 세계 경제도 빠르게 회복할 가능성에 무게를 실었다. 버냉키와 비슷한 입장이다. 하지만 루비니처럼 대공황 '급'의 경제파탄을 예고하는 학자도 적지 않다. 그만큼 이번 사태를 가늠하기가 어렵다. 다른 대안으로 '회색지대'도 가능하다. 버냉키처럼 지나치게 낙관적이지 않고, 루비니처럼 지나치게 비관적이지 않은 상황 말이다.

필자의 전망에는 개인적인 희망이 반영돼 있음을 인정한다. 코로나19가 조만간 진정되면 얼마나 좋겠는가? 또 경기가 하강하더라도 빠르게 회복하면 얼마나 좋겠는가? 하지만 세상 일이 내 뜻대로 돌아가지는 않는다. '현실'적인 전망은 세계 경제가 올해 침체되고 내년에 회복하는 완만한 'U'자형이지 않을까 생각한다. 코로나19도 각국이 정점을 찍고 잦아들 것으로 예상되지만, 장기전에 대비하는 것이 합리적이다. 방역 역량과 경제력의 차이에 따라 각국이 다른 양상을 보일 수 있다. 치료제가 나오기 전까지 최소한 올해 내내 긴장하며 살게 될 것으로 생각한다. 각자도생의 패러다임도 마찬가지이다. 코로나19가 지나가도 각자도생은 이어지겠지만, 그 성격은 달라질 것으로 본다. 위기가 발생하면 연대하고 이후에 결별하는 양상은 지속하겠지만, 코로나19를 겪으며 연대의 중요성은 깊이 각인됐다. 세계는 연대의 패러다임으로 한 발짝 다가갔다. 하지만 다가간 정도는 각 개인마다, 각 나라마다 다를 것이다.

한중일 관계, 어떻게 될까?

코로나19 사태를 거치며 국가 간 연대가 강화된 뚜렷한 사례가 있다. 바로 한국과 중국이다. 2020년 2월 20일, 문재인 대통령은 시진핑 주석과 전화통화를 했다. 문재인은 "중국의 어려움이 우리의 어려움"이라며 중국의 방역노력에 "조금이나마 힘을 보태고자한다"고 말했다. 맞는 말이다. 감염병은 자국에서 해결된다고 끝나지 않는다. 한 나라도 빠짐없이 모두 해결돼야 비로소 끝나는 위기이다. 당위적으로만 그런 것이 아니라 현실이 그렇다. 앞서 설명했듯이 세계는 연결돼 있다. "중국의 어려움은 한국의 어려움"이라는 말에 시진핑은 "매우 감동을 받았다"고 했다. 그러면서 "어려울 때 친구가 진정한 친구이며 그런 친구는 서로 살피는 것"이라며 한국의 도움에 감사를 표했다.

중국에서 코로나19 사태가 정점을 향할 때 한국은 상대적으로 안전지대였다. 당시 문재인 정부는 500만 달러 상당의 방역물자를 중국에 긴급 지원했고, 한국 기업들의 구호물품 지원 행렬이 이어졌다. 주한 중국대사관은 홈페이지에 "중국의 전염병 대응을 돕기 위한 한국 각계의 지원 잇따라"라는 제목으로 관련 사항을 상세히 기술했다. 그만큼 반향이 컸음을 의미한다. 시간이 흘러 중국 상황은 호전되고 한국이 최악으로 치닫자, 중국 중앙정부를 비롯해 각 지자체에서 한국에 방역물자를 지원했다. 이런 자발적 연대의 기억은 양국 국민에게, 그리고 정부에 오래 각인될 것이다. 한국이 연대의 정신을 발휘해 개방적 자세로 각국을 대하면, 그들은 한국이 위기에 처했을 때 든든한 우군이 될 것이다. 각자도생의 시대에 살고 있지만 연대를 지향해야 하는 이유이다.

한국과 일본은 정반대의 경우이다. 코로나19 사태를 거치며 그렇지 않아도 좋지 않던 관계가 더 나빠졌다. 한일관계는 무역마찰로 2019년 7월부터 경색됐다. 무역마찰이 일제강점기 '성노예(위안부)'와 강제징용 피해자 문제에서 비롯된 점을 보면 한일관계 경색은 훨씬 오래 전에 시작됐다. 아베가 취임한 2012년 12월부터 한일관계가 좋았던 적이 없다. 아베는 성노예 및 강제징용 피해자분들께 공식 사과한 적이 없다. 일본은 한국 대법원의 강제징용 배상 판결에 불만을 품고 수출규제를 시작했으면서도 초기에 북한 탓으로 돌렸다. 한국에 수출한 3개 품목이 북한의 화학무기 제조에 쓰일 수 있다고 했다가 그 때문은 아니라며 말을 바꾸는 등 오락가락했다. 한국에서는 일본 제품을 사지 않고, 일본 여행을 가지 않는 불매운동이 벌어졌다. 이런 와중에 코로나19 사태가 터졌다. 일본이 한국에 취한 조치 중 하나가 사증(비자)면제의 정지이다. 사증면제는 양국의 합의 아래 단기 체류의 경우 비자를 발급받지 않아도서로 입국하게 허용하는 조치이다. 일본은 2020년 3월 9일부터 비자면제를 정지했다. 한국인의 입국을 제한하려는 조치이다. 코로나19 검사는 하지 않고, 한국인 혐오를 유발해 정치적으로 이용하려는 의도는 없었는지 의심된다. 한국도 같은 조치로 맞대응했다.

일본이 한국에만 입국제한 조치를 한 것은 아니다. 중국에도 적용했다. 이에 대한 중국의 반응은 '그럴 수 있다'였다. 한국은 반발했다. 이유는 무엇인가? 2020년 3월 10일 윤재관 청와대 부대변인의 브리핑에 나와 있다. "일본은 우리 정부에 사전 협의나 통보 없이 이번 조치를 일방적으로 발표했다. 3월 5일 오전 우리 정부가일본의 조치 가능성을 감지하고 외교 통로를 통해 사실 관계 확인을 요청하였을 때에도 관련 사실을 부인한 바 있다. (중략) 지난해수출규제 발표 때에 이어 반복되고 있는 일본의 이러한 신뢰 없는행동에 대해서 깊은 유감을 다시 한 번 표명한다." 일부러 '골탕' 먹이려고 하지 않았다면 이렇게 행동할 이유가 없다. 중국의 반응을 봤을 때 중국과는 사전 협의를 한 것으로 보인다. 일본의 어이없는 외교로 한일 간 감정의 골은 깊어졌다.

코로나19를 거치며 문재인 대통령과 통화하려는 각국 정상의요청은 쇄도했다. 미국과 유럽을 비롯해 아시아, 남미, 아프리카

등 전 세계를 망라했다. 대부분 상대국의 요청에 따른 것이었다. WHO 사무총장은 5월 화상으로 개최될 세계보건총회에서의 기조 발언을 요청했다. 194개국 보건장관들이 참여하는 회의에서 한국 의 코로나19 극복 '노하우'를 공유해 달라는 것이다. 이런 일이 벌 어진 이유는 간단하다. 실력을 입증했기 때문이다. '전례' 없는 감 염병 위기가 발생한 가운데 각국은 참고할 '전례'가 없다. 실력을 입증한 나라가 눈에 띄게 마련이고, 이를 앞다투어 배우려 한다. 과 거 한국이 서방 선진국에게 보였던 태도이다. 이제 상황은 역전됐 다. 선진국으로 알았던 나라들이 한국을 배우려 한다. 올림픽을 열 번 개최한 것보다 코로나19를 극복한 것이 한국의 위상을 높이는 데 기여했다는 말도 과장이 아니다.

전 세계 30여 개 나라에서 대한민국 정부에 방역과 의료용품 지 원을 요청했다. 국내 바이오 업체에 수출 주문이 쇄도하고 있다는 기사도 심심치 않게 발견된다. 문재인 대통령은 각국 정상의 지원 요청에 "형편이 허용하는 대로" 도움을 주겠다며 해당 국가에 있 는 한국 국민과 기업을 살펴줄 것을 당부했다. 명분도 쌓고 실리도 챙기는 '똑똑한' 외교다. 코로나19 극복 과정에서 한국의 도움을 받은 나라와의 연대는 깊어질 수밖에 없다.

3. 시민의 연대와 협력이 필요하다

이제 국내로 시선을 돌려보자. 정치지도자의 실력은 위기 상황에서 드러난다. 문재인 대통령은 코로나19 대응 과정에서 실력을 입증했다. 하지만 대통령의 실력만으로 위기는 극복되지 않는다. 시민의 연대와 협력이 필요하며, 시민의 연대와 협력은 정부에 대한 '신뢰'가 있을 때 발휘된다. 서방 선진국이 사태 초기 우왕좌왕했던 까닭은 한국보다 기술력과 경제력에서 뒤처졌기 때문이 아니다. 리더십의 부재가 원인이다. 정부에 대한 신뢰가 없으니 사재기가 횡행했다. 전 세계적 현상이다. 한국에서는 사재기가 없었다. 정부의 실력과 이에 대한 신뢰 덕분이다.

한국은 발등에 불이 떨어졌던 사태 초기부터 연대와 협력의 중요성을 강조하고 개방적 자세를 유지했다. 다른 나라들과 달리 정신줄을 놓지 않으려고 애썼다. 한국에서 코로나19 사태가 정점을 지나면서 문재인의 리더십이 조명을 받기 시작했다. 이는 G20 화상회의에 대한 외신의 보도에서도 드러난다. 미국 AP통신은 모니터 앞에 앉아 화상회의에 참석 중인 문재인의 사진을 기사 상단에 배치했다.[3] 〈워싱턴포스트〉와 ABC뉴스 등 또 다른 미국 언론들도 동일한 사진과 함께 기사를 게재했다. 미국 유력 매체들이 G20 정상 가운데 유독 문재인의 사진을 골라 '메인'으로 사용한 것은 그 자체로 시사하는 바가 크다.

문재인 정부의 경기부양책도 눈에 띈다. 총액 자체는 여타 선진국과 비교할 바는 아니나, 그 철학은 남달랐다. 〈뉴욕타임스〉는 2020년 3월 23일자 기사 "한국은 어떻게 확진자 추이 그래프를 평평하게 만들었나(How South Korea Flattened the Curve)"에서 신속한 대처와 광범위한 검사, 접촉자 추적, 시민의 지지 등을 한국 위기극복의 원인으로 꼽았다. 이 기사에서 눈에 띈 것은 개방성에 주목했다는 점이다. 앞서 소개한 〈뉴욕타임스〉의 기사와 같은 맥락이다. 신문은 부제에서 한국이 "경제폐쇄 없이" 코로나19 억제가 가

---

3 G20 화상회의: 바이러스 시대에 정상회의도 가상현실에서(The G20 video call: In virus era, even summitsare virtual).

능함을 보여 줬다고 전했다. 그러면서 중국은 후베이성에서 발생한 감염 대재앙을 막았지만 "경제폐쇄라는 대가"를 치렀다고 분석했다.

이동제한은 곧 경제활동의 '올스톱'을 뜻한다. 생필품 가게와 약국 등 일부를 제외한 모든 상점이 문을 닫는데 경제가 돌아갈 수 없다. 그래서 개방적 태도는 중요하다. 폐쇄적 자세를 견지한 미국의 상황은 어떻게 변했나? 미국의 3월 넷째 주 '신규 실업수당 신청자'는 사상 최고치인 665만 명을 기록했다. 이는 직전주의 331만 명보다 2배 이상 많다. 불과 2주 만에 1,000만 명에 가까운 시민이 직업을 잃었다. 〈블룸버그〉는 미국 각 주(州)에서 코로나19 확산을 저지하려고 "상업활동을 폐쇄"하자 이런 상황이 벌어졌다고 분석했다. 그러면서 실업률이 20%로 치솟는 상황도 발생할 수 있다고 경고했다.[4]

그런데 문재인 정부는 어떻게 했나? 정부는 2020년 3월 24일 열린 제2차 비상경제회의에서 긴급자금 100조 원을 기업에 투입하기로 결정했다. 이는 제1차 회의에서 결정한 50조 원의 2배다. 문재인 대통령은 제2차 회의에서 "기업이 어려우면 고용 부분이 급속도로 나빠질 수 있다. 기업의 어려움에 정부가 발 빠르게 지원하는

---

4 미국 실업수당 신청자가 한때 생각할 수도 없던 665만 명으로 치솟다(U.S. Jobless Claims Soar to Once-Unthinkable Record 6.65 Million)_2020년 4월 2일자 기사.

이유도 궁극적으로는 고용 안정을 위한 것"이라며 자금투입의 목적을 분명히 했다. 그러면서 기업 고용유지에 필요한 지원금을 확대하는 방안을 "적극적으로" 검토하라고 지시했다.

애초부터 접근방식이 다르다. 쉬운 해고를 통해 인건비를 줄여서 기업을 살리는 접근법과 정부가 고용유지 지원금을 제공해 '국민도 살리고 기업도 살리겠다'는 접근법 간에는 상당한 간극이 있다. 국민이 없으면 정부는 왜 있나? 기업을 위해 사람이 존재하나? 사람 나고 기업 났지, 기업 나고 사람 났나? 직장 잃고 1,000만 명이 한꺼번에 길거리에 나앉으면 공장을 아무리 돌려도 물건은 누가 사나? 소비는 급속히 냉각되고, 기업은 더 많이 해고하고, 물건은 더 안 팔리는 악순환에 빠진다. 당위성을 떠나 어떤 접근법이 효과적일지는 자명하다. 각국의 경기 전망에서도 드러난다. 국제 신용평가회사 무디스는 올해 한국의 실질 국내총생산(GDP) 성장률 전망치를 1.4%에서 0.1%로 하향 조정했다. 하향 조정한 날짜는 2020년 3월 26일이다. 한국의 1일 코로나19 확진자 수가 진정세를 보이던 시기이다. 이 수치만 보면 한국경제가 '박살'난 것처럼 보인다. 그런데 다른 나라는 어떤가? 선진국은 대부분이 마이너스이다. 무디스는 올해 미국 경제가 2.0%, 유로존이 2.2% 감소할 것이라 예상했다. 일본은 -2.4%, 독일은 -3.0%, 영국은 -2.6%, 프랑스는 -1.4%, 이탈리아는 -2.7%, 캐나다는 -2.2%이다. 호주는 0%로 마이너스를 겨우 면했다. 코로나19로 인한 세계적 경기침체에서 한국은 선방한다는 것이 무디스의 예측이다.

시민 연대의 길

위기가 발생하면 선택지는 두 가지이다. 각자도생의 시대에 걸맞게 자신만 살아남으려 할 수 있고, '자신도 살고 함께 사는' 연대의 길로 나아갈 수 있다. 위기가 오면 삶은 팍팍하고 외로워진다. 지하철이나 버스를 타고 가다가 자신도 모르게 재채기나 기침을 했을 때 따가운 시선을 느낀 적은 없나? 대화를 하다가 상대방이 침이라도 튀기면 불쾌감을 넘어 분노를 느낀 적은 없나? 길을 걷다 마스크를 쓰지 않은 사람을 만나면 멀찌감치 떨어져 걸어본 적은 없나? 일을 마치면 집으로 바로 귀가하고, 행사와 모임을 자제하라는 문자를 수시로 받는다. 사람들과 점점 멀어진다. 사회적 거리두기를 말하려는 것이 아니다. 정부의 권고는 반드시 따라야 하고, 이것이 자신과 모두를 위한 연대의 길이기도 하다. 하지만 이런 상황이 오래되면 삶은 각박해진다. 이때 선택할 수 있다. 자신만 살아남으려 할 수 있고 연대의 길로 나아갈 수 있다. 연대는 어려운 일이 아니다. 소상공인을 돕기 위해 한 번쯤은 동네 음식점에서 외식할 수 있고, 식재료를 사러 가까운 전통시장에 갈 수 있다. 연락이 뜸했던 가족이나 친구에게 전화를 걸어 안부를 물을 수 있고, 서로를 격

려하는 SNS 글과 영상에 '좋아요' 버튼을 누를 수 있다. '마스크 안
사기' 운동에 동참할 수 있고, '착한 임대인 운동'에 동참할 수 있다.

각자도생은 국가 차원에서도 개인의 삶에서도 적용된다. 위기는
사람을 뭉치게 하지만, 흩어지게도 한다. 위기가 오면 고립을 택할
수 있고, 연대에 동참할 수 있다. 한국에서는 많은 시민들이 연대
의 길을 택했다. 연대를 통해 위기를 극복하고 모두가 일상으로 돌
아온다면 그 성공의 기억은 오래 남을 것이다. 연대를 경험한 사람
은 다른 위기가 오면 또 다시 연대한다. 물론 각자도생을 택할 수
도 있지만, 이들은 각박하고 외로운 삶에 짜증이 나서 결국 약자
와 소수자에게 화풀이한다. 다른 위기가 오면 또 다시 고립을 택할
가능성이 크다. 선택은 자유다. 하지만 선택은 바꿀 수 있다. 단 한
번 성공의 기억이 중요하다. 최소한 한국사회는 코로나19 사태를
계기로 성공의 기억을 쌓았다.

각 나라마다 상황은 다를 것이다. 도시 봉쇄령이 내려진 중국 우
한에서는 늦은 밤 주민들이 아파트 발코니에 나와 "우한 찌아요
(武漢 加油, 우한 힘내라)!"를 힘껏 외쳤다. 각박해진 삶 속에서 서로
를 위로할 방법을 찾았다. 나라 전체가 봉쇄된 이탈리아에서는 특
유의 '흥'으로 외로움을 달랬다. 아파트 발코니에서 탬버린을 흔들
고, 음악에 맞춰 춤을 추는가 하면, 큰 소리로 디제잉을 하고, 함께
'떼창'을 하기도 한다. 위기가 지나면 사람들은 각자도생의 생활로

돌아갈 것이다. 하지만 연대의 기억이 강렬할수록 그 사회는 연대의 시대에 가까이 갔다.

　한국에서 시민의 연대는 어떻게 가능했나? 연대의 길을 선택한 시민이 있었다. 정부의 역할도 컸다. 정부에 대한 시민의 신뢰가 있었기에 가능했다. 시민은 왜 정부를 신뢰했나? 외신의 분석을 종합하면 크게 세 가지이다. 정부 대처의 신속성과 투명성, 개방성이다. 31번째 확진자가 나온 후 감염자는 대구와 경북 지역을 중심으로 폭발적으로 증가했다. 정부는 신속히 전수조사 방침을 정했고, 국무총리는 곧바로 대구로 달려갔다. '드라이브 스루'와 '워크 스루(walk through, 도보 이동형 선별진료소)' 등 창의적인 아이디어가 나왔고, 정부는 이를 신속히 채택했다. 병상이 부족하자 중증과 경증으로 분류해 경증환자는 생활치료센터에서, 중증환자는 병원에서 치료했다. 이미 한국에 들어온 입국자를 추적했고, 신규 입국자를 철저히 검사하고 자가진단 앱 등을 통해 관리했다. 마지막 한 명까지 찾겠다는 일념으로 했다.

　드라이브 스루와 워크 스루는 세계적 화제가 됐다. 미국 CBS뉴스는 차에서 내리지 않고 햄버거를 사듯이 차에 탄 채로 코로나19 검사를 받는 드라이브 스루 선별진료소를 소개했다.[5] NBC뉴스와

5　한국이 패스트푸드 음식점과 같은 드라이브 스루를 통해 코로나바이러스를 검사하다(South Korea is usingfast food-style drive-thrus to test for coronavirus)_2020년 3월 6일자 기사.

CNN도 검사 과정을 상세히 소개하는 영상을 게재했다. 〈워싱턴 포스트〉와 〈블룸버그〉, 〈텔레그래프〉는 워크 스루를 소개했다. 워크 스루는 검사자가 공중전화 부스처럼 생긴 곳에 들어간 후 부스 밖에 있는 의료진이 손만 집어넣어 검체를 채취하는 방식이다. 외신이 꼽은 이들의 공통점은 검사시간이 짧아 신속하게 많은 검사를 진행할 수 있고, 검사를 기다리는 동안 생길 수 있는 감염위험을 줄이며, 의료진과 검사자의 접촉을 최소화한다는 점이다.

'학구열'을 불태운 외신의 보도도 넘쳤다. ABC뉴스는 한국식 방역 모델의 성공 원인을 짚었다.[1] 방송은 한국과 미국 모두 1월 20일 첫 확진자가 나왔는데, 한국은 미국과 달리 확진자 추이를 나타낸 그래프가 "평평해졌다"며 "사태 초기부터 취한 신속한 대처가 열쇠"라고 분석했다. 그러면서 광범위한 검사, 접촉자 추적, 사회적 거리두기 등을 신속한 대처의 사례로 꼽았다. 또 확진자 동선을 파악해 주변 주민들에게 휴대전화로 알려 준다며, 투명한 정보공개에 대해서도 높이 평가했다.

박근혜 정부 시절 발생한 메르스 사태를 기억하는가? 확진자가 방문한 병원의 공개 여부를 놓고 엄청난 논란이 있었다. 사태 초기 정보를 투명하게 공개하지 않아 불안을 부추겼다. 문재인 정부는

---

[1] 한국의 확산 둔화에서 배울 교훈(Lesson from South Korea on how to slow the spread)_2020년 3월 24일자 방송.

정치사회_연대할 것인가 각자 도생할 것인가?

어떻게 했나? 다양한 정보를 '귀찮을' 정도로 많이 제공했다. 모든 정보를 투명하게 공개하고, 시민의 협조를 구했다. 투명한 정보공개와 신속한 대처가 시민의 신뢰를 얻었다. 개방적인 자세를 유지해 해외에서 유입된 감염원이 은폐될 가능성도 최소화했다. 이는 시민들에게 심리적 안정을 줬다.

우리는 코로나19를 거치며 위대한 시민의 힘과 연대를 경험했다. 우리도 모르는 사이 어느새 선진국의 반열에 올라섰으며, 시민의식 또한 선진국 대열에 올랐다. 코로나19로 인해 대한민국은 이미 선진국임을 입증한 것이다.

교육

온라인 교육의
가능성과 한계는?

들어가며

　미래를 예측하는 사람은 두 부류로 나뉜다. 예언자와 미래학자다. 전자는 자신이 믿는 신이나, 가지고 있다고 주장하는 영적 능력에 의지하고, 후자는 과학에 의지한다. 그렇다 보니 점쟁이는 보통 미래 예측을 조심스럽게 한다. 그리고 자신의 예언에 근거하여 그것이 이뤄지도록 하려면 혹은 그 사태를 피하려면 뭘 어떻게 하라는 식의 조언을 한다. 반면에 상당수의 미래학자들은 과학적 자료에 근거한다는 생각 때문에 확신을 가지고 미래를 예측한다. 그럼 누가 더 미래를 잘 맞출까?

　"미래학자의 예측은 침팬지만도 못하다." 이는 그동안 미래학자들의 예측을 분석한 《미래는 오지 않는다》[2]에 나오는 말이다. 이들의 분석에 따르면 전문가들이 전망한 10년 후 미래 12가지 중 실현된 것은 한 가지뿐이었다. 1984년 〈이코노미스트〉에서 흥미로운 실험을 하나 했다. 전직 재무장관들, 다국적 기업 회장들, 옥스퍼드 대학 경제학과 학생들, 환경미화원들에게 10년 뒤 경제 전망을 물은 뒤 10년 뒤 실제 상황과 맞춰 본 것이다. 그 결과 환경미화원과 다국적 기업 회장들이 공동 1위였고, 꼴찌는 전직 재무장관들이었다. 빅데이터와 여러 가지 정보에 의해 투자를 조언하는 투자상담사들마저도 내일 주가의 향방을 제대로 예측하지 못한다. 내일을 제대로 예측할 수 있다면 그들은 이미 세계 최고의 갑부가 되었을 것이다.

코로나19 이후의 세계에 대해 이른바 석학이라는 사람들이 내놓는 예측도 크게 엇갈린다. 이를테면 일부 전문가는 탈세계화 경향이 강해져서 사람·자본이 더 이상 국경 넘지 않을 것이고, 각국의 각자도생의 시대가 열릴 것이라고 예측한다. 반면 다른 전문가들은 기업들이 어렵게 구축해 놓은 글로벌 공급망을 쉽게 포기하지는 않을 것이라고 예측한다. 필자에게 묻는다면 세계화가 크게 후퇴하지는 않을 것이라고 답할 것이다. 세계화로 인해 세계인이 얻은 이익은 매우 컸다. 세계화로 인해 이룩된 저렴한 상품의 세상에

---

2 전치형, 홍성욱, 《미래는 오지 않는다》, 문학과지성사, 2019.

길들여졌다. 그러한 소비자들이 탈세계화로 인해 자국의 제품이 매우 비싸질 경우 이를 참기 어려울 것이다. 일부 국가들이 고립 정책을 쓸 수는 있겠지만 오래 가기는 어려울 것이다.

전문가들의 미래 예측은 이처럼 상반되는 경우가 많을 뿐만 아니라 앞에서 이야기한 것처럼 거대한 흐름에 대해서도 틀리는 경우가 많다. 그 이유는 무엇일까? 하나는 인간의 자율성과 가변성이다. 명절 때면 귀성길 정체가 가장 심한 날과 시간은 언제일 것이고, 가장 막히는 길은 어느 고속도로일 것이라는 빅데이터 기반 예측이 나온다. 이러한 예측이 자주 틀리는 이유는 예측을 접한 사람들이 가능하다면 그 시간을 피해서 이동하기 때문이다. 인간은 기계적으로 움직이는 존재가 아니라 자율성을 가지고 수시로 생각과 행동을 바꿔 가는 존재이다. 그래서 경제는 심리라는 말도 나온 것이다. 교육도 마찬가지이다. 온라인 교육은 계층격차를 심화시킬 것이라는 예측이 대세이다. 하지만 이 경고를 진지하게 받아들여 국가와 학교가 필요한 시스템을 갖추고 투자를 한다면 격차를 줄일 수 있다.

또 하나는 인간 예측 밖에 존재하는 다양한 변인, 그리고 이와 관련된 운이라는 요소 때문이다. 2019년 말에 발생한 코로나19로 인해 유럽과 미국에서 그렇게 엄청난 사망자가 발생할 줄을 누가 알았겠는가? 만일 이 바이러스 위력이 이처럼 대단한 줄 알았더라면 대만이 했던 것처럼 모든 국가가 초기에 국경을 봉쇄했을 것이다. 그러나 WHO마저도 초기에는 사람 간 전염 가능성이 낮고, 무증상 감염 가능성도 낮으며, 국경을 봉쇄하는 것은 별 효과가 없다고 이야기했기에 크게 경각심을 갖지 않았다. 대만이 초기에 국경을 봉쇄할 수 있었던 것도 일종의 국운이다. 대만은 불과 몇 년 전의 메르스 피해에 대한 기억 때문에 바이러스 발생 소식이 전해지자 즉시 전문가를 우한에 보내 자체 조사를 하며 상황을 판단했다. 그리고 현 정부와 중국과의 사이가 좋지 않아 선제적으로 국경을 봉쇄하더라도 정치적으로 크게 잃을 것이 없는 상황이었기에 과감히 국경을 봉쇄했던 것이다. 일본이 대처를 늦춘 것은 잘 아는 것처럼 올림픽 개최라는 상황 때문이다.

혹자는 빌 게이츠가 또는 어떤 영화나 소설이 코로나19를 정확히 예측했다고 하지만, 이는 여러분이 조만간 자동차사고를 당할 가능성이 높다고 예측하면서 반드시 보험을 들어야 한다고 주장하는 것과 비슷하다. 잘 알다시피 전염병은 지속적으로 인류를 공격해 왔다. 이번 코로나19가 크게 느껴지는 것은 우리가 직접 경험하고 있기 때문이다. 전염병 때문에 학교가 문을 닫은 것도 처음은 아니다. 1665년 케임브리지 대학은 페스트 때문에 문을 닫았다. 아이작 뉴턴은 학교에 가지 못한 탓에 집에서 연구를 하게 되었는데, 그 기간에 미적분과 운동의 법칙을 발견했다고 한다. 잘 아는 것처럼 20세기와 21세기 들어서도 빈번하게 바이러스의 공격을 받았고, 스페인 독감을 비롯해 그 피해가 지금보다 훨씬 더 큰 경우도 많았다.

차를 타면 교통사고는 생길 수밖에 없고, 인류가 모여 살면 전염병은 퍼질 수밖에 없다. 인간이 할 수 있는 것은 자동차 보험을 드는 것이고, 전염병 창궐을 대비해 미리 조직과 인력을 갖추고 지속적으로 투자하는 것이다. 그러나 매일 눈앞에서 발생하는 자동차 사고와 달리 전염병 대유행은 잘 일어나지 않는다. 그렇다 보니 전염병 대비 투자가 커다란 낭비로 여겨지게 되어 차츰 투자를 줄이게 된다. 미국이 그에 해당한다. 아들 부시 대통령 때 전염병 창궐을 대비하여 조직과 인력을 갖추고 투자했다가 차츰 투자를 줄인 결과 이번과 같은 의료시스템 붕괴라는 대재앙을 겪게 되었다.

물론 그렇다고 하여 전문가들의 미래 예측이 무의미하다는 것은 아니다. 전문가들의 다양한 예측은 미래를 대비하기 위한 다양한 시나리오가 되기도 한다. 전문가들은 미래 예측 오류 가능성을 염두에 두며 오류 발생의 원인, 이를 줄이기 위해 유의할 점 등을 찾아 오차를 줄이려는 노력을 해야 한다. 그리고 자신의 예측을 너무 확신해서는 안 된다.

21세기 전반기는 2020년의 코로나19 사태 이전과 이후의 시기로 나뉘게 될 것이다. 경제, 국제관계, 노동시장, 산업구조 분야만

이 아니라 교육 분야도 큰 차이를 보이게 될 것이다. 교육 분야의 경우 오프라인 학교가 사라지고 온라인 학교가 그 자리를 대체하지는 않을 것이다. 대신 학교 교육에서 온라인 교육의 비중이 높아지고, 학교와 교사의 역할, 부모와 사회의 역할이 변화하게 될 것이다.

교육계는 아무도 예측하지 못한 온라인 개학이라는 초유의 사태를 겪으며 요동치고 있다. 학교와 교사는 눈앞의 온라인 교육에 적응하느라 정신이 없다. 하지만 교사를 포함한 교육계의 고통과 수고, 그리고 이를 극복하기 위한 노력이 의미 있는 결실로 이어지려면 코로나19 이후의 미래를 예측하며, 지금의 우리가 무엇을 어떻게 준비해야 할 것인가를 다각도로 탐색할 필요가 있다.

1. 코로나19 이후의 교육에 영향을 미칠 변수

코로나19 사태 이후의 교육을 예측하려면 코로나19 사태가 교육 미래에 직접 미치는 영향과 함께 다른 분야에 일어난 변화가 다시 교육에 미칠 영향도 함께 따져보아야 한다. 전자를 직접 변수, 후자를 간접 변수라고 할 수 있다.

직접 변수

교육에 직접 미친 영향 직접적인 영향은 코로나19 사태로 인해 진행되고 있는 온라인 교육 실험이 교육의 미래에 미칠 영향력을 의미한다. 전면적인 온라인 교육 실시는 코로나19 사태 종료 이후에도 디지털 교육 강화, 스마로그(smalogue, smart+analogue)형 교육 강화 등 학교 현장에 다양한 영향을 미칠 것이다.

핀란드는 2020년 3월 중순부터 학교폐쇄와 원격 수업을 위한 온라인 서비스를 일괄적으로 도입했는데 이 서비스를 5월 13일까지로 연장했다. 핀란드는 인구는 약 500만 명, 학생 수는 약 60만 명인 작은 나라이지만, 온라인 교육 시행 첫날부터 피르칸마 지역에서 WILMA 시스템이 셧다운되는 등 혼란이 있었다. 그래서 학교 폐쇄 이틀 만에 초등학교 1~3학년과 특수학교 학생은 등교를 허용하는 쪽으로 정책을 변경하기도 했다.

코로나19로 가장 먼저 타격을 입은 중국은 온라인 교육으로의 전환에 필요한 지원도 발 빠르게 실시하고 있다. 국가 재정 감축 상황에서도 학교 교육에 대한 투자는 우선순위에 두었다. 2020년 2월 17일에 전국 클라우드 플랫폼을 발족시키고, 전국의 모든 학교와 학생들에게 디지털 학습 자료를 무료로 제공하고 있다. 이 플랫폼은 7,000대의 서버와 90테라바이트의 대역폭을 갖추고 있어서 5,000만 명의 학습자가 동시 접속하여 사용할 수 있다. 민간 기업들도 나서서 학생들에게 무료 Wi-Fi, 온라인 학습 기기를 제공하고, 동시에 교사와 학교에 대해서도 학습 플랫폼과 소프트웨어 등 대대적인 지원을 하고 있다.

우리나라는 교육부 주도하에 교육부와 17개 교육청 모두에 온라인 교육을 위한 상황실을 설치하여 초중고 전체 학생을 대상으로 온라인 개학을 진행하고 있다. 초중등 교육은 한국교육학술정보원(KERIS)의 'e학습터'와 온라인 실시간 강의를 제공하는 'EBS 온라인클래스'를 통해 지원하고 있다. 초기에는 접속 장애 등의 문제가 발생했지만 빠른 속도로 문제를 해결해 가고 있다. 교육부는 이번 기회를 계기로 대한민국이 '원격 수업 선진국'이 되게 하겠다며 '한국형 원격교육 정책자문단'을 꾸려 운영 중이다. 여러 과정을 거쳐서 가능한 한 빠른 시일에 '한국형 원격교육' 중장기 발전 방안을 마련할 계획이다. 각 대학은 자체적으로 진행하고 있지만, 한국교육학술정보원도 필요한 지원을 하고 있다.

코로나19 사태로 인해 교육부를 포함한 관련 부처는 디지털 교육 인프라 구축에 필요한 예산을 과거보다는 용이하게 확보할 수 있게 될 것이다. 민관학 협동의 디지털 교육, 재택 온라인 연수 등등에 필요한 인프라 구축과 함께 에듀테크(edu-tech) 발전도 가속화될 것이다. 온라인 교육을 막연하게 두려워했던 교사들도 사용법을 터득하고, 온라인 교육의 강점과 문제점을 파악하여 수업에 접목시켜 갈 것이다. 학교와 교사가 나서서 학생들의 재택 학습 역량을 키우기 위해 노력하고, 결과적으로 재택 온라인 수업일수가 차츰 증가하게 될 것이다. 이는 에듀테크 산업의 기술발전 속도를 가속화시키는 데에도 기여할 것이다. 그러나 온라인개학 사태가 조기에 종료되면 상당수 교사들은 빠른 속도로 과거로 회귀할 수도 있다. 갑작스럽게 물에 빠져 허우적거리며 수영을 배우던 사람이 수영을 제대로 익히기 전에 뭍으로 나가게 되면 오히려 물을 무서워하게 될 수도 있다. 하지만 앞으로는 온라인 교육을 하지 않으면 현장에서 버티기 어려우므로 교사들은 차제에 온라인 교육에 대한 두려움을 떨치고, 보다 적극적으로 필요한 역량을 길러 가야 할 것이다.

초중등 교육만이 아니라 고등 교육, 그리고 평생 교육에도 상당한 변화가 예상된다. 온라인 교육과는 다른 이야기이지만, 코로나19 사태로 인해 개인의 면역력과 위생, 그리고 건강에 대한 관심 증대로 그동안 소홀히 되었던 보건 교육과 체육 교육에 대한 사회적 관심 또한 높아질 것으로 보인다.

디지털 강국 신화 재현 1990년대 말 인터넷 시대가 개막되면서 김대중 정부는 당시 1조 4,000억 원 예산을 교육정보화 촉진 사업에 투자하여 한국이 ICT 교육 강국이 되었다. 이어 노무현 정부는 3년 동안 이어진 반대 세력과의 끈질긴 협상 끝에, 인터넷 기반의 교육행정정보시스템, 'NEIS'를 개통했다. 그러나 그 이후 디지털 교육에 대한 투자가 거의 이뤄지지 않았다. 그 결과 우리의 생각과 달리 한국은 OECD 국가 중에서 교육정보화 최하위 국가로 전락하였다. 한국교육학술정보원의 보고서[3]에 따르면, 가정에서의 디지털 기기 접근성은 OECD 31개국 중 28위, 학생 수 대비 PC 비율은 37개국 중 32위, 학교의 디지털 기기 접근성은 22위, 학교 내 디지털 기기 사용 빈도 27위, 디지털 기기를 활용한 자율적 문제 해결지수는 31개국 중 31위이다. 버스·지하철에서조차 무료 와이파이를 제공하는 나라가 각급 학교에는 무선인터넷망을 구축하지 않았다. 현재 계획에 따르면 4년 뒤인 오는 2024년에야 전국 초중고교 전 교실에 기가급 무선망이 보급된다. 이는 안전에 대한 우려를 바탕으로 한 관련 단체들의 강한 반발 탓이기도 하다.

이명박 정부 때인 2011년에 스마트 교육 발전계획을 수립하여 디지털 교과서 개발, 교사 양성, 온라인 교육 콘텐츠 확산, 교실 유·무선 인터넷 환경 구축 등을 시도했다. 당시 이를 주도했던 관계자에 따르면 교육부의 노력에도 불구하고 타 부처의 반대, 정치권의 반대, 교사와 학부모들의 무관심과 반대 등이 겹치면서 용두사미가 되었다고 한다. 이 계획이 추진되려면 매년 3,000억 원 정도의 추가 예산이 확보돼야 했다. 그러나 "실제로 예산 확보에 난항을 겪어 한 해 평균 예상 예산의 2.3%을 받았다."(케리스 김진숙 본부장). 교육부가 스마트 교육에 투자한 예산은 2012년 약 129억

---

3 한국교육학술정보원, 《OECD PISA 2018을 통해 본 한국의 교육정보화 수준과 시사점》, 한국교육학술정보원, 2020.

원, 2013년 약 187억 원, 2014년 약 136억 원, 2015년 약 54억 원으로 겨우 노후 기기 교체 등의 소극적인 투자만 했다. 그 결과 스마트폰 보편화 이후에도 새로운 디지털 환경에 걸맞은 인프라가 학교에 구축되지 않았다. 코로나19 경험으로 인해 그동안 지속되었던 안전성과 공정성을 이유로 한 거센 반대는 조금 수그러들게 될 것이다. 교육 시스템의 폐쇄성을 완화할 타협안이 만들어지면 교육과 교육행정의 디지털화는 더 빠른 속도로 진행될 것이다.

전체 학생 대상 온라인 재택 학습이라는 전무후무한 실험을 위해 지금까지와 달리 디지털 학습 인프라가 빠른 시일에 구축되고 있다. 앞으로 필요한 예산을 확보하는 데에도 더 용이할 것으로 예상된다. 이번에는 수립할 '디지털 교육 발전계획'이 계획으로 그치지 않도록 과거 실패 원인을 분석하여 교훈을 얻고, 예산 확보를 위해 노력해야 할 것으로 보인다. 발전계획에는 교사와 학생의 학습 목적의 디지털 기기 활용 역량과 친숙도를 높이는 데 필요한 예산도 포함되어야 할 것이다. 나아가 교육행정과 정책 결정의 디지털화, 기존의 데이터베이스에 축적된 자료를 원하는 유형의 빅데이터로 전환하여 활용하는 노력도 병행해야 할 것이다. 이러한 제반 작업은 관 주도가 아니라 관과 에듀테크 기업이 상호협력하는 방식으로 진행되어야 결실을 맺을 수 있다. 이번 코로나19 극복 과정에서 정부가 에듀테크 기업들의 도움을 받았기에 과거보다는 이들에 대해 더 열린 자세를 갖게 될 것으로 기대된다.

간접 변수

코로나19 이후의 교육 미래는 온라인 교육 강화와 같은 직접적인 요인에 의해서만 변화되는 것이 아니다. 교육과 함께 복잡계를 이루고 있는 세계의 정치 경제 사회 문화 과학과 기술, 환경, 인구, 자원 등등의 다양한 분야가 코로나19로 인해 변화되고, 그 변화가 다시 교육에 영향을 미쳐 교육의 미래가 바뀌게 되는 부분도 크다.

탈세계화 간접적인 영향은 코로나19 사태로 인해 인간과 사회(정치·경제·문화 등)의 제반 영역이 바뀌게 되고, 이러한 변화가 교육에 미치는 영향을 의미한다. 만일 코로나19 사태 영향으로 탈세계화 경향이 강해진다면 이는 교육에 엄청난 영향을 미치게 될 것이다. 가장 직접적인 영향은 유학생 이동 감소이다. 그리고 탈세계화가 세계 경제 성장에 악영향을 미치면 세계인의 소득 감소로 이어지면서 교육 시장은 추가적인 타격을 입게 될 것이다. 미국이 WHO 지원을 끊겠다고 이야기하는 등 협력 대응해야 할 국제기구가 위협을 받고 있고, 유럽연합(EU)도 위태롭다. 하지만 앞에서 이야기한 것처럼 탈세계화가 우려할 만한 수준으로 진행될 것 같지는 않다. 코로나19 사태에서 세계가 경험하고 있듯이 한 나라가 바이러스에 성공적으로 대처한다고 하더라도 다른 나라가 무너지면 하나의 생태계로 묶여 있는 지구촌에서는 바이러스가 결국 그 나라 국경을 넘게 된다. 따라서 국제적 대응과 국제협력의 필요성은 더욱 커지고 있다. 탈세계화 흐름이 역으로 전 세계에서 대한민국의 리더십을 더 필요로 하게 될 것으로 보인다. 이는 우리 학교 교육에도 영향을 미쳐 세계시민 교육, 홍익인간 교육이념 등을 되돌아보는 계기가 될 것이고, 거기에 맞춰 우리 교육과정과 초점도 일부 바뀌게 될 것이다.

이번 코로나19 사태로 인해 유럽과 미국을 비롯한 세계가 대한민국을 바라보는 관점과 태도가 크게 바뀌고 위상도 높아졌다. 이 사태가 끝나더라도 그 효과는 상당한 기간 지속될 것이다. 이는 세계 젊은이들의 대한민국에 대한 관심 증가, 의료기술과 시스템만이 아니라 한국 문화, 음식, 나아가 한국 교육에 대한 관심과 수요로 이어질 가능성이 있다. 물론 이는 각 분야에서 이를 얼마나 잘 준비하고 수요를 창출하느냐에 따라 달라질 것이다.

거대 정부 등장 코로나 19 이후 정치와 관련해서는 거대 정부가 등장할 것으로 예측되고 있다. 심지어 헌법 권한을 넘어서는 정부가 나올 것이라는 예측도 있다. 〈뉴욕타임스〉와 유발 하라리 등에 따르면 일부 국가는 코로나19를 기회로 집권자의 권한을 강화하고 있고, 아울러 개인의 기본권 침해를 지속하려는 시도도 하고 있다. 그런 시도를 하고 있는 나라로 중국, 인도, 필리핀, 태국, 캄보디아 이스라엘, 헝가리 등이 언급되고 있다. 반면에 코로나19 대응 과정에서 국민의 기본권과 참여 민주주의 원칙을 지키고 있는 나라로는 대한민국, 대만, 싱가포르 등이 거론된다. 전문가들의 주장처럼 비록 거대 정부가 탄생하더라도 우리나라의 경우에는 코로나19 대응 경험이 참여형 민주주의 강화로 나타나게 될 것으로 예상된다. 그럴 경우에는 정치 시스템 변화 여파가 교육에 영향을 미쳐 이미 현 정부가 추진해 오고 있었던 민주시민 교육이 더욱 강화될 것으로 예측된다.

일본식 장기불황 경제 분야의 경우에는 일본식 장기불황이 닥칠 것으로 예측된다. 이미 세계경제는 저성장시대로 접어들었는데 코로나19로 인하여 그 추세가 더욱 강하게 오랫동안 지속될 가능성이 커진 것이다. 수출에 주로 의존하는 우리 경제는 그럴 위험성이 더 크다. 만일 향후 한국 경제가 급속도로 쇠락한다면 4차 산업혁명이 가져올 미래 변화의 긍정적 측면은 일부 사람들만 향유하게 되고, 나머지 사람들은 더욱 비참한 상황에 처하게 될 것이다. 경제가 쇠락할 경우 많은 사회에서 가장 큰 타격을 입는 것이 교육이다. 교육예산 감축과 이에 따른 공교육의 질 저하, 계층 간 교육격차 심화 등 더욱 암담한 미래가 우리를 기다리게 될 것이다.

4차 산업혁명의 영향으로 빈부격차는 더욱 커질 것으로 예측된다. 세계경제포럼은 2020년까지 전 지구적 위협이 될 두 가지 문제로 '글로벌 지배구조의 실패'와 '소득 불평등'을 꼽았다. 실제로 국가 간, 국가 내의 소득 불평등은 심화되고 있다. OECD 국가 중에서 빈부격차가 두 번째로 심한 우리나라도 예외는 아니다. 이번 사태로 인해 양극화는 더욱 심해질 것으로 예상된다.

빈부격차 심화는 학교를 포기하는 아이의 증가, 학력부진아 증가 등으로 이어지게 된다. 이를 완화시키기 위해서는 소외된 지역에 단순히 평등한 여건을 갖추어 주는 데에서 한 발 더 나아가 가정이 제 역할을 하지 못하는 만큼의 추가 지원도 해주어야 한다. 하나의 방안은 소외 지역의 학교의 질 높은 돌봄 기능을 강화하는 것이다. 이번 코로나19 사태에서 우리 정부와 지방교육자치단체들이 이 부분에 초점을 맞춰 특별돌봄기능 강화 등 상당한 성과를 거두고 있다. 하지만 극심한 가정 배경 격차를 교육청이나 학교 혹은 교사의 노력만으로 해결하기는 어렵다. 교육약자를 위해서는 물질적인 것만이 아니라 자기관리능력, 학습의욕, 미래에 대한 꿈과 희망 등을 심어 주는 교육적 지원을 병행해야 한다.

보다 근본적인 대책은 빈부격차가 더 심해질 사회 속으로 들어갈 아이들에게 이 사회가 보다 살만하고 행복한 세상이 되도록 하기 위해 그들이 해야 할 역할이 무엇인지를 가르치고, 그를 실천에 옮길 수 있도록 마음을 열고, 더불어 살아갈 수 있는 마음의 근육을 길러 주어야 한다. 문재인 정부의 교육정책 흐름에 비춰 볼 때 정부와 교육청, 그리고 학교는 이에 필요한 민주시민 교육, 인성교육을 더욱 강화하리라 예상한다.

코로나 세대의 부채와 실업난 코로나19 사태는 1997년 외환위기 전후 학창 시절을 보내고 취업의 문을 두드렸던 우리나라의 'IMF 세대'와 유사한 '코로나 세대'를 만들어 낼 것으로 예측된다. IMF 세대는 대학 졸업 후 취업난을 겪었다. 현재도 유독 40대 일자리만 급감하여 20년이 지난 지금에도 'IMF 세대의 비명'은 이어지고 있다. 경제적 약자에게 직격탄을 날린 코로나19 사태로 인하여 현재 40대인 그들의 상황은 더욱 어려워질 것으로 예상된다. 이들이 초중등학생의 학부모인 상황을 감안하면, 코로나19 사태로 인해 학생들 부모의 빈부격차는 더 심하게 벌어지고, 이로 인한 교육격차도 더욱 커질 것으로 예상된다.

미국에서 2008년 글로벌 금융 위기 전후로 대학을 다니면서 막대한 학자금 대출을 받아 졸업할 때 빚을 안고 사회로 나온 세대를 밀레니얼 세대라고 한다. 현재 대학을 다니고 있는 우리나라의 코로나19 세대도 미국의 밀레니얼 세대와 마찬가지로 큰 빚을 안고 사회로 나오게 될 것이다. 과거에는 부모와 대학생이 함께 등록금을 해결하거나 아니면 학업을 포기했는데, 한국장학재단의 학자금 대출제도가 생기면서 미국처럼 빚을 지고 사회로 나오는 젊은이들이 늘게 되었다. 이번 코로나19 사태로 인해 그 빚은 더욱 커질 것으로 보인다. 초중고등학교의 경우에는 의무교육이기 때문에 가정형편이 어려운 학생들에게 원격교육 기기 지원, 식비 지원 등 다양한 지원을 하고 있다. 그러나 아르바이트를 통해 생활비와 학비를 조달해 오던 대학생들에 대한 국가나 대학 차원의 지원은 체계적으로 이뤄지지 않고 있다. 아르바이트 자리가 끊긴 상황에서 생활고를 겪고 있는 이들의 빚이 증가하고, 이는 졸업시점의 부채 증가로 이어지게 될 것이다. 이것으로 끝나는 것이 아니라 IMF 세대처럼 심각한 취업난도 겪게 될 것이다.

이러한 예상은 이들의 향후 대학생활, 대학교육관, 인생관, 직업관에 영향을 미칠 것이다. 부모의 도움을 받을 수 없는 사회적 약자들은 생존에 치중하는 삶을 추구할 가능성이 더 높아진다. 이들은 대학이 학문이나 젊은이들을 위한 다양한 경험 제공에 초점을 맞추기보다는 개인 맞춤형 진로지도와 취업지도에 더욱 관심을 가져 주기를 기대할 것이다. 대학들은 학생들의 요구에 맞춰 빅데이터 기반 학업 · 진로 · 취업지도를 하게 될 것이다.

재택 근무 강화 코로나19 사태가 교육에는 온라인 학습 보편화로, 직장에는 재택근무 보편화로 나타났다. 교육자들이 준비도 되지 않은 채 온라인 교육 실험에 내몰린 것처럼 직장인들도 갑작스럽게 재택근무 실험에 참여하게 되었다. 안드레아스 파이힐 IFO경제연구소 거시경제센터장이 이야기한 것처럼 재택근무는 일과 생활의 균형, 부부 사이의 가사 분담 재정립, 여성의 경제활동 참여 기회 확대로 이어지게 될 것으로 예상된다. 이러한 변화는 다시 교육 시스템에도 영향을 미칠 것이다. 재택근무가 증가하면 자녀들의 재택 학습을 도울 수 있는 가능성도 커지므로 교육계는 이번 경험을 토대로 오프라인 등교 시기에도 월 1~2회 정도는 재택 학습을 실시해도 된다는 생각을 하게 될 것이다. 이 경우 부모가 돌볼 수 없는 학생들은 특별돌봄교실로 등교하게 될 것이다. 부부 사이의 가사분담 재정립, 여성의 경제활동 참여 확대는 성역할 교육, 가사 분담 교육 등 교육과정에도 영향을 미치게 될 것이다.

코로나19 이후 시대를 위한 교육의 역할

우리 사회의 미래는 거기에서 기다리는 것이 아니라 오늘의 우리가 만들어 가는 부분이 크다. 그 핵심 역할은 교육과 학교가 담당하게 된다. 학교는 사회변화에 적응할 인재를 육성하는 기관으로서의 역할에서 한 발 더 나아가 우리가 꿈꾸는 아름다운 사회를 만드는 데 적합한 사회 구성원을 교육시키는 기관이다. 다가올 미래의 어두운 부분을 미리 예측하여 이를 극복하는 데 필요한 사회 시스템을 제시하고 필요한 역량을 길러 주는 것, 아름다운 미래 사회에 대한 비전을 만들고 공유하는 것, 그러한 비전에 적합한 역량을 갖춘 사회구성원이 되도록 학생들을 교육시키는 것이 학교와 교육의 역할이다.

2. 학교의 변화

학교 재발견

유네스코에 따르면 코로나19 사태로 집에 발이 묶인 학생 수는 15억여 명(전 세계 학생의 87%)이다. 지식 전달 위주의 교육, 교실에서 잠자는 학생, 학습 흥미를 갖지 못하는 학생, 그리고 기초학력 미달 학생 증가 등의 문제가 심화되면서 오프라인 학교 교육에 대한 실망이 커져 가고 있었다. 이는 학교와 교사의 역할에 대한 회의론, 학교 무용론으로까지 이어졌었다. 대신 가상현실과 증강현실, 사물인터넷 등을 활용함으로써 시간과 공간의 제약을 벗어나는 교육, 인공지능 학습조교나 멘토가 학생들의 학습을 지원하고 학생들의 자기 학습력을 키워 줌으로써 개인 맞춤형 개별화 학습이 가능한 교육 등 에듀테크 기반 교육에 대한 기대가 커지고 있었다. 그런데 온라인 교육을 시도하면서 그러한 에듀테크가 아직은 갈 길이 멀고, 사용자 친화적이지 않으며, 특히 교육약자에게는 별 도움이 되지 않음을 깨닫게 되었다.

코로나19 사태 동안의 온라인 개학 체험으로 대한민국 사회는 학교와 선생님 존재의 이유와 역할을 새롭게 깨달아 가고 있다. 빌 게이츠가 최근 코로나19가 불러 올 사회 변화를 말하면서 "대부분의 업무는 과거와 같은 방식으로 돌아갈 수 없겠지만, 교육은 대면이 필요하다. 친구 사귀기, 어울려 놀기 등 학교에서 물리적으로 행해지는 사회 활동은 절대 온라인으로 대체될 수 없는 영역"이라고 강조했다. 〈조선일보〉의 기사[4]에 보면 "종일 틀어박혀 스마트폰에 빠진 아이를 보니, 학교가 공부만 가르치는 곳이 아니라 공동체 생활을 통해 건강한 사회 구성원으로 길러 주는 곳이란 걸 절감하게 됐다"는 한 학부모의 이야기가 나온다. "아이는 엄마 잔소리에 파묻혀 학교를 그리워하고, 엄마는 학교 급식이 주는 소중함을 알게 됐다. 아이도, 학부모도 학교를 사랑하는 계기가 될 것 같다"는 학부모의 이야기도 오프라인 학교의 의미를 돌아보게 한다. 물론 그렇다고 하여 코로나19 사태가 끝나면 학교가 예전의 모습으

---

4 김미리, '학교가 멈추니 학교가 보였다', 〈조선일보〉, 2020. 4. 18.

포스트 코로나

로 돌아가게 될 것이라는 의미는 아니다. 이번 사태로 인해 학교의 의미를 새롭게 발견하고, 다른 한편으로는 온라인 교육의 가능성과 한계도 깨닫게 됨에 따라 추후 학교 교육은 이 양자를 조화시키는 방향으로 나아가게 될 것이다.

교사의 재발견

교육 약자를 위한 초등 교육 이번의 온라인 개학 체험으로 대한민국 사회는 초등학교와 선생님 존재의 중요성을 새롭게 깨닫고 있다. 아울러 교사의 역할이 단순히 교과내용 학습을 돕는 것이 아니라 지덕체를 포함한 전인교육이 되도록 돕는 것임도 절감하고 있다.

페이스북과 유튜브상에서 활동하고 있는 선도적인 교사들의 역량과 노력을 보면, 초등교육은 코로나19 사태 이후에 그 가치를 더욱 인정받게 될 것으로 예상된다. 이번 사태를 계기로 초등학교 저학년은 인간 교사가 함께하는 것이 교육적으로 더 바람직하다는 것이 드러났다. 물론 교사들의 교육 활동 모습도 상당히 바뀌게 될 것이다.

교사 인식과 역량 측면에서 보면 필요성이나 효과성은 인식하면서도 두려움으로 온라인 시스템 사용을 주저하던 선생님들이 이번 사태를 계기로 온라인 시스템 활용에 대한 자신감을 갖게 될 것이다. 온라인 시스템을 활용하면서 그 가능성과 한계를 깨닫고, 나아가 대면 교육 상황에서 어떻게 활용해야 할지 아이디어를 얻게 될 것이다. 이를테면 대면 수업을 위해 교과 내용 관련 온라인 콘텐츠 자료를 직접 제작하기보다는 온라인에 존재하는 기존의 다양한 콘텐츠를 재구성·제공하고, 온라인을 통해 상시 소통하는 스마로그형 교육을 실시함으로써 대면 교육의 효과성을 높이게 될 것이다. 이번 경험을 바탕으로 많은 선생님들은 오프라인 수업에서도 학생들이 학습하도록 돕는 조정자나 조력자 역할을 하는 쪽으로 수업을 진행할 것이다. 그리고 온라인 수업의 경험을 통해 수업 성공을 위해서는 수업내용 전달 학습만이 아니라 이의 바탕이 되는 소통과 동기부여를 위한 수업경영(학급경영)의 중요성을 깨닫게 될 것이다. 물론 적응하지 못하는 선생님들은 빠른 속도로 도태되거나 스스로 물러나게 될 것이다.

사회적 약자와 교육 약자(한부모 가정·조손가정·다문화가정 자녀, 학습장애, 특수교육 대상 등)를 대상으로 하는 교육은 특히 선생님과 함께하는 대면 교육이 핵심이 되어야 함을 우리 사회가 깨닫게 될 것이다.

중등교사 역할 재정립 중등교육에서는 교사의 역할과 존재 이유를 다시 돌아보게 될 것이다. 이미 동기화되어 있는 학생들은 인터넷학교에 탑재되어 있는 콘텐츠를 통해 혼자서도 학습할 수 있음이 더욱 명확해지면서 중등교사들의 핵심 역할은 그렇지 못한 학생들이 학습하도록 돕는 것임을 다시 한 번 깨닫게 될 것이다. 개인 교사가 제작·제공하는 교육용 콘텐츠보다 훨씬 뛰어난 콘텐츠가 많다는 것이 드러남으로써 교사의 역할을 고민하게 될 것이다. 코로나19 사태의 경험은 중등교육에서 교사의 역할을 고민하게 하는 계기가 되어 교사들이 변하는 좋은 기회가 될 것이다. 그러나 이에 적응하기 어려워 도태하거나 스스로 물러나는 교사들이 초등보다 더 많을 가능성이 있다.

온라인 수업을 듣는 과정에 이러한 방식이 자신에게 더 잘 맞는다고 생각하는 학생들이 늘어날 가능성이 있다. 이러한 학생이 증가하면 온라인 강좌를 바탕으로 학습하도록 지원하는 새로운 형태의 학원이 늘어나고, 이는 검정고시생의 증가로 이어질 수 있다. 물론 대입제도가 어떻게 바뀌느냐에 따라 추세는 바뀌게 될 것이다.

재택 온라인 교육의 방향

재택 온라인 학습에서 교사의 역할 미국 실리콘밸리의 디지털 교육 전문가 이수인 대표는 이렇게 말한다. "재택 온라인 수업에서 교사는 지식 전달자가 아니라 아이들의 삶이 오프라인에서 잘 돌아가게 관리하고 온라인에 집중하게 도와주는 조력자로서의 역할을 해야 한다. 예컨대 온라인으로 사회 교과서 셋째 줄을 읽어 주는 것보다 학교에 못 오게 된 극빈층 아이들이 굶지 않게 밥을 챙겨 주고 온라인에 접속할 수 있는 기본 환경을 만들어 주는 것이 현실적으로 더 중요하다."

재택 온라인 학습 시간에 게임을 하는 학생들도 늘고 있다. 실시간 쌍방향 화상 교육을 실시할 때에는 학습 참여가 부진한 학생의 컴퓨터에 직접 들어가 뭘 하는지 확인할 수는 있다. 그러나 컴퓨터를 켜 놓은 상태에서 스마트폰으로 게임을 하면 이를 제지하기는 어렵다. '온라인 원격 수업'이 진행 중일 때 여러 강의를 동시에 재생하거나 자동화 프로그램(매크로) 등으로 재생 속도 등을 조작하는 등 강의를 제대로 수강하지 않고도 수강한 것처럼 조작하는 '부정 수강 방법'을 사용하는 학생들도 늘고 있다. 심지어 코드를 조작해 강의를 아예 듣지 않고 '수강 완료' 처리시키는 등의 '꼼수'도 쓰고 있다. 이러한 행동을 모두 막기는 어렵지만 교사가 학생 하나하나에 관심을 갖고 조력자로서의 역할을 충실히 한다면 상당히 줄일 수는 있을 것이다. 온라인 재택 학습의 경우 교사가 모든 학생들을 다 관리하기 어렵다 보니 사설학원들이 오전 9시부터 학교 정규수업 시간표에 맞춰 공부를 도와주는 '온라인 개학 관리반'을 운영하고 있다.

집에서 가능한 활동을 수업활동으로 코로나19 사태로 인해 갑작스럽게 시작된 온라인 등교로 재택 온라인 학습의 문제점이 부각되고 있다. 전염성이 극히 높은 코로나19의 특성에 비춰 볼 때 한동안은 싱가포르의 경우처럼 학교에 등교했다가도 감염자가 증가하면 다시 재택 수업으로 전환하는 일이 반복될 가능성마저 있다. 현 상황에서 필요한 것은 집에서만 가능한 활동을 학습활동으로 활용하는 식의 발상전환이다.

눈만 뜨면 아이들이 학교에 갔던 상황에는 지금과 다른 많은 문제점들이 지적되었다. "부모와 자녀가 대화할 기회나 온 가족이 함께 식사할 기회가 적다. 아이들이 가사일 도울 기회를 갖기 어렵고, 엄마와 함께 식사 준비나 요리를 할 기회를 가질 수도 없다. 종일 학교나 학원을 전전하기 때문에 자기주도적 학습이나 자기 관리력을 기를 기회가 없다" 등등이 그것이다. 그렇다면 재택 학습 기간은 그동안 아침 일찍 등교하느라 놓쳤던 많은 것들을 직접 해보며 새롭게 배울 수 있는 좋은 기회가 될 것이다. 교사들이 학습활동을 계획할 때 집에서 할 수 있는 활동과 잘 연결시키면 학생들은 삶과 교육이 밀접하게 관련되어 있고, 삶이 곧 배움의 과정임을 깨달으며 배움에 더 관심을 갖게 될 것이다.

세탁·청소·요리하는 방법이 포함된 실과 과목은 재택 수업이 좋은 기회가 될 수 있다. 핀란드의 원격 수업 사례를 소개하는 한국에듀테크협회 이길호 회장의 말에 따르면 "8학년인 한 아이는 코로나19 긴급 상황에서 빵과 아메리칸 팬케이크, 죽 요리, 오믈렛 튀김을 만들었다. 7학년 아이는 손과 기계로 세탁물을 씻고 햄 파이를 만들었다. 이런 것을 동영상으로 찍고, 보고서를 만들어서 제출한다." 아마 우리나라 선생님들도 이미 유사한 활동을 계획하고 있을 것으로 짐작된다.

요즘 아이들은 집에서 호텔 투숙객처럼 행동하는 경우가 많다. 집안일을 돕기는커녕 빨랫감을 방구석 아무 곳에나 던져 놓고, 욕실 바닥의 머리카락도 치우지 않으며, 자기 방도 전혀 정리하지 않는다. 그동안에는 아이들 등교 후 엄마들이 호텔 청소부처럼 모든 것을 정리해 주었다. 선생님들이 이번 온라인 등교 기간을 잘 활용하면 우리가 그동안 교육시키지 못했던 것을 제대로 가르칠 수 있을 것이다. 학생들은 배움과 삶이 밀접하게 관련되어 있음을 깨달으며 배운 것을 곧바로 자신의 삶에 적용하게 될 것이다.

가사 활동을 하면서 느낀 점을 글로 쓰게 하는 것은 국어과 활동이 될 수 있을 것이다. 가르친 청소와 세탁법을 활용하여 집안 전체 청소, 가족들의 옷 세탁 등을 하게 하면 힘들고 싫다는 생각과 더불어 많은 것을 느끼게 될 것이다. 이러한 가사 활동을 하면서 어머니의 노고를 생각해 보게 하는 것, 가사노동과 성 역할 성 평등에 대해 자료를 찾고 프로젝트를 하도록 하는 것을 포함하여 가정에서의 활동 중에서 교육 활동으로 연결시킬 수 있는 것은 많다.

재택 학습 상황 활용 교육 재택 학습 상황을 활용할 수 있는 예는 얼마든지 있을 것이다. 학생들의 자기주도 학습 역량을 길러 줘야 하면서도 오프라인 학교에서는 학생들이 주어진 시간표에 수동적으로 따르도록 시켰다. 재택 학습에서는 온라인 쌍방향 실시간 수업이 아니라면 학생 스스로 매일매일의 시간표를 재구성하고 이에 따라 학습하게 할 수 있다. 만일 공부가 잘 안 된다면 무엇이 문제라고 생각하는지, 어떠한 도움이 필요한지를 물어 차츰 자기주도적으로 학습할 수 있도록 이끌 수 있다. 혼자서 해내기 어려운 학생들에게는 온라인 학습도우미 혹은 방문 학습도우미 제도를 도입하여 도움을 줄 필요도 있다. 한 발 더 나아가면 이러한 과정을 통해 요즘 학생들에게 결핍되어 있는 자기관리력을 길러 줄 수도 있다. 혼자서 계획을 세우고 실천하는 것이 얼마나 힘든 일인지, 학습에 있어서 학교가 어떤 역할을 하는지 등을 생각하고 깨달으면서 학생들은 성장해 갈 것이다.

모처럼 주어진 재택 학습 기회를 활용하여 학생들이 보살핌을 받는 수동적인 가족 일원이 아니라 적극적인 한 구성원으로서 역할을 하도록 교육과정을 운영할 필요도 있다. "여러분이 재택 학습을 함으로써 여러분 가정에는 어떤 변화가 생겼나요? 여러분이 꿈꾸는 행복한 가정은 어떤 모습인가요? 가정에서 바람직한 자녀의 역할은 무엇이라고 생각하나요? 여러분에게 학교란 어떤 의미인

가요?" 등등의 질문을 제공하고 답을 찾아가도록 교육과정을 운영할 필요도 있다. 그러면 학생들은 가족의 의미, 학교의 의미를 새롭게 찾고, 자신의 역할도 생각해 보게 될 것이다. 한 발 더 나아가면 학생들 스스로 재택 학습을 하면서 느낀 점을 바탕으로 자신과 친구들에게 질문을 하고 함께 생각을 나누도록 유도할 수도 있을 것이다. 재택 학습 기회를 활용하는 학습 기회는 앞으로도 많지 않을 것이다. 온라인 학습의 문제점에 압도되지 말고 발상전환을 통해 재택 학습의 강점을 최대한 활용해 보자.

앞에서 언급한 것처럼 이번의 온라인 재택 학습 경험을 바탕으로 코로나19 사태 종료 후에도 오프라인 교육과 재택 온라인 교육을 결합하여 운영하게 될 것으로 보인다. 결합 운영 시에는 이상에서 언급한 다양한 아이디어들과 교사들의 경험이 온라인 재택 학습의 방향에 영향을 미치게 될 것이다.

온라인 교육의 한계

온라인 개학과 관련하여 가장 큰 이슈로 부각된 것은 온라인 학습 효율성과 교육약자 문제이다. 일반 학생들의 온라인 학습의 효율성 제고 문제는 교사와 학생들의 적응 속도가 빠르고 지원도 용이하여 차츰 해결될 것으로 보인다. 해결이 어려운 것, 즉 엄청난 예산과 인력을 필요로 하는 것은 교육약자 부분이다. 취약계층(한

부모 가정, 조손가정, 다문화가정, 저소득 맞벌이 가정) 자녀, 특수교육 대상자를 비롯한 학습장애 학생, 학습 흥미도가 낮은 학생, 기초학력 미달 학생, 초등학교 저학년 등 교육약자들을 위해서는 에듀테크가 아주 발전되지 않는 한 선생님과 함께하는 대면 교육이 주가 되어야 함을 우리 사회가 다시 깨닫고 있다. 학습 효율성과 교육약자 교육에 대한 사회적 관심은 에듀테크 발전 방향에도 영향을 미치게 될 것이다.

우리 정부는 우선 급하게 스마트 기기가 필요한 학생들에게는 모두 관련 기기들을 대여했다. 대여가 완료된 이후에도 교육청 단위 지원 태세를 유지하며 문제를 해결하고 있다. 그런데 오프라인 학습에서 온라인 학습으로 전환되면 디지털 기기와 접근이라는 물리적 환경 격차만이 생기는 것이 아니다. 더 큰 문제는 부모의 관심과 온라인 교육 지원 역량이라는 심리적·가정적 격차가 교육에 미치는 영향이다. 이 때문에 온라인 교육 시스템을 설계할 때 각별히 유의하지 않으면 온라인 교육 강화는 교육적·사회적 불평등 심화로 이어지게 된다. 온라인 교육에서는 오프라인 교육에서보다도 더 섬세하게 교육약자를 배려하고 투자해야 한다.

스마로그형 교육

가장 큰 변화는 교사와 학생에게서 나타날 것이다. 코로나19 사태 이전에도 온라인 교육 혹은 온오프라인 교육을 병행하는 스마로그형 교육 필요성이 강조되었지만, 이에 대해 관심을 갖고 실행에 옮긴 교사들은 많지 않았다. 하지만 이번 사태를 계기로 많은 교사들이 온라인 시스템 활용에 대한 자신감을 갖게 되고, 그 가능성과 한계를 깨닫게 될 것이다. 아울러 대면 교육 상황에서 어떻게 활용해야 할지에 대한 아이디어도 얻게 될 것이다. 짧지만 집약적인 노력과 경험을 바탕으로 많은 교사들은 이번 사태 이후에도 에듀테크를 활용한 온라인 교육을 병행하게 될 것으로 예상된다. 온라인 학습을 체험한 학생과 학부모들의 스마로그형 교육에 대한 기대와 요구도 더 커질 것이다.

교사들은 온라인 수업 경험을 통해 수업내용 전달 학습만이 아니라 이의 바탕이 되는 소통과 동기부여를 위한 수업경영(학급경영)이 중요함을 깨닫게 될 것이다. 온라인 교육을 통해 동기화되어 있는 학생들은 인터넷에 탑재되어 있는 콘텐츠를 통해 혼자서도 학습할 수 있음이 더욱 명확해질 것이다. 이러한 경험으로 인해 중등교사들은 자신의 핵심 역할이 교육약자들이 학습하도록 돕는 것임을 새롭게 깨닫게 될 것이다. 이번 코로나19 사태를 계기로 많은 교사들은 자신을 스마로그형 교사로 진화시키겠지만, 적응에 실패한 교사들은 스스로 물러나는 길을 택할 것으로 예상된다.

갑작스런 온라인 개학 사태 앞에서 전국의 많은 교사들이 보여 준 열정과 적응 노력, 국가와 교육청, 유관기관과 에듀테크 기업들의 노력이 빛을 발하고 있다. 코로나19 사태를 계기로 자신감을 회복한 교사들이 그 저력을 과시하며 세계 교육을 이끄는 새로운 주자로 나서게 될 것이라는 희망이 커진다.

평생교육

이번 코로나19 사태가 가장 크게 영향을 미칠 것은 평생교육과 원격연수 부분이다. 그동안에도 온라인으로 평생교육과 원격연수가 진행되었지만, 대면 연수에 비해 효과성이 크게 떨어진다는 평을 받았다. 그러나 이번 사태를 거치면서 교사와 학생들의 온라인 교육에 대한 친숙도가 높아지고, 온라인 학습 역량도 향상되고 있다. 또한 온라인 프로그램의 새로운 문제점도 드러나고 있어서 사태 이후 프로그램 개선이 빠른 속도로 이뤄지게 될 것으로 예상된다. 이러한 경험과 노력이 결합되면 온라인 프로그램을 통한 평생학습은 더욱 확산될 것이다. 에릭 슈미트 전 구글 회장은 재택 교육의 활성화를 핵심으로 꼽았다. 그는 "이번 사태에서 빛을 발한 온라인 · 디지털 기술이 앞으로 재택교육 · 바이오산업의 발전에 결정적 역할을 할 것"이라고 전망했다.

3. 코로나19 이후의 고등교육

코로나19의 영향

2020년 4월, 도쿄의 BBT 대학(Business Breakthrough University)에서는 코로나19 여파로 학생 대신 로봇 아바타가 참석하는 졸업식을 개최했다. 이 졸업식에서 학생들은 직접 로봇 아바타를 제어하여 원격으로 졸업식에 참석하고 학위증을 수여받았다. 이러한 경험은 향후 대학 교육에 영향을 미치게 될 것이다.

유네스코와 맥킨지뿐만 아니라 세계 3대 대학 평가기관인 영국의 QS 등을 포함한 고등교육 전문 연구기관과 언론기관들이 코로나19 사태가 대학에 미치는 영향과 이 사태에 성공적으로 대응하기 위한 미래 전략 등에 대해 연구 결과를 내놓고 있다. 코로나19 사태는 대학의 강의 방식만이 아니라 학생 선발, 대학 구성원이 갖춰야 할 역량, 대학 수입과 예산 분배구조, 대학 지배구조, 중장기 발전 계획 등에도 광범위하게 영향을 미칠 것으로 예상된다. 보다 근본적으로는 오프라인 교육기관과 온라인 교육기관의 차이, 즉 오프라인 교육기관만이 제공할 수 있는 경험의 특성에 대해서도 돌아보는 계기가 될 것이다. 국제적으로는 유학생 추이에도 커다란 변화가 생길 것으로 예측된다.

코로나19로 인해 갑작스럽게 진행되고 있는 온라인 교육 실험을 성공적으로 수행하는 대학들은 고등학교 졸업 후 곧바로 진학하는 전통적인 학생들만이 아니라 새로운 전문직을 준비하거나 제2의 인생을 준비하는 다양한 비전통적인 학생들의 고등교육 수요를 충족시킬 수 있다는 자신감을 갖게 될 것이다. 그 결과 대학의 빈익빈 부익부 현상은 더욱 심화될 가능성이 높다. 필요한 기초 지식은 대학에서, 필요한 실습과 실제 역량은 대학과 연계된 직장에서 직접 이수하여 학위를 받는 등의 학제의 유연성도 커질 가능성도 있다.

물론 온라인 실험이 어느 정도 뿌리내리기 전에 등교를 하면 교수와 대학이 과거로 회귀하게 될 가능성도 있다. 하지만 이러한 실험 과정을 거치면서도 4차 산업혁명 시대의 요구에 부응할 준비를 하지 못하면 그 대학은 소멸할 가능성이 높다. 여기에서는 급작스럽게 진행된 온라인 강의에만 초점을 맞춰 현재 진행되는 변화와 향후 변화 모습, 그리고 이에 대응하기 위해 나아가야 할 방향을 살펴볼 것이다.

대학의 존재 가치

대형 캠퍼스를 가진 대학이 없어질 것이라는 예측은 1980년대 부터 이어졌지만 아직도 건재하고 있다. 대학은 직업에 필요한 지식과 역량을 길러 주는 곳일 뿐만 아니라 젊은이들이 모여 젊음의 시간을 함께 보내고 즐기며 경험을 공유하는 공간, 선배와 후배 그리고 동창들과의 인적 네트워킹을 하며 미래를 준비하는 공간으로서의 역할을 하고 있다. 온라인 대학은 이러한 역할을 수행하는 데 한계가 있다. 대학이 학위독점권을 갖고, 학벌이 사회적 재화 분배의 중요한 잣대 역할을 하는 동안은 명문대학이 그 명성을 유지해 갈 것이다. 코로나 19로 인해 오프라인 대학의 의미를 다시 생각해 보고, 오프라인 대학이 가지고 있는 강점을 살려가기 위해 대학들이 노력할 것으로 예상된다.

벼랑 끝으로 내몰리는 대학 코로나19 사태로 오프라인 대학들마저 온라인 강의를 하자 세계인들은 대형 캠퍼스를 가진 대학이 존재해야 하는 이유에 대해 다시 생각하게 되었다. 〈블룸버그〉는 "코로나19가 지나간 후에는 현재의 추세(등록 감소, 지속 불가능한 부채 수준, 온라인 과정의 증가)가 허리케인처럼 강력해져 고등 교육의 지형을 근본적으로 바꿔 놓을 가능성이 있다"라고 경고하고 있다. 미국의 대형 대학들은 상당한 부채를 안고 있다. 부채를 줄이는 데 기여해 온 것이 해외유학생이었는데, 가을학기 유학생이 큰 폭으로 줄어들게 됨에 따라 이러한 경고음이 울리고 있다.

우리나라 대학들은 미국과 달리 대학의 존재 이유, 대학 진학의 필요성, 대학의 역할과 가치 등에 대해 허리케인급의 영향을 받지는 않을 것이지만 상당한 영향은 받을 것이다. 교수들이 제작하여 올린 온라인 콘텐츠에 대해 불만이 제기되고 있고, 등록금 일부 반환 요구가 커지고 있다. 일부 대학의 도산 속도는 빨라질 것이고, 일부 수도권 대학이 지방의 도산하는 대학을 통폐합하는 사례도 발생하게 될 것으로 예상된다.

오프라인 대학이 제공하는 경험 오프라인 대학은 학생들이 선택할 때까지만 존재할 수 있다. 오프라인 대학이 온라인 교육 위주로 교육을 실시하면서 그 존재 이유와 가치에 대한 질문이 제기되고 있다. 갑작스럽게 진행된 온라인 교육에 대한 학생들의 불만이 아주 높다. 그러면 학생들이 오프라인 대학을 떠나 온라인 강의를 잘 하고 등록금도 저렴한 온라인 대학으로 대거 편입할 것인가? 올 고등학교 3학년들의 온라인 대학 선호도가 예년에 비해 더 높아질 것인가? 이 질문에 대해 그렇다고 답할 사람은 많지 않을 것이다. 이는 학생들이 오프라인 대학을 선호하는 이유와 관련된다.

오프라인 대학은 온라인 대학이 제공하기 어려운 고유한 서비스와 체험 활동을 제공하고 있다. 강의, 세미나, 실험실습 등의 교수 활동만이 아니라 동아리 활동, 기숙사 생활과 프로그램, 국제교류 프로그램을 포함한 국제 경험, 사회문화 활동, 스포츠 활동 등의 다양한 경험 제공이 그 예이다. 물론 이러한 서비스나 체험 활동보다 더 중요한 요인은 고등학교 졸업 후 곧바로 대학에 진학하는 또래들과의 만남과 활동 경험, 그리고 오프라인 대학이 가지고 있는 취업에서 유리한 브랜드 네임 등이다. 오프라인 대학들은 학업 심리 상담, 진로지도 등과 같은 서비스 제공에도 더욱 갖게 될 것이다.

오프라인 대학들의 온라인 강의 비중이 높아진다면 학생들의 입장에서는 기존 등록금이 너무 높다는 생각을 하게 될 것이다. 이번 사태를 계기로 대교협 등의 오프라인 대학 협의체와 오프라인 대학들은 학생들이 온라인 대신 오프라인 대학을 택하는 이유 등을 조사하여 학생 기대에 더 부응하는 방안을 탐색하고 관련 예산을 늘릴 필요가 있을 것이다. 온라인 대학의 경우에는 오프라인 대학들이 온라인 강좌 비중을 늘리는 것이 온라인 대학에 미칠 영향, 경쟁력을 갖추기 위한 방향 등에 대해 고민할 필요가 있을 것이다.

온라인 교육

시설 설비와 시스템 구축 그동안 온라인으로 강의를 진행해 온 방송통신대학을 비롯한 온라인(사이버, 디지털) 대학들의 입장에서 보면 온라인 강의로 진통을 겪고 있는 오프라인 대학들이 잘 이해되지 않을 것이다. 언론 보도에 따르면 오프라인 대학 교수들의 온라인 강의의 질과 학생들의 만족도가 상당히 문제가 되고 있다. 오프라인 대학이 온라인 강의를 하려면 먼저 필요한 시설·설비와 시스템, 그리고 대학의 지원체제를 갖춰야 하고, 교수들도 온라인 강의 역량을 길러야 하는데 그러한 준비를 할 겨를이 없이 곧바로 온라인 강의를 시작한 탓일 것이다.

코로나19 사태가 아니었더라면 오프라인 대학의 모든 교수와 학생들이 동시에 온라인을 통해 강의를 주고받을 필요는 없었을 것이다. 그동안 대부분의 대학은 희망하는 교수를 위한 최소한의 시스템만 갖추고 있었다. 대학 평가에서도 온라인 강의 시스템 구축은 중요한 지표가 아니었다. 대학 교육 혁신의 한 방향으로 온라인 교육 강화가 제시되었지만 재정난에 시달리고 있는 사립대학들에게 온라인 교육 지원 시스템 구축은 우선순위가 아니었다. 그 결과 형편이 어려운 일부 사립대학은 온라인 강의를 지원할 수 없었고, 전적으로 교수나 강사 개인이 능력껏 알아서 온라인 강의 동영상을 제작한 후 탑재하도록 시켰다. 국립대도 국가로부터 온라인 교육 시스템 구축에 필요한 예산은 거의 지원받지 못했다. 이러한 상황에서 진행된 온라인 강의에 대해 학생들이 불만을 토로하는 것은 자연스러운 것이다.

이번 사태를 계기로 대학들은 온-오프라인 강의 병행에 필요한 시스템을 정비하고 필요한 지원책을 마련할 것으로 예상된다. 이미 2020학년도 1학기를 온라인 강의로 진행하겠다고 발표한 대학들이 있다. 선도적인 대학은 온라인 교육을 위한 자체 시스템을 개발하고 상시 운영 체제를 갖출 것이다. 미국의 경우 온라인 교육 프로그램 운영을 외부의 관리 업체에 의존한 대학들은 코로나19 사태 대응에 어려움을 겪었다고 한다. 이는 우리의 경우에도 마찬가지였을 것이다. 사태 이후에도 온라인 교육 기반 구축을 위한 투자를 미루거나 투자 여력을 찾지 못하는 대학은 생존력을 점차 상실하게 될 것이다.

대학의 온라인 학습 지원 체제 확립, 대학 지배구조의 디지털화도 뚜렷해질 것으로 보인다. 온라인 코스 개발과 학생 지원 기능은 대학 본부 차원으로 더욱 집중될 것으로 예상된다. 이를 위한 직원들의 온라인 행정 적응력과 역량 또한 높아질 것이다. 물론 한국교육학술정보원 등을 통한 국가 차원의 온라인 강의 지원 시스템도 더욱 발달하게 될 것이다. 이 과정에서 축적되고 있는 강의 관련 다양한 빅데이터와 AI 활용 속도는 가속화될 것이다. 다른 한 편으로 기존의 온라인(사이버) 대학은 그 발전 방향을 새롭게 탐색하게 될 것으로 예상된다.

온라인 강의와 교수 온라인 강의가 성공하기 위한 또 하나의 조건은 교수들이 온라인 강의에 필요한 기술과 역량을 갖추는 것이다. 온라인 강의 경험이나 필요한 기술과 역량을 갖추지 못한 상황에서 갑작스럽게 온라인 강의를 진행해야 했던 교수들의 고통은 아주 컸다. 하지만 온라인 교육에 필요한 기기 활용법과 프로그램 사용법을 익히는 것은 온라인 강의를 위한 필요조건에 불과하다. 온라인 강의를 제대로 하려면 오프라인과 다른 환경에서 진행되는 온라인 강의 성공에 필요한 노하우를 터득해야 한다.

대학은 교수들이 온라인 강의를 수행하는 데 필요한 기기와 프로그램 사용법 연수에서 더 나아가 비대면 강의 성공을 위한 기법 연수도 병행해야 한다. 가르침은 만남과 소통으로부터 시작된다. 교수들은 온라인 강의 시작 전과 강의 중, 그리고 강의 이후에도 다양한 채널을 통해 학생들과 충분한 만남과 소통의 기회를 갖고 교감해야 한다. 이러한 방법 중의 하나가 스마트 교육과 대면 교육을 결합한 스마로그형 교육이다. 이에 필요한 역량을 기르기 위해 대학도 연수 프로그램을 만들어 제공하겠지만, 교수들 스스로가 다양한 경로를 통해 필요한 역량을 길러갈 것으로 예상된다. 물론 이러한 노력을 하지 않는 교수는 자연스럽게 도태될 것이다.

상당수 교수들은 시행착오를 거치면서 온라인 강의 준비 역량을 향상시키고, 온라인 강의에 대한 두려움을 떨쳐 내게 될 것이다. 이번의 경험을 바탕으로 코로나19 이후에도 대학 규정이 허용하는 범위까지 온라인 강의 비중을 높이고자 하는 교수들이 늘어날 것으로 예상된다.

온라인 강의와 관련된 큰 복병의 하나는 온라인 평가이다. 학기마다 1~2회 실시했던 필기 혹은 실기 시험을 온라인 평가로 대체할 경우 학생들의 이의제기가 더 커질 수 있다. 우선 서둘러 온라인(사이버) 대학 교수들의 노하우를 배워서 이번 학기 말 성적 평가를 준비해야 할 것이다. 장기적으로는 대학과 교수들이 온라인 강의 평가 시스템을 구축해야 한다.

지금까지 대부분 대학교수들은 강의 공개를 요청받지 않았고 공개한 적도 별로 없었다. 그러나 이번 사태로 제한적이기는 하지만 강의가 공개되게 되었다. 이로 인해 교수들 간의 강의 내용과 방식에 대한 비교 평가가 가능해졌다. 이는 우리나라 교수들의 교수법에 대한 관심, 강의 내용에 대한 관심 정도를 높일 것으로 예상된다.

만일 법이 바뀌게 된다면 일부 대학은 등록금을 줄여 주는 조건으로 온라인에 탑재된 유명한 교수의 강의를 수강하고 평가를 받으면 학점을 인정하는 방안을 점차 받아들이게 될 것이다. 대학 경영자 입장에서 보면 이론 중심의 동일한 교양과목이나 전공과목을 분반하여 많은 강사에게 맡김으로써 비싼 강의료를 지불하는 것은 낭비이다. 오히려 학생들이 해당 분야에서 가장 뛰어난 교수의 강의를 온라인으로 수강하게 하고, 실제 수업시간에는 비싼 강사 대신 대학원 박사과정의 티칭 펠로우(teaching fellow)를 투입하여 플립트 러닝(flipped learning) 형태로 강의를 진행시킨다면 더 나을 수 있다. 정부가 허용한다면 대학은 이러한 방식을 통해 예산을 줄이면서도 학생들에게 고급 강의를 제공하고, 필요한 역량을 키워 줄 수 있을 것이다. 교육대학교처럼 전국 대학의 프로그램이 유사할 경우 뛰어난 교수의 강의나 프로그램을 공유해 달라는 학생들의 요구가 더 커질 가능성도 있다.

이처럼 이론 중심 강의의 경우 동일 주제나 과목에서 뛰어난 교수의 강의가 공유되면서 나머지 교수들의 지식 전달자로서의 역할은 축소될 가능성이 있다. 기존 교수들은 그동안 지식 전달과 설명에 쫓기느라 소홀했던 토론을 비롯한 심화된 경험을 제공하고, 학생들이 해당 과목을 통해 길러야 할 역량을 기르도록 이끄는 역할을 하게 될 것이다. 물론 교수들이 이러한 역할을 제대로 하기 위해서는 필요한 역량을 길러야 할 것이다.

지역 대학 혹은 한국대학교육협의회 차원에서 온라인 교육 시스템과 콘텐츠 공유 등을 위한 논의도 진지하게 진행될 것으로 예상된다. 이러한 변화는 코로나19로 인해 앞당겨지게 될 것이다.

온라인 교육과 학생의 변화 온라인 강의가 성공하기 위해서는 학생들의 온라인 수강 적응력도 향상되어야 한다. 그동안 오프라인 대학들은 학생들의 온라인 학습 역량을 길러 주는 것에 거의 관심을 갖지 않았다. 이번에 나타난 불만 중에는 학생의 온라인 학습 역량 부족에 기인하는 것들도 있다. 대학은 학생들이 성인이므로 별다른 사전 연수를 시키지 않아도 곧바로 온라인 수업에 적응할 수 있을 것이라고 가정했던 것 같다. 또한 초중등학교와는 달리 수학능력이 부족한 학생, 온라인 수업을 듣기 위한 여건을 제대로 갖추지 못한 대학생들에 대한 배려나 지원도 거의 하지 않았다.

이번 사태를 계기로 학생들의 온라인 학습 경험과 노하우가 축적되고 관련 역량도 향상될 것이다. 아울러 온라인 교육의 한계와 가능성, 그리고 단점과 장점을 파악할 기회도 갖게 될 것이다. 이를 토대로 학생들은 대면 교육에서도 온라인 교육 시스템을 병행하는 스마트형 교육을 기대하게 될 것이다. 아울러 온라인 강의 비중 상향에 대한 요청도 늘어날 것으로 예상된다. 물론 이러한 요청과 함께 등록금 인하 요구도 병행될 것이다.

대학의 신입생 모집

코로나19 사태의 경험으로 인해 그동안 크게 관심을 갖지 않았던 디지털 경영에 대한 대학들의 관심이 높아지고 있다. 선문대는

2020년 4월 초 '온라인 홍보 기본전략'을 세웠다. 입학사정관들이 전국의 고교를 직접 방문해 입학전형을 설명하고, 학생부 컨설팅을 했던 기존의 대면 홍보 방식에서 영상을 기반으로 한 온라인 입학 홍보로 대체한다는 것이 골자다. 아울러 선문대는 화상 모의전형 등 비대면 모의 입학전형도 새로 도입했다. 이는 코로나19 사태의 여파로 고교 현장에서 모의 면접이 진행되지 못하는 상황을 고려하여 도입한 제도이다. 정보 소외지역은 관련 프로그램과 시스템을 대학이 지원할 예정이라고 한다. 세종대와 동국대도 이와 유사한 '비대면 모의 입학전형' 방안을 마련하고 있다. 서울여대를 비롯해 화상 모의면접 등 비대면 홍보 전략을 고민하고 있는 대학들도 크게 늘고 있다.

대학신입생 선발만이 아니라 향후 대학 경영의 디지털화도 더욱 빠른 속도로 진행될 것이다. 그리고 대학 경영에 있어서 빅데이터와 AI 활용은 더욱 활발해질 것이다. 이러한 변화는 대학 구성원들에게 요구되는 역량 변화로 이어지게 될 것이다. 모의면접이나 비대면 홍보를 제대로 진행하려면 대학의 담당자만이 아니라 다른 구성원들도 최소한의 기본 역량은 갖추고 있어야 한다. 향후 대학에서 교수나 직원을 뽑을 때 디지털 역량을 갖추었는지를 보게 될 것임을 짐작할 수 있다.

대학의 변화는 관련 산업에도 영향을 미치게 될 것이다. 코로나

19 사태로 인해 화상회의 앱인 줌(zoom) 가입자와 사용자가 폭발적으로 증가하고, 관련 주가도 크게 뛰었다. 이처럼 대학 신입생 모집 절차와 방법의 디지털화는 관련 에듀테크 수요를 크게 늘릴 것으로 예상된다.

만일 가능하다면 대학도 향후 빈번하게 닥쳐올 위기관리센터를 만들어 위기 상황에서의 대학 시스템을 운영할 수 있는 모델을 구축할 필요가 있다. 학생, 수업, 연구, 교수, 직원, 대학 경영과 시설 관리, 예산, 법적 관계, 국가나 지역사회를 포함한 외부와의 관계 등에 대해 위기 상황에 적합한 시나리오를 만들고 대비한다면 그 대학에게는 위기가 기회로 바뀌게 될 것이다.

유학생 흐름 변화

코로나19 사태로 인해 대부분의 선진국 대학들이 온라인 강의로 전환하였고, 대학 기숙사에서 나가도록 하여 외국 유학생들은 특히 갈 곳이 없어졌다. 그리고 위기상황에서 외국 학생들에 대한 차별이 두드러졌다. 그렇게 되자 미국, 중국, 유럽, 호주 등지에 나가 있던 우리 유학생들이 대거 입국하였다. 이는 중국을 포함한 다른 나라 학생들도 마찬가지이다. 만일 온라인 수업이 지속된다면 유학의 효과가 줄어들기 때문에 아시아 국가 유학생들의 유럽이나 미국 그리고 호주 대학으로의 유학은 더 줄어들 것이다. 유명 명문

대학을 향한 유학은 지속되겠지만, 그렇지 않은 대학으로의 진학은 크게 줄 것으로 예상된다.

세계 3대 대학 평가기관인 영국의 QS가 수행한 〈코로나 바이러스가 세계 고등교육에 미치는 영향〉이라는 보고서에 따르면 유학예정자 대상 설문조사에서 응답자의 절반 가까이(47%)는 입학을 1년 연기하기로 결정했고, 13%는 유학 국가를 바꿀 계획이라고 한다. 8%는 해외 유학을 포기한 것으로 나타났다. 그리고 이번의 경험으로 인해 장차 아시아 국가 학생들은 유럽이나 미국, 호주 등의 먼 곳이 아니라 자기 나라에서 가까운 아시아 국가 대학을 선호하게 된 것으로 나타났다. 그 결과 많은 학생들이 한국, 말레이시아, 싱가포르를 선택지로 생각하고 있다고 한다.

코로나19 사태를 계기로 국내의 유명 대학들이 잘 준비한다면 해외로부터 학부뿐만 아니라 대학원생들을 보다 많이 유치할 수 있게 될 것이다. 아울러 유학을 생각하던 우리나라 학생들이 국내 대학이나 대학원 진학 쪽으로 눈을 돌릴 가능성도 증가하고 있다. 국내 입학자원 급감의 상황에서 우리나라 대학들이 동남아 유학생들 유치에 필요한 준비를 해간다면 학생 확보와 대학 발전을 위한 새로운 탈출구가 될 수도 있다. 그러나 이러한 역할을 제대로 해낼 수 있는 대학은 그리 많지 않아 보인다. 국가 차원에서 고등교육 수출을 위한 전략을 수립하고 특별 지원을 할 때 그 효과는 더 커질 것이다. 이번 사태를 계기로 국가와 대학은 학부 교육만이 아니라 대학원 교육의 역할과 질 개선, 그리고 대학원생 지원 방안 등을 좀 더 진지하게 고민하길 기대한다. 결국 미래 산업의 향방은 첨단 분야의 대학원생을 얼마나 제대로 배출해 낼 수 있는가에 달려 있기 때문이다.

4. 인간 친화적 에듀테크

우리가 꿈꾸는 미래 교육은 온라인 사전 학습을 통한 오프라인 수업의 효과가 높아지는 교육, 가상현실과 증강현실, 사물인터넷 등을 활용함으로써 시간과 공간의 제약을 벗어나는 교육, 인공지능 학습조교나 멘토가 학생들의 학습을 지원하고 학생들의 자기 학습력을 키워 줌으로써 개인 맞춤형 개별화 학습이 가능한 교육이다. 이러한 도움을 받으면 모두가 미래 역량을 충분히 기를 수 있을 것으로 기대되었다. 그러나 코로나19 사태로 인해 갑작스럽게 진행된 온라인 재택 학습 실험으로 여러 문제점이 드러났다. 이번 실험 결과가 향후 에듀테크 발전 방향에 크게 영향을 미칠 것으로 예상된다.

미래형 교육의 사례

수업과 관련해서는 많은 사례가 소개되고 있다. 호주의 '캔버라 그래머 스쿨(Canberra Grammar School)'에서 혼합현실(MR) 기기 '홀로렌즈'를 활용하여 생물·화학·물리·수학 수업에 활용하고 있는 예가 소개된 적이 있다. 이 외에도 세계 유수 학교에서는 증강현실과 가상현실을 활용해 실감형 교육을 시키고 있다.

2013년 스웨덴의 한 학교에서는 컴퓨터 게임을 정규 교과목으로 채택했다. 마인크래프트(minecraft)라는 게임을 활용하여 도시설계, 환경문제 처리방법, 미래 설계 방법 등을 배우도록 하고 있다. 학생들은 게임을 즐기는 사이에 자신도 모르는 사이에 원하는 역량을 키울 수 있어서 학습 효과가 아주 크다고 한다. 이를 활용하는 학교가 급증하고 있다.

유튜브를 활용한 교육도 크게 효과를 발휘하고 있다. 인천 송천초등학교 박경현 선생님은 자기 반 학생들과 함께 '꼬마 TV' 채널을 만들어 운영하고 있는데 조회수 1,000만 뷰 이상을 기록할 정도로 교육적 효과가 크다. 금연교육을 비롯한 다양한 프로그램을 통해 학생들이 즐겁게 깨달으며 바른 습관을 형성해 가고 있다.

교육 시스템 자체의 변화에 대한 예도 아주 많이 소개되고 있다.

무크(MOOC)를 통한 온라인 대학의 가능성, 7개 국가를 돌며 글로벌 IT 기업에서 인턴십을 할 수 있는 미래형 대학 '미네르바 스쿨', 기존 교육제도의 틀을 깨는 '이노베이션 아카데미(Innovation Academy, 가칭)'와 'IBM P-TECH(Pathways in Technology Early College High school)' 등이 그 예이다. 이러한 새로운 형태의 교육기관은 에듀테크를 기반으로 하고 있다.

그 이외에도 사례는 아주 많다. 그런데 이러한 예를 접할 때 아직도 뭔가 채워지지 않는 느낌이 든다. 엄청난 미래가 우리 앞에 펼쳐지고 있는데 많은 교실에서는 왜 이러한 모습이 잘 구현되지 않는 것일까? 많은 학생과 교사들은 왜 이렇게 좋은 에듀테크 활용을 꺼리는 것일까? 코로나19로 전격 시행된 온라인학습 실험은 우리에게 그 이유와 나아갈 방향을 보여 주고 있다.

에듀테크 기반 교육의 한계

인간 교사와 에듀테크가 결합되면 학생들은 자기주도적으로 배워야 할 것을 즐겁게 배우며 행복한 개인으로 성장할 수 있을 것으로 기대된다. 또한 가르치는 사람들도 보람을 느끼며 가르치는 기쁨을 더 느낄 수 있을 것으로 기대된다. 하지만 그러한 기대와 달리 신기술이 교육에 널리 접목되지는 못하고 있다.

이번 코로나19 사태로 인해 갑작스럽게 온라인 개학이 실시되면서 신기술이 널리 접목되지 못하는 이유, 신기술의 가능성과 한계, 그리고 신기술을 교육과 접맥시키기 위한 에듀테크가 나아가야 할 방향 등에 대해 우리 사회와 교육계가 새롭게 고민할 수 있게 되었다. 그동안에는 인간 교사가 무능하여 학생들이 학습 동기를 상실하거나 잠을 자는 것으로 생각하며 신기술을 활용하면 해결될 것으로 기대했다. 그런데 온라인 학습을 시키려고 보니 다른 측면이 드러났다. 에듀테크를 활용하더라도 그러한 학생들을 배움의 세계로 이끄려면 인간 교사가 곁에 있어야 함을 깨닫게 되었다. 이 예가 보여 주는 것처럼 에듀테크 기반 미래형 교육이 성공하려면 다양한 측면을 고려해야 한다.

섬세한 인간 친화적 에듀테크

에듀테크를 발전시켜 갈 때 먼저 고민할 것이 있다. 학습활동 차원에서는 학생 특성에 대한 가정, 교육 활동 차원에서는 교육자의 역할과 특성에 대한 가정이 바로 그것이다. 강한 학습 동기를 가지고 있는 학생들은 어떠한 학습 장애 요인과 마주하더라도 강물을 거슬러 올라가는 연어처럼 오히려 이를 디딤돌 삼아 자신을 발전시켜 갈 수 있다. 학생들이 오감을 활용하여 학습하도록 돕는 에듀테크는 동기화된 학생들이 더 높은 배움의 세계로 날아오르도록 돕는 날개의 역할을 할 것이다.

그러나 문제가 되는 것은 배워야 함에도 불구하고 배움에 대한 열의가 전혀 없거나 기피하는 학생들이다. 이들을 위해서 에듀테크가 해야 할 역할과 에듀테크 프로그램의 방향은 새롭게 모색되어야 한다. AI가 학습에 무관심하거나 학습을 거부하는 학생들이 배움에 관심을 갖고, 궁극적으로 배움의 열정을 갖도록 이끌어 가는 역할을 할 수 있으려면 아직도 오랜 세월이 필요하다. 그때까지 AI를 비롯한 다양한 에듀테크가 나아가야 할 방향은 인간 교사가 이러한 역할을 할 때 어떠한 어려움을 겪고 있는지에 관심을 갖고, 인간 교사와 협업하며 그들을 돕는 방향에서 프로그램을 개발하고, 필요한 자료를 제공하는 역할을 하는 것이다. 좋은 프로그램을 만들었음에도 불구하고 이를 사용하지 않는 것은 교사의 문제라고 생각하며 접근한다면 교사들은 굳이 이를 사용하려 들지 않을 것이다.

인간 뇌의 시냅시스 형성을 외부에서 조작할 수 있기 전까지, 즉 학습할 내용을 뇌에 직접 다운로드를 할 수 있기 전까지는 에듀테크의 핵심 역할이 인간의 본성과 뇌 학습 원리를 바탕으로 학습자와 교육자를 돕는 것이 되어야 한다. 이를테면 게임 프로그램이 인간 뇌의 중독적 특성을 활용하여 학생을 사로잡듯이 학습 프로그램을 비롯한 AI 튜터도 인간에 내재되어 있는 호기심과 배움의 기쁨을 자극할 수 있어야 한다. 배움을 기피하는 학생들이 배움의 기뺌에 중독되도록 이끄는 방향으로 에듀테크가 발전해야 한다.

에듀테크는 학습자가 즐거움 속에서 학습활동을 할 수 있도록 직접적으로 돕고, 교육자가 학습자를 배움의 세계로 이끌 때 느끼는 어려움을 극복하도록 돕는 다양한 프로그램과 자료를 제공해야 한다. 학습자와 교육자 친화적이고, 배움과 가르침의 수고를 덜어주고, 나아가 그 과정에서 기쁨까지 느끼도록 할 때 우리가 꿈꾸는 미래는 한 발 더 다가올 것이다.

현실의 필요에 부응하는 에듀테크

에듀테크를 활용한 환상적인 미래를 만들려면 우선 현실의 필요에 부응해야 한다. 이를테면 고급역량 평가를 위해서는 구술이나 논술형 시험이 반드시 필요하다. 하지만 비용과 더불어 평가 결과의 객관성, 타당성, 신뢰성 확보 때문에 모두가 민감한 고부담 시험(예: 대입 관련 시험)에서는 이를 제대로 도입하지 못하고 있다. 만일 AI가 자연언어를 제대로 처리하고 평가할 역량을 갖춘다면 평가 관련 문제는 쉽게 해결될 것이다. 이번 사태로 이러한 평가 AI 연구가 더욱 활발해질 것으로 기대된다.

에듀테크가 관심을 가져야 할 것은 딥러닝과 자연어 처리 등의 기술을 활용하여 학습 성과를 분석하는 것, 그리고 학습자의 행위 자체를 분석하고 관련 빅데이터를 축적 · 활용하여 원하는 프로그램을 만드는 것이다. 이와 함께 정보 검색과 상호 작용 지원 프로그램, 학습동기 유발을 비롯한 학습 원리에 부합하는 개인 맞춤형 교육용 소프트웨어, 학습자와 교수자를 돕는 정교화된 피드백 시스템, 인공지능 튜터 개발도 필요하다. 에듀테크가 잘 발달한다면 학습자의 수준과 진도에 맞는 내용 제공, 데이터 분석 기반 개인 맞춤형 학습 지원 등이 가능해질 것이다. 에듀테크가 열정적인 학생만이 아니라 학습 흥미가 부족한 학생이나 기초학력이 부족한 학생들도 도울 수 있으려면 에듀테크 전문가들이 교육학, 심리학, 철학, 뇌과학, 뇌기반 학습 전문가들과 함께 융복합적 접근을 해야 한다.

에듀테크가 만들 환상적인 가르침과 배움의 세계를 앞당기기 위해서는 먼저 우리가 꿈꾸는 교육과 학습의 모습을 구체화하고, 이를 구현하고자 한 걸음씩 앞으로 나아가야 한다. 교육의 미래는 오늘의 우리가 만들어 가는 것임을 늘 기억하길 바란다.

참고자료

국내경제 편

강남규, "코로나 이후 경제 U자 회복…3년 걸린 9·11과 비슷", 중앙일보, 2020. 3. 16.

권규호, 글로벌 금융위기 이후 우리 경제의 성장률 둔화와 장기전망, KDI Feature Article, 2019.

로리 나이트, 양적 완화의 그늘, 중앙은행에 쌓인 자산들, 중앙Sunday, 2017. 8. 20.

박용민, 김도완, 이진기, 임준혁, 주요 전염병과 자연재해로 인한 경제적 영향 및 시사점

서종갑, 마힌드라 "쌍용차 독자 생존하라", 서울경제, 2020. 4. 3.

안현우, 미중 무역전쟁 직격탄… 한국 수출 감소율 1위, 한국일보, 2019. 10. 7.

윤설영, 집에 틀어박힌 중년 61만명..쉬쉬했던 여든 부모는 울었다, 중앙일보, 2020. 1. 13.

윤효원, 자영업자 700만명, 절반으로 줄여야, 매일노동뉴스, 2018. 9. 3.

이근태, 이지선, 생산가능인구 감소 시대의 경제성장과 노동시장, LG경제연구원, 2017.

이인실, 2030 한국경제론, 프리이코노미북스, 2017.

이지헌, 경제학자들 "석달후 살아남을 기업 없어..50조원 갖곤 태부족", 연합뉴스, 2020. 3. 22.

이한득, 한국기업의 영업성과 분석 - 수익성은 주요국 중 최하위, LG경제연구원, 2018.

임온유, "돈 안되는 상가 싸게 처분"…1·2월 상업용 부동산 거래량↑ 매매가↓, 아시아경제, 2020, 3, 31.

장주영, 제약史 100년에 신약 25개뿐 … '연구비〈영업비' 구조 탓, 중앙Sunday, 2015. 11. 22.

전권필, 이층버스 연료로? 돈내고 버리던 커피찌꺼기의 반전, 중앙일보, 2018. 6. 10.

전수진, '英 백종원' 제이미 올리버 파산…그를 무너뜨린건 '혼밥', 중앙일보, 2019. 9. 3.

정현영, '8800조' 중국 경기부양책…재난기본소득 '443조' 제안까지, 한국경제, 2020. 3. 24.

조재호, 한국의 경제발전과 기업가 정신, 울산대학교 출판부, 2011.

조진수, 민간용 제트기 사업, 지금 당장 시작해야!, 월간조선, 2015. 8.

최배근, '탈공업화 함정'에 빠진 한국경제, 산업재편 시급, 나라경제, 2016. 9.

통계청, 2020년 2월 산업활동동향, 2020.

통계청, 장래인구특별추계: 2017~2067년, 2019.

한국은행 국제경제리뷰 2020-6호, 2020.

홍민기, 2017년까지의 최상위 소득 비중, 노동리뷰 2019. 2.

Executive Office of the President. *Artificial Intelligence, Automation, and the Economy.* 2016. 12.

Friedman, Milton. The Social Responsibility of Business is to Increase its Profits. The New *York Times Magazine* 1970-9-13.

Kahneman, D and A. Tversky Prospect theory: An analysis of decision under risk. *Econometrica,* 47(2), 263-292. 1979.

Krugman, Paul. The Myth of Asia's Miracle. *Foreign Affairs*, 73(6), 62-78. 1994.

Piketty, Thomas, Immanuel Saez Income Inequality in the United States, 1913-1998. *The Quarterly Journal of Economics*, 118(1), 1-41. 2003.

Post, Thierry, Martijn J. van den Assem, Guido Baltussen, and Richard H. Thaler. Deal or No Deal? Decision Making under Risk in a Large-payoff Game Show. *The American Economic Review*, 98(1), 38-71. 2008.

사회 편

로날트 D. 게르슈테 지음, 강희진 옮김, 질병이 바꾼 세계의 역사, 미래의 창, 2020.

유발 하라리 지음, 김명주 옮김, 호모데우스: 미래의 역사, 김영사, 2017.

재레드 다이아몬드 지음, 김진준 옮김, 총 균 쇠, 문학사상, 2017.

강주리, 트럼프. 아시아계 '미국인' 완전히 보호…코로나19 그들 잘못 아냐, 서울신문, 2020. 3. 24.

손병관, '코로나19' 새 문화 트렌드 '무관객 스트리밍' 공연 붐, 오마이뉴스, 2020. 4. 11.

안경애, 언택트 시대, 마케팅·영업 '디지털 혁신' 나선 기업들, 디지털타임스, 2020. 4. 12.

주형석, 美 '코로나 19' 확진 판정, 연령별 고르게 나타나, 라디오코리아, 2020. 4. 11.

차현아, 신종 코로나에 이어 가짜와 싸우는 중국, it조선, 2020. 2. 29.

채인택, '코로나19가 낳은 음모론' 세계는 '코로나 피노키오'와 대립 중, 중앙시사매거진, 2020. 4. 20.

홍완기. 확찐자? 언택트취업? 코로나19 신조어 몇 개나 아세요?, 의협신문, 2020. 4. 10.

[대한민국 미래 포럼] [연예인] 8628강, "대한민국 국민 모두 연예인", 정법시대, 2019. 6. 16.

[홍익인간 인성교육] 9708강~9710강 코로나19 사태와 교육 혁신(1~3), 정법시대, 2020. 3. 29.

[정법특강 1차] 9514강~9520강 교육(1~7), 정법시대, 2020. 2. 9.

Larry Brilliant: TED Prize wish: Help stop the next pandemic, TED, 2007. 1. 17.

Matt Leacock, "No Single Player Can Win This Board Game. It's Called Pandemic."

Yuval Noah Harari: the world after coronavirus | Free to read, Financial Times, March 20

Do We Really Need Baby Boomers?, CollegeHumor, 2019. 8. 4.. 4.2019

The Asian Network of Major Cities 21,

コロナで世代間分断ママ友LINEで「アクティブ高齢者」への批判続々, Moneypost. 2020. 3. 14.

보건의료 편

강남규, 코로나 이후 경제 U자 회복…3년 걸린 9·11과 비슷, 중앙일보, 2020. 3. 16.

강면연, 코로나19 '혈장치료' 국내 첫 개시…신촌세브란스병원 3명 '효과', 뉴스핌, 2020. 4. 1

강병철, 실손보험이 뭔가요, 중앙일보, 2016. 5. 25

건강보험심사평가원. 2016년 3분기 진료비통계지표.

고재원, 인구 60% 면역력 가져야 코로나19 종식된다는데...집단면역이란 무엇인가, 동아사이언스, 2020. 3. 24.

김동진 등, 한국의 건강불평등 지표와 정책과제, 한국보건사회연구원, 2015-04호, 2015.

김진구, '코로나19' 치료제 글로벌 임상 66건...국내사는 전무, 데일리팜, 2020. 3. 16.

로리 나이트, 양적 완화의 그늘, 중앙은행에 쌓인 자산들, 중앙Sunday, 2017. 8. 20.

박수진, '인구 60% 감염으로 집단 면역 만들자' 영국 정부 코로나19 대응 방침에 감염병 전문가가 "한국" 언급하며 한 말, HUFFPOST, 2020. 3. 17

서종갑, 마힌드라 "쌍용차 독자 생존하라", 서울경제, 2020. 4. 3.

안창욱, 경증환자 대형병원 가면 진료비 폭탄, 의료&복지뉴스, 2019. 9. 4.

안현우, 미중 무역전쟁 직격탄… 한국 수출 감소율 1위, 한국일보, 2019. 10. 7.

오애리, 미존슨앤존슨 "코로나19 백신, 9월 임상실험..내년초 출시 목표", 뉴시스, 2020. 3. 31.

유진한, 코로나 샘플 없어도, AI 있으니… 3주 만에 진단 키트 뚝딱, 조선비즈, 2020. 3. 19.

윤설영, 집에 틀어박힌 중년 61만명..쉬쉬했던 여든 부모는 울었다, 중앙일보, 2020. 1. 13.

윤효원, 자영업자 700만명, 절반으로 줄여야, 매일노동뉴스, 2018. 9. 3.

이인실, 2030 한국경제론, 프리이코노믹북스, 2017.

이정환, 메르스 사태 1년 무엇을 남겼나?, 의협신문, 2016. 5. 20.

이지헌, 경제학자들 "석달후 살아남을 기업 없어..50조원 갖곤 태부족, 연합뉴스, 2020. 3. 22.

임온유, '돈 안 되는 상가 싸게 처분'...12월 상업용 부동산 거래량 매매가, 2020. 3. 31.

장주영, 제약史 100년에 신약 25개뿐…'연구비〈영업비' 구조 탓, 중앙Sunday, 2015. 11. 22.

전권필, 이층버스 연료로? 돈내고 버리던 커피찌꺼기의 반전, 중앙일보, 2018. 6. 10.

전수진, '英 백종원' 제이미 올리버 파산…그를 무너뜨린건 '혼밥', 중앙일보, 2019. 9. 3.

조진수, 민간용 제트기 사업, 지금 당장 시작해야!, 월간조선, 2015. 8.

질병관리본부, 국내외 메르스 발생 동향(19년 29호), 2019. 7. 25

코로나19 확산 예측한 AI 맹활약...종식도 예견할까, 동아닷컴, 2020. 3. 17.

코로나19(COVID-19) 대정부 권고안 (제2차), 대한감염학회·대한의료관련감염관리학회·대한항균요법학회. 2020. 2. 15

퇴마의학기사단, [환자혁명 비판 11] 집단면역이 허구라는 허구에 대해, 청년의사, 2018. 1. 10

한경닷컴 뉴스룸, '8800조' 중국 경기부양책...재난기본소득 '443조' 제안까지, 한국경제, 2020. 3. 24.

Harry Stevens. Why outbreaks like coronavirus spread exponentially, and how to "flatten the curve", The washingtonpost, 2020. 3. 14.

Int J Environ Res Public Health. 2020 Jan 1;17(1). pii: E305. doi: 10.3390/ijerph17010305.

Jae Heon Kim, Hwa Yeon Sun, Hyun Jung Kim, Young Myoung Ko, Dong-Il Chun and Jae Young Park. Does uneven geographic distribution of urologists effect bladder and prostate cancers mortality? National health insurance data in Korea from 2007-2011. Oncotarget. 2017; 8:65292-65301.

Jae Heon Kim, MD, PhD, So Young Kim, MD, PhD, Seok-Joong Yun, MD, PhD, Jae Il Chung, MD, PhD, Hoon Choi, MD, PhD, Ho Song Yu, MD, PhD, Yun-Sok Ha, MD, PhD, In-Chang Cho, MD, PhD, Hyung Joon Kim, MD, PhD, Hyun Chul Chung, MD, PhD, Jun Sung Koh, MD, PhD, Wun-Jae Kim, MD, PhD, Jong-Hyock Park, MD, PhD, Ji Youl Lee, MD, PhD. Medical Travel among Non-Seoul Residents to Seek Prostate Cancer Treatment in Medical Facilities of Seoul. Cancer Res Treat. 2019 Jan;51(1):53-64.

Jin-Won Noh, Ki-Bong Yoo, Young Dae Kwon, Jin Hyuk Hong, Yejin Lee, Kisoo Park. Effect of Information Disclosure Policy on Control of Infectious Disease: MERS-CoV Outbreak in South Korea

Yun Seob Song, Sung Ryul Shim, Insoo Jung, Hwa Yeon Sun, Soo Hyun Song, Soon-Sun Kwon,Young Myoung Ko, and Jae Heon Kim. Geographic Distribution of Urologists in

Korea, 2007 to 2012. J Korean Med Sci. 2015 Nov;30(11):1638-1645.

정치사회 편

Choe Sang Hun, In Coronavirus Crisis, Korean City Tries Openness, a Contrast to China, New York Times, 2020. 2. 25.

Faseeh Mangi, Low Testing Rates Leave Quarter of World 'Blindfolded' on Virus, Bloomberg, 2020. 4. 3.

Katia Dmitrieva, U.S. Jobless Claims Soar to Once-Unthinkable Record 6.65 Million, Bloomberg, 2020. 4. 2.

Lesson from South Korea on how to slow the spread, abc news, 2020. 3. 24.

South Korea is using fast food-style drive-thrus to test for coronavirus, cbs news, 2020. 3. 6.

TAMER FAKAHANY, The G20 video call: In virus era, even summitsare virtual, AP NEWS, 2020. 3. 26.

Tim Wu and Yaryna Serkez, These Companies Enriched Themselves. Now They're Getting a Bailout, New York Times, 2020. 3. 27.

교육 편

김도용, 교육부 · 17개 교육청에 상황실…비상운영체제 운영, 2020. 4. 9.

김미리, 학교가 멈추니 학교가 보였다, 조선일보, 2020. 4. 18.

김신영·최원석·신수지, 거대정부의 진격, 악수의 종말… 코로나 이후 달라질 10가지, 조선일보, 2020. 4. 21.

김주연, EBS 밖에 없는 아이, 과제도 관리받는 아이, 서울신문, 2020. 4. 23.

성시윤·윤석만·박해리, [교실의 종말] 호주 교실 한복판에 심장 뛰고 달이 돈다, 중앙일보.

2018. 10. 3.

손현경, "사무관님 도와주세요" 교육부의 '원격 수업', 이투데이, 2020. 4. 23.

이길호, 또 하나의 기회, 해외에선 '원격수업' 어떻게 하고 있나, 대한민국 정책브리핑, 2020. 4. 13.

이지용, 비운의 '응팔세대' 20대엔 IMF, 30대엔 美금융위기, 40대엔 구조조정, 매일경제, 2019. 10. 17.

전치형·홍성욱, 미래는 오지 않는다, 문학과지성사, 2019.

조예리, "꼼수 안통한다"…원격수업 매크로 등으로 '부정 수강'시 결석 처리, 서울경제, 2020. 4. 23.

한국경제, WSJ가 예상한 '코로나 이후 세계', 우리 미래일 수 있다, 한국경제, 2020. 3. 30.

한국교육학술정보원, OECD PISA 2018을 통해 본 한국의 교육정보화 수준과 시사점, 연구자료 RM 2020-7, 한국교육학술정보원, 2020.

Schleicher, Andreas, How can teachers and school systems respond to the COVID-19 pandemic? Some lessons from TALIS. The Forum Network, 2020. 3. 23.